煤炭高等教育“十四五”规划教材

应急管理学

贾进章 耿晓伟 李 杰 编著

中国矿业大学出版社
·徐州·

内 容 提 要

本书为煤炭高等教育“十四五”规划教材，在论述应急管理的组织体系、应急预案、公共安全的应急管理、自然灾害的应急管理、疫情传播的应急管理基础上，着重强化了应急管理理论、应急管理技术和应急物资的储备等内容。全书内容丰富、层次清晰、深入浅出、论述有据，理论性和实用性强。

本书可作为应急技术与管理、应急管理、安全科学与工程等专业的本科生教材，也可供相关专业管理人员参考。

图书在版编目(CIP)数据

应急管理学 / 贾进章，耿晓伟，李杰编著. — 徐州：中国矿业大学出版社，2023.1

ISBN 978-7-5646-5474-0

Ⅰ. ①应… Ⅱ. ①贾… ②耿… ③李… Ⅲ. ①突发事件—公共管理—高等学校—教材 Ⅳ. ①D035.34

中国版本图书馆 CIP 数据核字(2022)第 121011 号

书　　名　应急管理学
编　　著　贾进章　耿晓伟　李　杰
责任编辑　王美柱
出版发行　中国矿业大学出版社有限责任公司
　　　　　　（江苏省徐州市解放南路　邮编 221008）
营销热线　(0516)83885370　83884103
出版服务　(0516)83995789　83884920
网　　址　http://www.cumtp.com　**E-mail**:cumtpvip@cumtp.com
印　　刷　苏州市古得堡数码印刷有限公司
开　　本　787 mm×1092 mm　1/16　**印张** 13.25　**字数** 339 千字
版次印次　2023 年 1 月第 1 版　2023 年 1 月第 1 次印刷
定　　价　38.00 元

前　言

本书是煤炭高等教育“十四五”规划教材，适用于普通高等学校应急技术与管理、应急管理、安全科学与工程等相关专业本科生学习，也可作为相关专业博士研究生、硕士研究生及科技工作者的参考用书。

本教材立足于新工科教学要求，在内容上以应急理论与技术为基础，密切结合近年来国内外应急技术与管理的研究成果，依据国家煤炭、化工、消防等行业的法律、法规及规程、标准，融入最新的应急管理理念。

2003 年，重症急性呼吸综合征(SARS)敲开了我国应急管理研究的大门。2018 年，应急管理部成立，标志着我国应急管理体制建设进入新的发展阶段。

应急管理古已有之，但从未像今天如此普及如此受到重视。我国急缺应急管理人才。开设应急技术与管理、应急管理专业的高校日益增多。作为应急技术与管理、应急管理专业核心主干课的应急管理课程对应急管理人才的培养具有重要的作用和意义。

我国现有的应急管理教材，普遍倾向于应急的“管理”，对于应急“理论”、应急“技术”涉及甚少，本教材在应急“理论”、应急“技术”、应急“管理”之间寻求一种平衡和兼顾。

本教材在论述应急管理的组织体系、应急预案、公共安全的应急管理、自然灾害的应急管理、疫情传播的应急管理基础上，着重强化了应急管理理论、应急管理技术和应急物资的储备等内容，并选入多个应急管理案例和救援工程实例，便于学生理解和掌握。

由于编著者学识所限，书中难免有疏漏和不足之处，恳请读者批评指正。

编著者

2022 年 12 月

前　言

目　录

第1章　绪　　论

1.1　应急管理概述

1.1.1　应急管理的概念

(1) 应急

应急是指应对突然发生的需要紧急处理的事件。应急包含两层含义：客观上，事件是突然发生的；主观上，需要紧急处理这种事件。

(2) 应急管理

应急管理是应对特重大事故灾害的危险问题提出的，可理解为人们对突发事件的管理。应急管理是指政府及其他公共机构在突发事件的事前预防、事发应对、事中处置和善后恢复过程中，通过建立必要的应对机制，采取一系列必要措施，应用科学、技术、规划与管理等手段，保障公众生命、健康和财产安全，促进社会和谐健康发展的有关活动。其全过程见图 1-1。

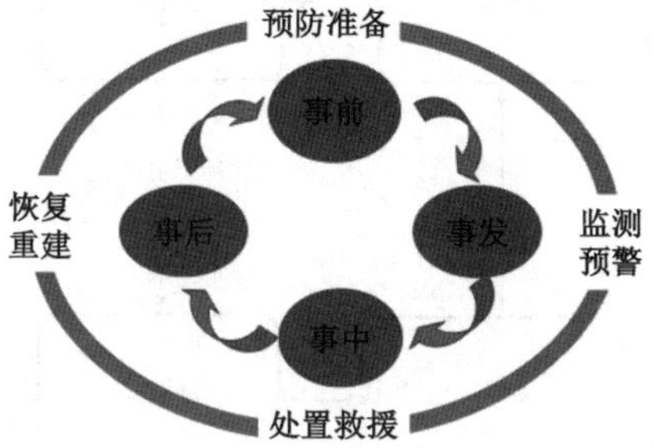

图 1-1　应急管理全过程

危险包括人的危险、物的危险和责任危险三大类。人的危险可分为生命危险和健康危险；物的危险指威胁财产安全的火灾、雷电、台风、洪水等事故灾难；责任危险是产生于法律上的损害赔偿责任，一般又称为第三者责任险。危险由意外事故、意外事故发生的可能性及蕴藏意外事故发生可能性的危险状态构成。

联合国国际减灾战略在《术语：灾害风险消减的基本词汇》中提出，应急管理是组织与管理应对紧急事务的资源与责任，特别是准备、响应与恢复。应急管理包括各种计划、组织与安排，它们确立的目的是：将政府、志愿者与私人机构的正常工作以综合协调的方式整合起来，满足各种各样的紧急需求，包括预防、响应与恢复。

应急管理是处理和规避风险的学科。应急管理和风险管理有共同之处,都是指政府和公众应对各类风险以及由此引发的灾害的能力,应急管理水平代表着风险管理水平,同样,风险管理水平也代表着应急管理水平。所以说,应急管理是一门采取科学手段来预防和处理各种极端事件的学科。应急管理的主要任务就是止损,减轻灾害造成的损失,并采取必要的措施控制事态的进一步恶化。

(3) 新时代应急管理

从泛指的意义看,新时代应急管理是指十九大之后的应急管理实践。十九大报告指出,中国特色社会主义进入新时代,我国社会主要矛盾已经转化为人民日益增长的美好生活需要和不平衡不充分的发展之间的矛盾。人民日益增长的美好生活需要包括对于安全的需要,新时代应急管理要能够满足这一需要。在这种意义上,应急管理是以安全为目标的治理,即广义应急管理。

从特指的意义看,新时代应急管理是指应急管理部成立之后的应急管理实践,仅针对自然灾害和事故灾难,是以应急管理部职能为限定的应急管理。

1.1.2 应急管理的内涵

事故应急管理的内涵,包括预防、准备、响应和恢复四个阶段,见图 1-2。尽管在实际情况中,这些阶段往往是重叠的,但它们中的每一部分都有自己单独的目标,并且成为下个阶段内容的一部分。

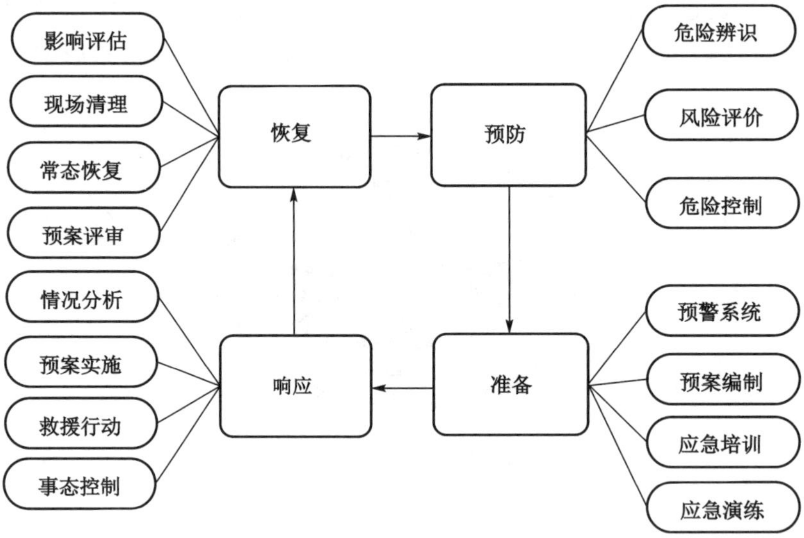

图 1-2 应急管理的内涵

应急管理的内容包含应急主体、准备体系和技术支持三部分,其关系见图 1-3。应急管理的主线见图 1-4。

应急管理的要素包括:

① 人:决策人员、施救人员、被救人员、媒体人员、其他人员。

② 财:公有财产、私有财产。

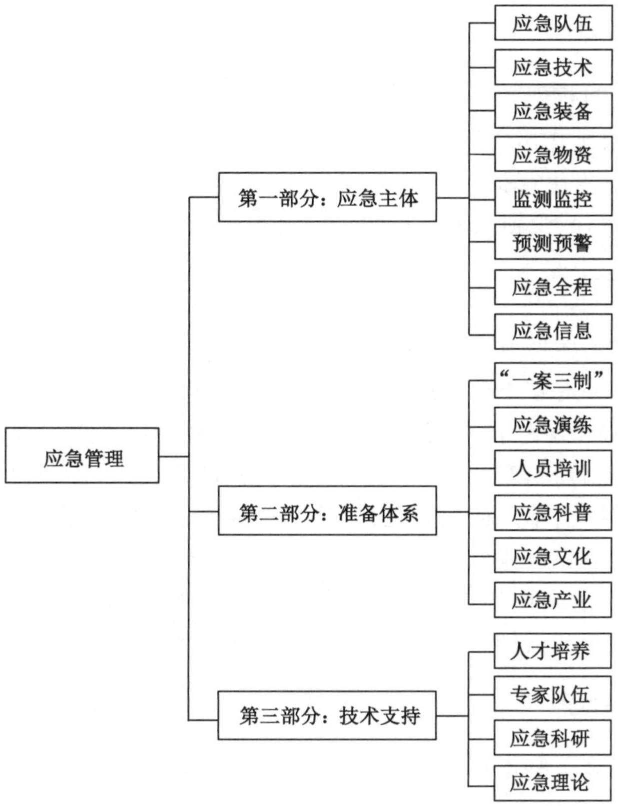

图 1-3　应急管理的内容

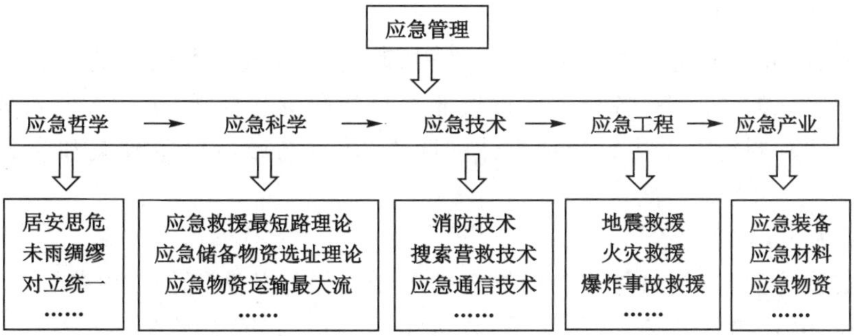

图 1-4　应急管理的主线

③ 物：应急物资。

④ 资金：拨款、捐款。

⑤ 信息：应急信息、灾情信息、新闻、舆论。

人流、物流、资金流、信息流正向耦合，有利于救灾；反之，则不利于救灾。

1.1.3 应急管理的目标

应急管理的主要目标：

① 对突发事故灾害作出预警。

② 控制事故灾害发生与扩大。

③ 开展有效救援，减少损失和迅速组织恢复正常状态。

1.1.4 应急管理的方针

“居安思危，预防为主”是应急管理的指导方针。

预防在应急管理中有着重要的地位。古代的先哲们在总结历史经验的基础上，提出了许多精辟的思想。《诗经》里有“未雨绸缪”的告诫；《周易》中有“安而不忘危，存而不忘亡，治而不忘乱”的思想；《左传》里有“居安思危，思则有备”的警句。《孙子兵法》讲得更明白：“是故百战百胜，非善之善也；不战而屈人之兵，善之善者也。”所以孙子提出：“故上兵伐谋，其次伐交，其次伐兵，其下攻城。攻城之法，为不得已。”应急管理也是同样的道理，最理想的境界是少发生或不发生突发事件，不得已发生了那就要有力有序有效地加以处置。做到平时重预防，事发少损失，坚持和贯彻这个方针是十分重要的。

1.1.5 应急管理的基本原则

应急管理应遵循以下基本原则：

(1) 以人为本，安全第一

把保障公众的生命安全和身体健康作为首要任务，最大限度地预防和减少突发事件造成的人员伤亡，切实加强应急救援人员的安全防护。

(2) 统一领导，分级负责

在党中央、国务院的统一领导下，各级党委、政府负责做好本区域的应急管理工作。在政府应急管理组织的协调下，各相关单位按照各自的职责和权限，负责应急管理和应急处置工作。企业要认真履行安全生产责任主体的职责，建立与政府应急预案和应急机制相匹配的应急体系。

(3) 预防为主，防救结合

贯彻落实预防为主，预防与应急相结合的原则。做好预防、预测、预警和预报工作，做好常态下的风险评估、物资储备、队伍建设、装备完善、预案演练等工作。

(4) 快速反应，协同应对

加强应急队伍建设，加强区域合作和部门合作，建立协调联动机制，形成统一指挥、反应灵敏、功能齐全、协调有序、运转高效的应急管理快速应对机制。充分发挥专业救援力量的骨干作用和社会公众的基础作用。

(5) 社会动员，全民参与

发挥政府的主导作用，发挥企事业单位、社区和志愿者队伍的作用，动员企业及全社会的人力、物力和财力，依靠公众力量，形成应对突发事件的合力。同时，增强公众的公共安全和风险防范意识，提高全社会的避险救助能力。

(6) 依靠科学，依法规范

采用先进的救援装备和技术，充分发挥专家作用，实行科学民主决策，增强应急救援能力；依法规范应急管理工作，确保应急预案的科学性、权威性和可操作性。

（7）信息公开，引导舆论

在应急管理中，要保障社会公众的知情权，做到信息透明、信息公开，涉及国家机密、商业机密和个人隐私的信息除外。不仅如此，还要积极地对社会公众的舆情进行监控，了解社会公众的所思、所想、所愿，对舆情进行正确、有效引导。

1.1.6 应急管理的基本内容

应急管理的工作内容概括起来就是“一案三制”。

“一案”是指应急预案，就是根据发生和可能发生的突发事件，事先研究制定的应对计划和方案。应急预案包括各级政府总体预案、专项预案和部门预案，以及基层单位的预案和大型活动的单项预案。

“三制”是指应急管理的体制、机制和法制。

一要建立健全和完善应急预案体系。就是要建立“纵向到底，横向到边”的预案体系。所谓“纵”，就是按垂直管理的要求，从国家到省到市、县、乡镇各级政府和基层单位都要制定应急预案，不可断层；所谓“横”，就是所有种类的突发公共事件都要有部门管，都要制定专项预案和部门预案，不可或缺。相关预案之间要做到互相衔接，逐级细化。预案的层级越低，各项规定就要越明确、越具体，避免出现“上下一般粗”现象，防止照搬照套。

二要建立健全和完善应急管理体制。建立健全集中统一、坚强有力的组织指挥机构，发挥我国的政治优势和组织优势，形成强大的社会动员体系。建立健全以事发地党委、政府为主，有关部门和相关地区协调配合的领导责任制，建立健全应急处置的专业队伍、专家队伍。必须充分发挥人民解放军、武警和预备役民兵的重要作用。

三要建立健全和完善应急管理机制。主要是建立健全监测预警机制、信息报告机制、应急决策和协调机制、分级负责和响应机制、公众的沟通与动员机制、资源的配置与征用机制、奖惩机制和城乡社区管理机制等。

四要建立健全和完善应急管理法制。主要是加强应急管理的法制化建设，把整个应急管理工作建设纳入法制和制度的轨道，按照有关的法律法规来建立健全预案，依法行政，依法实施应急处置工作，要把法治精神贯穿于应急管理工作的全过程。

1.1.7 应急管理与安全生产

安全生产是指采取一系列措施使生产经营活动在符合规定的物质条件和工作秩序下进行，有效消除和控制危险有害因素，无人员伤亡、财产损失等事故发生，从而保证人员的安全与健康，设备和设施免受损坏，环境免遭破坏，生产经营活动得以顺利进行的一系列活动。安全生产通过生产经营活动中的安全管理来实现，包括决策、计划、组织、控制和实施等一系列过程；运用系统安全工程理论和现代化管理模式，来保证生产安全正常进行。

应急管理是指政府及其他公共机构针对突发事件，通过预防、准备、事发应对、事中处置和善后恢复等一系列过程以及必要的应对机制计划、组织和控制措施，应用科学、技术、规划与管理手段，保障公众生命、健康和财产安全，促进社会和谐健康发展的有关活动。应急管理通过预防和减少突发事件发生，控制、减轻或消除突发事件引起的危害，是基于突发事件的原因、过程及后果分析，有效集成社会各方资源，对突发事件进行有效的预防、准备、响应和恢复的过程。

安全生产与应急管理均通过一系列的安全措施，运用科学、技术、规划与管理的方法，通过事故预防、控制、减轻或消除等，确保公众生命安全、财产免受损失、环境免遭破坏。安全生产和应急管理均贯穿于生产经营活动，但是其侧重点不同。安全生产侧重于生产经营活动事前管理，即正常生产活动过程；而应急管理贯穿于整个生产经营活动正常过程和物质能量失控后的非正常过程，是事前、事中和事后管理。应急管理通过事前预防、准备，事后响应、处置、恢复等过程，可以有效降低或减轻安全生产失效后人员、财产、环境等遭受伤害、损失、破坏的程度，是安全生产失控后的补充和完善；而安全生产过程可以有效地对突发事件的预防、准备等应急管理过程进行统一管理，为突发事件的应急响应、处置和恢复过程做好准备工作。

综上所述，安全生产和应急管理是密切相关、相互补充、相互交叉的过程，是预防、消除、控制、减轻事故导致人员、财产、设备和环境损失的必不可少的两个过程。安全生产是应急管理的基础和前提，应急管理是安全生产的措施和保障。

1.1.8 应急产业

伴随着社会生产力的提高，经济的日益繁荣，全球也进入了突发公共事件的高发期。如何在各种突发事件中最大限度地确保人民安全，已成为学术研究和管理实践中的热点问题。在突发事件应对的各个环节，都需要大量的应急装备、技术和产品，因而应急产业的兴起已成为必然。应急产业是应急响应和应急管理系统的关键组成部分，大力推动应急产业的发展，是增强社会应对突发事件综合能力的关键和最佳途径。目前关于国内应急产业发展和竞争力方面的研究还相对匮乏，对其中内在演化规律和外在发展形势的分析明显不足。应急产业作为一个新兴的、复合型的产业，是为各类突发事件提供有效预防与应急准备、监测与预警、处置与救援等措施和手段的产业综合体。

依据国内政府层面关于应急产业的分类标准，将应急产业分为感知和预警类、预防和防护类、救援和处置类三类。从产业属性看，国内应急产业存在一般性和特殊性。一般性是指应急产业具有多行业交叉和服务于公共安全的属性；应急产业的目标是服务于国家和人民的公共安全需求，因此，应急产业具有很强的行业特殊性。

我国应急产业的发展刚刚起步，为了更好地促进应急产业的发展，国务院办公厅于2014年12月8日正式发布了《关于加快应急产业发展的意见》，2018年工业和信息化部、应急管理部、财政部、科技部联合发布了《关于加快安全产业发展的指导意见》，指明了我国应急产业的发展方向。

1.2 应急管理发展状况

1.2.1 我国应急管理发展的四个时期

1. 应急管理研究的萌芽时期(1949—2002年)

这一时期，官方文献、理论研究和媒体报道都极少使用“应急管理”的表述。1986年，苏联发生切尔诺贝利核电站泄漏事故后，我国按照国际原子能机构的要求，加强核应急管理。由此，“应急管理”的概念引入中国，但当时它仅指核应急管理。

中华人民共和国成立后，流感、血吸虫病、甲肝、乙肝、洪水、大旱、矿难、地震、雪灾、滑坡，以及森林大火、空难、海难、江难等都曾发生。针对多地区多类型多级别的突发事件和重大灾害，我国最开始的应急模式是多头管理，依靠非常设机构协调不同部门履行职责。彼时，应急管理体制的重要特点是成立日常性跨部门协调机构和设立临时性应急指挥部。在中华人民共和国成立初期经济社会的发展态势下，频发的生产安全事故以及各类自然灾害对分类管理的应急管理体制提出了新的要求。为应对日益多发的风险，我国采取了在原有常设分类管理机构之外设立诸多非常设机构的方法，这些非常设机构被赋予重特大突发事件跨部门组织协调和临时性应急处置职责职能。这一时期我国共出现 16 个与应急管理相关的国务院议事协调机构，其中包括 7 个指挥部、5 个领导小组和 4 个委员会。与此同时，还建立了 9 项联席会议制度。

在中小规模的突发事件应对上，这一阶段的应急管理特点是以单灾种分类管理为主，具有专业化、单一化的特点，仅针对特定灾种的管理有较高效率，但奠定了我国应急管理体制的基础。

2003 年以前，关于应急管理的研究主要集中在灾害管理研究方面。自 20 世纪 70 年代中后期以来，随着地震、水旱灾害的加剧，我国学术界在单项灾害、区域综合灾害以及灾害理论、减灾对策、灾害保险等方面都取得了一些重要研究成果。而对应急管理一般规律的综合性研究成果寥寥无几。目前可以检索到最早研究应急管理的学术文章是 1994 年魏加宁发表于《管理世界》第 6 期的《危机与危机管理》，该文较为系统地阐述了现代危机管理的核心内容。此外，中国行政管理学会课题组撰写的论文《我国转型期群体性突发事件主要特点、原因及政府对策研究》、薛澜撰写的论文《应尽快建立现代危机管理体系》，也是早期较有影响力的文章。许文惠等主编的《危机状态下的政府管理》，胡宁生主编的《中国政府形象战略》是较早涉及突发公共事件应急管理的力作。

2. 应急管理研究的快速发展时期（2003—2007 年）

这一时期主要研究及成果集中在“一案三制”及应急能力评估上。我国开始建设以“一案三制”为核心的应急管理体系，统一应对包括自然灾害、事故灾难、公共卫生事件和社会安全事件在内的各类突发事件。在这一时期，“突发事件”“应急管理”等概念开始频繁见诸官方文献、理论研究和媒体报道。

2002 年末到 2003 年初，我国自南往北出现了一次大规模的突发传染病疫情传播，就是冠状病毒引发的重症急性呼吸综合征 SARS（我国称其为非典型性肺炎，简称“非典”），并影响到了世界范围，到了 2003 年五六月份才算基本结束。国家开始从最高层面考虑设计符合国情的应急管理体制，最终确定以“一案三制”为核心开展建设。

之前我国的应急管理体制呈现体系碎片化、应急职能部门分割的特点，不同部门掌握着各种资源和权力，部门、地区之间缺少联动，“非典”的暴发使得我们必须重新考虑如何应对大规模跨区域的突发事件。公共卫生事件引起了长时间、广泛的社会恐慌，暴露出我国应急管理存在的重大缺陷，即在应对重大突发事件的前期准备、灾害预警、应急预案、信息整合、应急响应和灾后恢复等方面都存在薄弱环节。痛定思痛，我国开始提出建立突发公共卫生事件反应机制，提高公共卫生服务水平，提高突发公共卫生事件应急能力。彼时，一方面国内存在的日益复杂的风险要求应急管理综合化、协同化;另一方面国家治理中分权化、部门化、碎片化状况又要求应急管理主体转变治理方式。

2006 年 4 月,国务院办公厅下发《国务院办公厅关于设置国务院应急管理办公室(国务院总值班室)的通知》,提出国务院办公厅设置国务院应急管理办公室(国务院总值班室),承担国务院应急管理的日常工作和国务院总值班工作,履行值守应急、信息汇总和综合协调职能,发挥运转枢纽作用。这是一个里程碑式的事件,毕竟单一机构承担单一应急职能,面对跨区域非常规复杂事件就建立临时性应急指挥部的模式不再适应风险成为常态的新时期,建立一个独立且有能力协调多部门的机构成为必需,国务院应急管理办公室应运而生。设立国务院应急管理办公室,一方面旨在解决不同部门之间权责不清的问题,避免职能交叉、多头管理;另一方面通过设置应急协调部门,打破部门之间、中央和地方之间的壁垒,建立并完善应急管理体制,以增强应对突发事件的能力。

在这种背景下,以"一案三制"为基本框架的应急管理体系在我国逐步建立起来。应急管理中的核心要素在此框架中得以充分体现,为我国未来的应急管理工作提供了明确的行动指南,推动了我国应急管理体系建设的全面发展。"统一领导、综合协调、分类管理、分级负责、属地管理为主"的应急基本原则在省、市级政府机构中实现了全覆盖。我国基本建立了应急管理法制体系,以《中华人民共和国突发事件应对法》为核心、以各部门及各地制定的涉及应急管理领域和社会安全管理领域的 60 多部法律法规为配套的应急管理法律法规体系,保障了应急管理全过程有章可循、有法可依。

总体来说,这一时期取得的突出成就是建立了成体系的"一案三制",嵌入原有的部门机构,作为不同层级和职能部门的行动指南和标准。因此,我国在 2008 年政府工作报告中郑重宣布"全国应急管理体系基本建立"。"一案三制"对我国应急管理体系的发展和完善产生了深远影响。

理论和实践的需要,使得 2003 年成为我国全面加强应急管理研究的起步之年。因此,这一时期的研究主要受"非典"事件的影响,既有针对该事件本身的研究成果,如彭宗超等撰写的论文《非典危机中的民众脆弱性分析》、房宁等主编的《突发事件中的公共管理:"非典"之后的反思》等,也有从整体角度对政府的应急管理进行的反思和总结,如马建珍撰写的论文《浅析政府危机管理》等。这一时期的应急管理实践和研究快速发展。

3. 应急管理研究质量提升时期(2008—2017 年)

这一时期应急管理的研究内容主要可分为四个方面:应急管理体系完善、突发事件应对、应急资源保障和应急信息管理。

2008 年对我国应急管理来说是一个特殊的年份,年初的南方雨雪冰冻灾害、随后的汶川大地震和山西襄汾尾矿库溃坝事故纷至沓来。如果说 2003 年的"非典"对于改革开放后的我们是一次自然灾害的初体验的话,5 年后的一系列大灾就是深化认知了,我们终于发现这个世界是不安全的,平日里觉得寻常的大雪也能使大片的南方地区社会生产生活瘫痪,而地震则改变了经济发展中速度为先的固定思维,安全要比发展更基础、更值得追求。2010 年的青海玉树地震、甘肃舟曲特大泥石流灾害及西南五省特大旱灾先后发生,2011 年的甬温线特别重大铁路交通事故、2013 年的四川雅安地震等重大突发事件都是对我国应急管理工作的严峻考验。

2013 年 3 月,《国务院机构改革和职能转变方案》获得通过,新一轮大部制改革启动。

这次大部制改革，国务院组成部门减少至25个。应急体系在此时已经有了要全面改革的动向，只是一时还没有成熟。在应对突发事件的过程中，我国既取得了举世瞩目的成就，也暴露出不少问题，如事前预警缺乏等，但经过不断反思与完善，开始进入质量提升阶段。

4. 中国特色现代应急管理体系建设时期(2018年之后)

党的十九大以来，习近平总书记对新时代应急管理工作作出一系列重要批示指示。

2018年的国务院机构改革是党和国家机构改革的重要组成部分，以优化协同高效、提高政府治理能力为根本，使机构体制符合实际，科学合理，更有效率。应急管理部应运而生后，开始总揽中国应急管理与防灾减灾救灾工作。国家组建应急管理部，标志着我国应急管理体制建设进入新的发展阶段。

此次机构改革方案将原来与应急管理相关的13个部门部分职责融入新组建的应急管理部，见图1-5。应急管理部的职责为组织编制国家应急总体预案和规划，指导各地区各部门应对突发事件工作，推动应急预案体系建设和预案演练；建立灾情报告系统并统一发布灾情，统筹应急力量建设和物资储备并在救灾时统一调度，组织灾害救助体系建设，指导安全生产类、自然灾害类应急救援，承担国家应对特别重大灾害指挥部工作；指导火灾、水旱灾害、地质灾害等防治；负责安全生产综合监督管理和工矿商贸行业安全生产监督管理；等等。应急管理部的职能架构、运作模式及发展方向受到广泛关注。

应急管理部的成立，是应急管理工作顺应时代要求，是应急救援体系走向专业化的重要里程碑。

现代社会风险与突发事件越发表现出高度的复杂性、关联性、跨界性。特别地，重特大突发事件往往表现为系统性危机。因此，统一指挥、综合协调就显得特别重要。此次机构改革，将应急力量统一到一个部，必将使应急工作效率大大提升，可以提高整个国家的应急反应速度。

1.2.2 我国应急管理发展现状

(1) 国家应急管理体系已初步建成

在国家统一领导下，坚持综合协调、分类管理、分级负责、属地管理为主的原则来应对突发公共事件。在应急管理体系中，国务院是最高行政领导机构，下设的应急管理部是应急管理工作的主要责任部门。同时，国务院安全生产委员会、国家防汛抗旱总指挥部等也在国务院统一领导下有专门分工，共同履行国家应急管理职能。

(2) 应急预案逐步完善

2001年，我国进入综合性应急预案的编写使用阶段。2004年，国务院办公厅发布《国务院有关部门和单位制定和修订突发公共事件应急预案框架指南》，使重大事故应急预案的编写有章可循。

(3) 应急管理法律体系基本建立

我国已经基本建立了以《中华人民共和国宪法》为依据、以《中华人民共和国突发事件应对法》为核心、以相关法律法规为配套的应急管理法律体系，使应急管理工作可以做到有章可循、有法可依。

(4) 应急保障能力得到加强

近几年中央财政累计投入数百亿资金，重点进行了应急物资储备和应急队伍装备的建

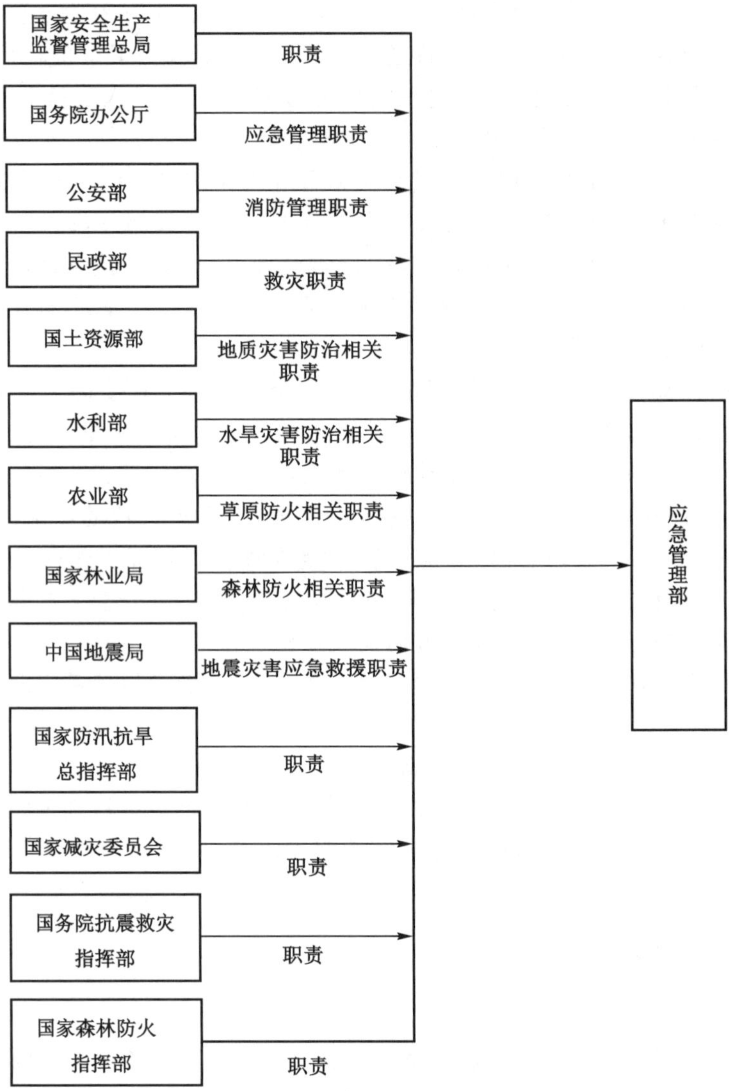

图 1-5　应急管理部的构建

设。我国对各类突发性公共事件的监测和预警能力不断提高,灾后恢复重建的能力明显增强。

(5) 应急产业发展潜力巨大

近年来,每年由突发事件造成的经济损失都在 5 000 亿元以上。1990—2008 年的 19 年间,平均每年有 3 亿人受到自然灾害的影响,300 多万间房屋倒塌,900 多万人应急转移安置,直接经济损失超过 2 000 亿元。2017 年,洪涝、台风、干旱和地震是我国的主要自然灾害,风雹、低温冻结、雪灾、崩塌、滑坡、泥石流和森林火灾等也有不同程度发生。各类自然灾害造成 1.4 亿人受灾,881 人死亡,98 人失踪,525.3 万人次紧急转移安置,170.2 万人次需要紧急生活救助;15.3 万间房屋倒塌,31.2 万间房屋严重受损,126.7 万间房屋一般受损;农作物受灾面积 184 781 000 hm^2,其中绝收 18 267 000 hm^2;直接经济损失达 3 018.7 亿元。

2020 年 1 月，由于新型冠状病毒感染疫情突然暴发，口罩、防护服等防疫物资需求量巨大，其产能却因春节假期和疫情不能提前恢复生产等因素影响不增反降，短时间成为稀缺物资。

应急产业是国家综合实力和公共安全建设能力的重要体现，近年来该产业在我国蓬勃发展。其市场规模见表 1-1。

表 1-1　我国应急产业市场规模

年份	市场规模/亿元	增长率/%
2013	5 635.4	19.22
2014	6 750.5	19.79
2015	7 921.3	17.34
2016	9 198.2	16.12
2017	10 314.8	12.14
2018	11 861.2	14.99

据媒体报道，2019 年我国应急产业市场规模已达 15 500 亿元，2020 年达 17 900 亿元。

1.3　突发事件与应急管理

1.3.1　突发事件

突发事件是指突然发生，造成或者可能造成严重社会危害，需要采取应急处置措施予以应对的自然灾害、事故灾难、公共卫生事件和社会安全事件。

从这个定义可以看出，突发事件有 4 个方面的含义：一是事件的突发性，事件发生突然，难以预料；二是事件的严重性，事件造成或者可能造成严重的社会危害；三是事件的紧急性，指事件需要采取紧急措施进行应对，否则将会出现严重的后果；四是事件的类别性，把各种突发事件划分为自然灾害、事故灾难、公共卫生事件和社会安全事件四类。其中，公共卫生事件由国家卫健委负责，社会安全事件由公安部负责，自然灾害和事故灾难由应急管理部负责，应急管理狭义上讲就是对自然灾害和事故灾难的管理。

在人类历史上，突发事件始终伴随着人类社会的发展。在原始社会，主要是自然环境因素导致的突发事件，如山洪、火灾、地震、海啸、瘟疫、蝗灾等，也有部落之间的矛盾冲突引发的暴力冲突、外族袭扰等。在奴隶社会和封建社会，除了各种自然因素引发的突发事件外，还有大量的阶级压迫、政治斗争导致的被压迫人民、个体或群体的反抗事件，如政变、治安事件和民族冲突、宗教冲突、边境袭扰或冲突等。工业革命之后，又出现了由罢工、政治集团之间的矛盾所引发的暴力冲突，工业及环境破坏引发的工业灾害和人为环境破坏事件。当代社会，政治、民族、宗教等因素引发的突发事件日益增多，特别是美国“9・11”事件之后，恐怖事件急剧增多，社会危害日益增大，并跨越国家的范围，日益成为严重危害世界范围社会安全的突发事件。

1.3.2 突发事件的分类与分级

1. 突发事件的分类

2006 年 1 月，国务院正式发布《国家突发公共事件总体应急预案》，把突发公共事件定义为“突然发生，造成或可能造成重大人员伤亡、财产损失、生态环境破坏和严重社会危害，危及公共安全的紧急事件”。根据突发公共事件的发生过程、性质和机理，将突发公共事件分为四类：自然灾害、事故灾难、公共卫生事件和社会安全事件。2007 年 11 月 1 日，《中华人民共和国突发事件应对法》施行，把突发事件定义为“突然发生，造成或可能造成严重社会危害，需要采取应急处置措施予以应对的自然灾害、事故灾难、公共卫生事件和社会安全事件”，四类突发事件特征描述及具体事例见表 1-2。这四类突发事件并不是绝对的，相互之间会存在交叉渗透现象，见图 1-6。

表 1-2 四类突发事件特征描述及具体事例

突发事件类型	特征描述	具体事例
自然灾害	由自然原因所导致	地震、海啸、龙卷风、暴雪等
事故灾难	人为原因造成的紧急事件，包括那些由于人类活动或者人类发展所导致的计划之外的事件或事故	危险化学品泄漏、突发火灾、交通事故、突发环境事件、设备故障、核泄漏与核辐射等
公共卫生事件	病菌病毒引起的大面积疾病流行等	新型冠状病毒感染、“非典”、甲型 H1N1 流感、霍乱、多人食物中毒、职业中毒、饮用水严重污染等
社会安全事件	人们主观意愿产生，会危及社会安全的突发事件	暴乱、恐怖活动、游行引起的社会动荡、战争、能源和材料短缺导致的紧急事件等

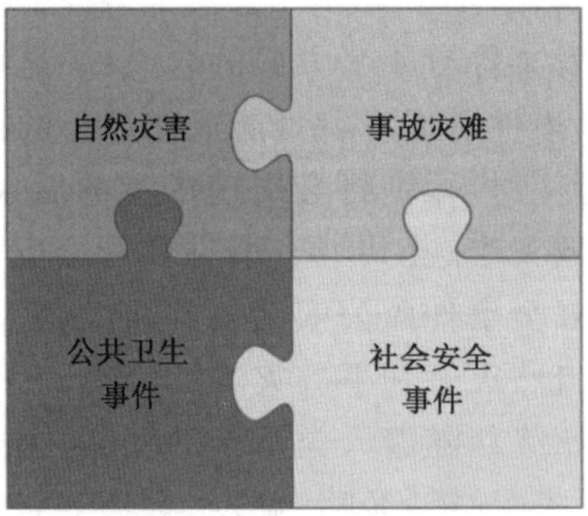

图 1-6 四类突发事件相互之间的交叉渗透

由于世界各国社会政治、经济制度不同，自然地理条件与民族、宗教习俗存在差异，社会生产力和人民生活水平不平衡，对突发事件的分类多种多样。根据事件的性质，突发事件分为政治性事件、经济性事件、涉外性事件；根据事件发生的场所、地区，分为单位内部事件、公共场所事件、重要地区事件、跨地区或全国性事件；根据事件的表现形态，分为非暴力性事件、暴力性事件;根据事件有无准备,分为激情性事件、预谋性事件;根据事件规模,分为小规模事件、中等规模事件、大规模事件。

2. 突发事件的分级

为了有效应对突发事件,需要将突发事件划分为不同的级别,并有针对性地采取不同的应急处置措施。这是因为不同级别的突发事件其影响范围、危害程度、造成的损失存在明显差异,承灾体的抵抗力和承受力以及社会对突发事件的控制力也有差异。根据突发事件的性质、严重程度、影响范围以及可控性等因素,可将突发事件分为4级:Ⅰ级(特别重大)、Ⅱ级(重大)、Ⅲ级(较大)、Ⅳ级(一般)。同时,依据突发事件可能造成的危害程度、紧急程度和发展势态,突发事件的预警级别也相应地划分为4级:Ⅰ级(特别严重)、Ⅱ级(严重)、Ⅲ级(较重)、Ⅳ级(一般),依次用红色、橙色、黄色、蓝色表示。

红色等级(Ⅰ级):预计将要发生特别重大(Ⅰ级)以上突发事件,事件会随时发生,事态正在不断蔓延。

橙色等级(Ⅱ级):预计将要发生重大(Ⅱ级)以上突发事件,事件即将发生,事态正在逐步扩大。

黄色等级(Ⅲ级):预计将要发生较大(Ⅲ级)以上突发事件,事件已经临近,事态有扩大的趋势。

蓝色等级(Ⅳ级):预计将要发生一般(Ⅳ级)以上突发事件,事件即将临近,事态可能会扩大。

为了准确界定重特大突发事件,国务院发布了《特别重大、重大突发公共事件分级标准(试行)》。在自然灾害中,以地震灾害为例,特别重大地震灾害包括:

① 造成300人以上死亡,直接经济损失占该省(区、市)上年国内生产总值1%以上的地震。

② 发生在人口较密集地区7.0级以上地震。

重大地震灾害包括:

① 造成50人以上、300人以下死亡,或造成一定经济损失的地震。

② 发生在首都圈、长江和珠江三角洲等人口密集地区4.0级以上地震。

③ 发生在国内其他地区(含港澳台地区)5.0级以上地震。

④ 发生在周边国家6.5级以上、其他国家和地区7.0级以上地震(无人地区和海域除外)。

⑤ 国内震级未达到上述标准但造成重大经济损失和人员伤亡损失或严重影响的地震。

在事故灾难中,以安全事故中的特别重大安全事故为例,包括:

① 造成30人以上死亡(含失踪),或危及30人以上生命安全,或1亿元以上直接经济损失,或100人以上中毒(重伤),或需要紧急转移安置10万人以上的安全事故。

② 国内外民用运输航空器在我国境内发生的,或我国民用运输航空器在境外发生的坠机、撞机或紧急迫降等情况导致的特别重大飞行事故。

③ 危及30人以上生命安全的水上突发事件,或水上保安事件,或单船10 000 t以上国内外民用运输船舶在我国境内发生碰撞、触礁、火灾等对船舶及人员生命安全以及港口设施安全造成严重威胁的水上突发事件。

④ 铁路繁忙干线、国家高速公路网线路遭受破坏,造成行车中断,经抢修48 h内无法

恢复通车。

⑤ 重要港口瘫痪或遭受灾难性损失，长江干线或黑龙江界河航道发生断航 24 h 以上。

⑥ 造成区域电网减供负荷达到事故前总负荷的 30%以上，或造成重要政治、经济中心城市减供负荷达到事故前总负荷的 50%以上；或因重要发电厂、变电站、输变电设备遭受毁灭性破坏或打击，造成区域电网大面积停电，减供负荷达到事故前的 20%以上，对区域电网、跨区电网安全稳定运行构成严重威胁。

⑦ 多省通信故障或大面积骨干网中断、通信枢纽遭到破坏等造成严重影响的事故。

⑧ 因自然灾害等不可抗拒的原因导致支付、清算系统国家处理中心发生故障或因人为破坏，造成整个支付、清算系统瘫痪的事故。

⑨ 城市 5 万户以上居民供气或供水连续停止 48 h 以上的事故。

⑩ 造成特别重大影响或损失的特种设备事故。

⑪ 大型集会和游园等群体活动中，因拥挤、踩踏等造成 30 人以上死亡的事故。

在公共卫生事件中，以动物疫情中的特别重大动物疫情为例，包括：

① 高致病性禽流感在 21 d 内，相邻省份有 10 个以上县(市)发生疫情；或在 1 个省(区、市)内有 20 个以上县(市)发生或 10 个以上县(市)连片发生疫情；或在数省内呈多发态势。

② 口蹄疫在 14 d 内，5 个以上省份发生严重疫情，且疫区连片。

③ 动物暴发疯牛病等人畜共患病感染到人，并继续大面积扩散蔓延。

在社会安全事件中，以群体性事件中的特别重大群体性事件为例，包括：

① 一次参与人数 5 000 人以上，严重影响社会稳定的事件。

② 冲击、围攻县级以上党政军机关和要害部门，打、砸、抢、烧乡镇以上党政军机关的事件。

③ 参与人员对抗性特征突出，已发生大规模的打、砸、抢、烧等违法犯罪行为。

④ 阻断铁路繁忙干线、国道、高速公路和重要交通枢纽、城市交通 8 h 停运，或阻挠、妨碍国家重点建设工程施工，造成 24 h 以上停工事件。

⑤ 造成 10 人以上死亡或 30 人以上受伤，严重危害社会稳定的事件。

⑥ 高校内聚集事件失控，并未经批准走出校门进行大规模游行、集会、绝食、静坐、请愿等行为，引发不同地区连锁反应，严重影响社会稳定。

⑦ 参与人数 500 人以上，或造成重大人员伤亡的群体性械斗、冲突事件。

⑧ 参与人数在 10 人以上的暴狱事件。

⑨ 出现全国范围或跨省(区、市)，或跨行业的严重影响社会稳定的互动性连锁反应。

⑩ 其他视情况需要作为特别重大群体性事件对待的事件。

1.3.3 突发事件的特点

突发事件通常有以下几方面的特征：

① 突发性。绝大多数突发事件是在人们缺乏充分准备的情况下发生的，使人们的正常生活受到影响，使社会的有序发展受到干扰。由于事发突然，首先，人们在心理上没有做好充分的思想准备，会产生烦躁、不安、恐惧等情绪；其次，社会在资源上没有做好充分的保障准备，需要临时调集各类应急资源；再次，管理者在措施上没有做好充分的设计准备，必须针对具体情况制定处置措施。虽然有些突发事件存在发生征兆和预警的可能，但由于真实发

生的时间和地点难以准确预见,同样具有突发性。

② 不确定性。突发事件具有高度的不确定性。一是发生状态的不确定性。突发事件在什么时间、什么地点以何种形式和规模爆发通常是无法提前预知的。对有些自然灾害,通过科技手段和经验知识能够减少某些不确定因素,但是很难确定是哪些不确定因素造成的结果。如果突发事件没有不确定因素,也就不属于突发事件,这样的事件可预先做好充分的准备工作,用通常的办法去应对。二是事态变化的不确定性。突发事件发生之后,由于信息不充分和时间紧迫,绝大多数情况的决策属于非程序化决策,响应人员与公众对形势的判断和具体的行动以及媒体的新闻报道,都会对事态的发展造成影响。许多不确定因素随时发生变化,事态的发展也会随之出现变化。

③ 破坏性。突发事件的破坏性来自多个方面:对公众生命构成威胁、对公共财产造成损失、对各种环境产生破坏、对社会秩序造成紊乱和对公众心理造成障碍。在突发事件发生后,由于人们缺乏各方面的充分准备,难免出现人员伤亡和财产损失,破坏自然环境、生态环境、生活环境和社会环境,打乱社会秩序的正常运行节奏,引发公众心理的不安、烦躁和恐慌情绪。有些破坏是暂时性的,随着突发事件处置的结束逐步消除;而有些破坏产生的影响则是长期的,少则几年,多则几十年,甚至达到百年、数百年。如果对突发事件的处置不当或不及时,可能还会带来经济危机、社会危机和政治危机,造成难以预计的不良后果。

④ 衍生性。衍生性是指由原生突发事件的产生而导致其他类型突发事件的发生,有两种情况:一种情况是衍生突发事件的危害程度、影响范围低于原生突发事件,社会的主要力量和精力集中于原生突发事件的处置,应急活动的主要对象不会发生改变;另一种情况是衍生突发事件的危害程度、影响范围高于原生突发事件,从本质上讲,问题的主要矛盾已发生转移,应急活动的主要对象已产生变化,需要重新调整社会力量和精力,解决面临的主要问题。对于第二种情况而言,只有少数情况是难以避免的,多数情况是处置时对问题考虑不周和控制失误所导致的。

⑤ 扩散性。随着社会的进步和现代交通与通信技术的发展,地区、地域和全球一体化的进程在不断加快,相互之间的依赖性更为突出,使得突发事件造成的影响不再仅仅局限于发生地,还会通过内在联系引发跨地区的扩散和传播,波及其他地域,形成更为广泛的影响。而且有些突发事件本身带有一定的"国际性"色彩,其产生的背后有某些国际势力的支持,自然会出现联动效应,比如恐怖事件、社会骚乱,这些都会给突发事件的应对带来更大的难度。

⑥ 社会性。社会性是指突发事件会对社会系统的基本价值观和行为准则构架产生影响,其影响涉及的主体是公众。在突发事件的应对过程中,整个社会将重新审视以往的群体价值观念,通过认识和思考,重新调整社会系统的行为准则和生活方式,重新塑造自身的基本价值观。

⑦ 周期性。突发事件类型多种多样,但都具有基本相同的生存过程,都要经历潜伏期、爆发期、影响期和结束期四个阶段,这也是突发事件的生命周期。潜伏期一般较长,在此期间突发事件处于质变前的一个量的积累过程,待量积累至一定的程度后,便处于一触即发的状态,一旦"导火索"被引燃,就会立即爆发出来,给社会带来危害。爆发期是突发事件发生质变后的一个能量宣泄过程,此阶段一般持续时间比较短而猛烈。受导火索的触发,潜伏期逐步积累起来的能量通过一定的形式快速释放,产生巨大的破坏力,给整个社会带来不同程度的危害。影响期是在突发事件爆发之后,由此造成的灾难还在持续产生作用,破坏力还在

延续的阶段。许多情况下，影响期与爆发期之间没有明显的界线，两者是交叉重叠的。突发事件的危害和影响得到控制之后进入结束期。这一时期按照不同的标准会有不同的结论。从管理的角度出发，可以以社会恢复正常运行状态为结束标志；从过程的角度出发，可以以危害和影响完全消除作为结束标志。

随着科学技术的不断发展，人们认识自然、改造自然、战胜自然的能力将逐渐提高，因自然因素而引发的突发事件将逐步减少。但随着社会政治、经济的发展，由政治因素和经济利益所引发的突发事件将有所增加，造成的损失将更加严重；一些地方生态环境恶化，环境灾难事件可能呈上升趋势；由于危险有害物品增多，事故灾难也将时有发生；一些国家和地区流行性传染病的发生和扩散，可能引发较大范围的公共卫生事件；一些组织和个人利用高新技术进行高智能犯罪的可能性增加，新类型突发事件发生的可能性加大。

1.3.4 突发事件的危害

(1) 人员伤亡和经济损失

人在灾难面前是脆弱的，如 1556 年 1 月 23 日，陕西省华县发生 8.25 级地震，死亡人数有姓名记载的就超过 83 万，不知名的死者及未经奏报的死者更是不计其数，这是中国死亡人数最多的一次地震，也是世界地震死亡人数之最。1976 年 7 月 28 日，河北省唐山大地震造成 24 万余人死亡，16 万余人受伤，7 000 多个家庭全家在地震中死亡。2008 年 5 月 12 日，四川省汶川大地震造成近 7 万人遇难，37 万余人受伤，约 1.8 万人失踪。2004 年 12 月 26 日，印度尼西亚苏门答腊岛附近海域发生里氏 9 级地震并引发海啸，给印度洋沿岸的印尼、斯里兰卡、泰国、印度、马尔代夫等国家带来了灾难性的冲击，造成近 30 万人死亡，12 万余人受伤。2005 年 8 月，“卡特里娜”飓风袭击新奥尔良市，造成 1 800 多人死亡。2010 年 1 月 12 日，海地地震造成 22 万多人死亡，近 20 万人受伤。

突发事件尤其是重特大突发事件不仅会造成巨大的人员伤亡，还会造成严重的经济损失。如 1976 年唐山大地震严重破坏了唐山市的各类建筑，其中 78%的工业建筑、93%的居民建筑、80%的水泵站以及 14%的下水管道遭到毁坏或严重损坏，地震还波及唐山附近许多地区，秦皇岛和天津遭受部分损失。2010 年，我国西南五省市云南、贵州、广西、四川及重庆遭遇了百年一遇的特大旱灾，其中耕地受旱面积 9 716 万亩，1 939 万人、1 189 万头大牲畜出现了饮水困难。

(2) 生态环境破坏

突发事件不仅会造成巨大的人员伤亡和经济损失，还会严重破坏生态环境。如 2008 年汶川大地震诱发了严重的山体滑坡，大约有 1.5 万次滑坡、崩塌和泥石流。地震诱发的次生地质灾害不但摧毁民居、道路，还堵塞河道。根据初步调查，在近 30 000 km^2 的地震中心区，地表崩塌滑坡产生的剥离面积占比高达 15%以上。伴随山体滑坡、泥石流等地质灾害，树木被连根拔起或折断，曾经的青山绿草地成了断壁绝崖。在 14 个重灾区中森林生态系统破坏面积占比达 2.80%，其中绵竹、安县、汶川和什邡 4 个县市超过 11%；草地生态系统破坏面积占比达 2.21%，其中绵竹、安县、汶川和什邡 4 个县市超过 14%；农田生态系统破坏面积占比达 1.09%，其中汶川损失最大，破坏面积占比为 12.83%，其次为北川，占比达 5.45%。

1986 年 4 月 26 日凌晨 1 点 23 分，乌克兰普里皮亚季邻近的切尔诺贝利核电厂的第四号反应堆发生爆炸。连续的爆炸引发了大火并散发大量高能辐射物质到大气层中，这些放射性尘埃覆盖了大面积区域。这次灾难所释放出的辐射线剂量是第二次世界大战时期于广岛爆炸的原子弹的400倍以上。该事故造成9.3万人死亡、27万人致癌，经济损失180亿卢布。更为严重的是，核泄漏造成了严重的环境污染，爆炸反应堆周围30 km半径范围已经不适合人类居住，乌克兰当局将其划为隔离区，撤走所有居民，用铁丝网围了起来。爆炸产生的辐射尘飘过俄罗斯、白俄罗斯，也飘过欧洲的部分地区，核辐射对人类造成的间接影响以及对生态环境造成的破坏难以估算。

(3) 引发社会恐慌

突发事件由于其本身造成的破坏性影响太大或者由于风险沟通不畅等，往往会引起社会恐慌，一些突发环境事件尤其如此。2005年11月13日13时35分，吉林某石化公司双苯厂硝基苯精制塔T102发生爆炸事故。爆炸事故发生后，在吉林省吉林市引发了严重的社会恐慌，出现了竞相出逃的景象。这次爆炸使近100 t物料流入松花江，严重威胁沿河下游各城市的用水，位于下游的哈尔滨市出现了严重的抢购饮用水和食品的恐慌局面。2009年6月，河南省杞县利民辐照厂出现了放射源被卡事件，7月10日以后，国内外一些网站开始传播虚假报道和不实消息，引发了严重的社会恐慌，致使许多群众逃离家乡，前往附近县市"避难"。

(4) 影响社会经济的可持续发展

一些破坏性巨大的突发事件造成的大量人员伤亡、基础设施损毁以及生态环境破坏，影响到了社会经济的可持续发展，如"5·12"汶川地震的10个极重灾区。地震不仅造成了大量房屋毁坏和基础设施破坏，严重影响了居民的正常生活和企业的正常生产，而且造成了大面积的山坡表层结构破坏和大量的山体滑坡，导致次生灾害如泥石流等频繁发生；尤其是地震发生在14点28分，正值学生上课的时间，致使学生伤亡惨重，产生了大量的失独家庭，这些都严重影响了灾区社会经济的可持续发展。

1.4 应急管理体系

应急管理体系是指国家层面处理紧急事务或突发事件的行政职能及其载体系统，是政府应急管理的职能与机构之和。

加强应急管理体系建设，就要根据突发事件或危机事务，把握并设定应急职能和机构，进而形成科学、完整的应急管理体系。

我国的应急管理体系体现为"一案三制"，即应急预案、应急管理体制、应急管理机制和应急管理法制。"一案"与"三制"是一个有机结合的整体，如果把应急管理的"一案三制"体系比喻为一架直升机，那么，"一案"可视为直升机的机体，"三制"则可视为直升机的前、后机翼和螺旋桨。"一案"与"三制"相互依存，共同发展，确保直升机的飞行安全，起到应急救援的作用。

应急管理体系的阶段：第一阶段，2004年应急预案建设；第二阶段，2005年应急管理体制建设；第三阶段，2006年应急管理机制建设；第四阶段，2007年应急管理法制建设。

应急管理体系建设的核心内容见图1-7。

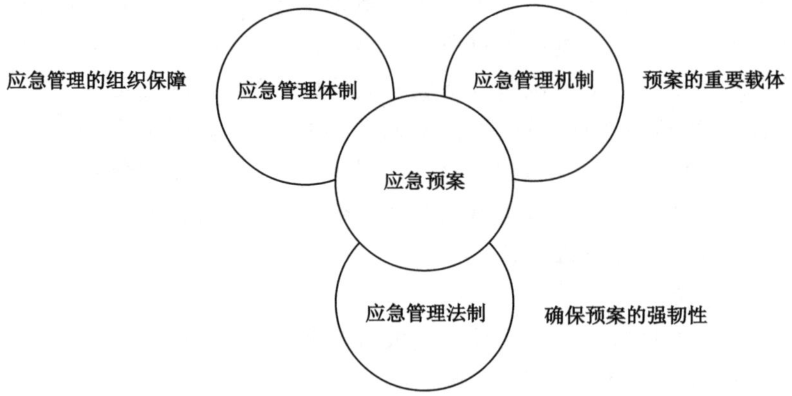

图 1-7　应急管理体系建设的核心内容

第 2 章　应急管理理论

2.1　应急管理全过程理论

应急管理是针对突发事件而产生的。很多人认为,我国现代应急管理开始于 2003 年。2003 年"非典"给我国带来了一场空前的危机,也成了我国现代应急管理的开端,2003 年以后我国开始加速突发事件的应急法制、体制和机制的建设。随之应急管理研究如火如荼地开展起来,并逐渐形成了一门新兴学科。

2.1.1　三阶段理论

应急管理是对突发公共事件的全过程管理。一般来说,突发公共事件应急管理过程包括预警、处置与恢复三个阶段,这三个阶段分别发生在事前、事中和事后三个不同的时间段,形成一个循环的过程(图 2-1)。其中,每一个具体的阶段都要求管理者采取相应的应急管理策略和措施,准确地估计形势,尽可能把事态控制在某一个特定的阶段,以免进一步恶化。

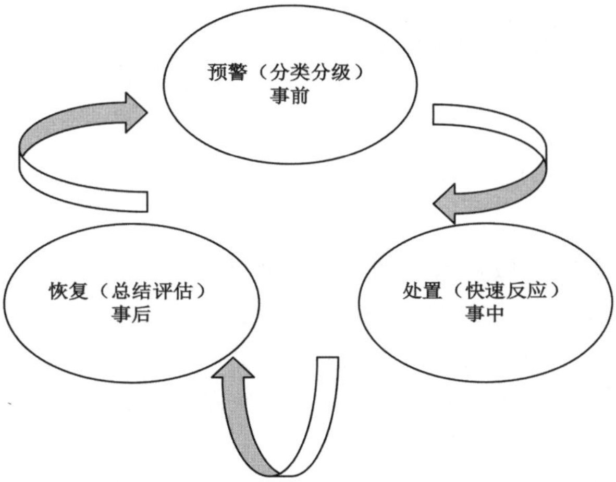

图 2-1　应急管理三阶段示意

1. 预警阶段

突发公共事件的特点之一是危害性大,可能造成重大经济损失和众多人员伤亡,如果事件发生,这种损失很难挽回。因此,在应急管理的过程中,建立一套与现代社会相适应的有效的危机预警系统,防患于未然,对于防范危机的发生和防止危机的扩散,确保国家或城市在各种危机事件面前转危为安有着重要的作用。实际上,通过预防与控制避免危机的发生是实施主动性应急管理最好的途径，是成本最低、最简便的方法。

危机预警主要包括“预”（预测、预防）和“警”（警示）两个组成部分。其中，“预”指的是特定的政府部门以先进的信息技术平台，通过预测和仿真等技术收集、整合、处理相关信息，预测某一类事件的发展动态并组织相应的预防体系。从信息流程来看，“预”的作用对象主要为特定的政府部门。“警”指的是根据预测结果，通过公共媒体、政府内部信息渠道等，及时对特定的目标人群发布警示信息，从而把危机给特定的政府部门和潜在的受影响群体可能造成的损失降到最低。当然，“预”和“警”之间相互联系，互相配合，形成一个完整的动作流程，从而能够有效地预防危机事件的发生或将危机可能带来的损失降低到最低程度。概括起来，危机预警是指以先进的信息技术平台，通过预测和仿真等技术对危机态势进行有效的动态监测，作出前瞻性分析和判断，及时评估各种灾害的危险程度，给出参考性对策建议，并根据相关制度组织培训和演练，以提高政府应急管理的效率和科学性。危机预警的内涵如图 2-2 所示。

危机预警的三个关键：一是要制定相应的危机分类分级标准，一旦捕捉到相关的危机征兆便可根据既定标准进行分析判断；二是要实现信息高度共享，从而提高信息分析、管理和传递的科学性和效率；三是要提高训练和演习水平，做到准备充分。见图 2-3。

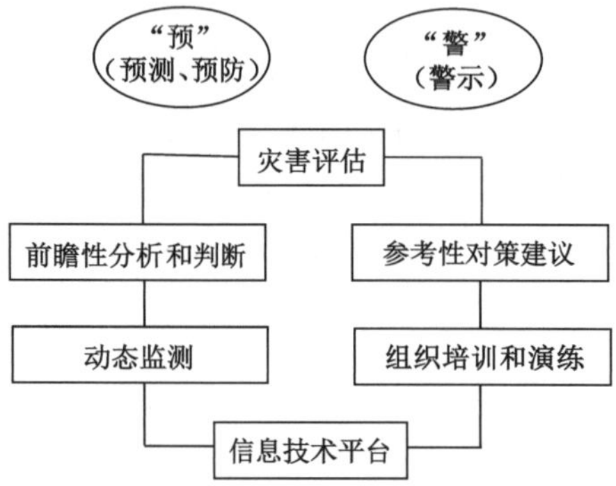

图 2-2　危机预警的内涵

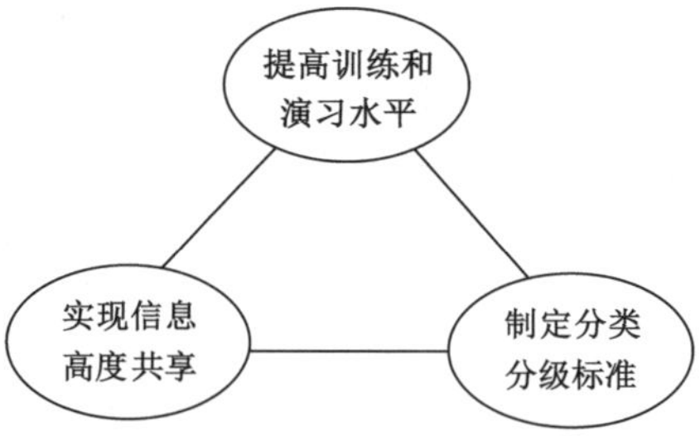

图 2-3　危机预警的三个关键

凡事预则立，不预则废。做好预防和处置各类突发公共事件的思想准备、组织准备、物质和技术准备，建立健全社会预警体系，是不断提高预防和处置突发公共事件能力的关键和前提。我国是一个自然灾害、事故灾难等突发事件较多的国家。党和国家历来重视突发事件的应对工作，特别是近年来，在应急预警方面加强了制度建设，进行了一系列有益的探索。

《中华人民共和国突发事件应对法》规定：国家建立健全突发事件监测制度。县级以上人民政府及其有关部门应当根据自然灾害、事故灾难和公共卫生事件的种类和特点，建立健全基础信息数据库，完善监测网络，划分监测区域，确定监测点，明确监测项目，提供必要的设备、设施，配备专职或者兼职人员，对可能发生的突发事件进行监测。

国家建立健全突发事件预警制度。可以预警的自然灾害、事故灾难和公共卫生事件的预警级别，按照突发事件发生的紧急程度、发展势态和可能造成的危害程度分为Ⅰ级、Ⅱ级、Ⅲ级和Ⅳ级，分别用红色、橙色、黄色和蓝色标示，一级为最高级别。预警级别的划分标准由国务院或者国务院确定的部门制定。预警信息包括突发公共事件的类别、预警级别、起始时间、可能影响范围、警示事项、应采取的措施和发布机关等。预警信息的发布、调整和解除可通过广播、电视、报刊、通信、信息网络、警报器、宣传车或组织人员逐户通知等方式进行，对老、幼、病、残、孕等特殊人群以及学校等特殊场所和警报盲区应当采取有针对性的公告方式。

同时相关法律法规还规定：县级以上人民政府应当建立健全突发事件应急管理培训制度，对人民政府及其有关部门负有处置突发事件职责的工作人员定期进行培训。人民政府有关部门可以整合应急资源，根据实际需要设立综合性和专业应急救援队伍。人民政府应当加强专业应急救援队伍与非专业应急救援队伍的合作，有计划、有重点地组织联合培训、联合演练，提高合成应急、协同应急的能力。应急预警系统流程如图2-4所示。

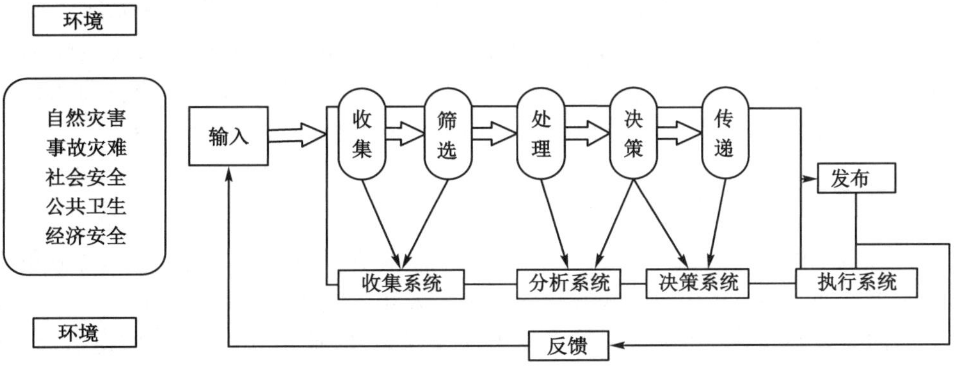

图2-4 应急预警系统流程示意

2. 处置阶段

处置突发公共事件是一项复杂而系统的工作，是政治、法律、政策、策略的全面运用。一般认为，危机处置是指政府在特定的时间内(不同于平常时期)突发公共事件发生时，在有限的时间、资源和人力的约束条件下，采取各种应急措施，完成对危机的应对。

我国《国家突发公共事件总体应急预案》规定：突发公共事件发生后，事发地的省级人民政府或者国务院有关部门在报告特别重大、重大突发公共事件信息的同时，要根据职责和规定的权限启动相关应急预案，及时、有效地进行处置，控制事态。对于先期处置未能有效控制事态的特别重大突发公共事件，要及时启动相关预案，由国务院相关应急指挥机构或国务院工作组统一指挥或指导有关地区、部门开展处置工作。现场应急指挥机构负责现场的应急处置工作。需要多个国务院相关部门共同参与处置的突发公共事件，由该类突发公共事件的业务主管部门牵头，其他部门予以协助。特别重大突发公共事件应急处置工作结束，或者相关危险因素消除后，现场应急指挥机构予以撤销。

3. 恢复阶段

恢复阶段是突发公共事件应急管理中最后一个重要环节，就是帮助受危机影响的个人、企业和地区尽快复原。这个阶段从危机情况基本稳定，一直延续到所有的体系回归正常为止。

突发公共事件的善后和恢复阶段长短不一，往往是有形的损失容易恢复，恢复得较快；而无形的损害，如社会组织的信誉、形象、品牌等无形资产受到伤害，个人声誉的下降和心理创伤，或者一个国家或地区的吸引力和发展能力的下降等，这些无形损害的恢复需要更长的时间。

因此，危机过后的恢复工作在短期和长期有不同的工作重点。在短期，恢复工作的重点是尽快使关系到国计民生的设施（包括供电、供水、卫生防疫和通信等设施）恢复运转，交通基础设施的使用恢复正常，废墟得到清理，对危机造成的损失进行评估；并需要不断地进行绩效评定和监视，如果发现处理危机采取的措施不当等，则应及时采取纠正和预防措施。在局势基本稳定之后，恢复工作的长期目标就是总体发展完全恢复到正常状态。

我国《国家突发公共事件总体应急预案》规定：要积极稳妥、深入细致地做好善后处置工作。对突发公共事件中的伤亡人员、应急处置工作人员，以及紧急调集、征用有关单位及个人的物资，要按照规定给予抚恤、补助或补偿，并提供心理及司法援助。有关部门要做好疫病防治和环境污染消除工作。保险监管机构督促有关保险机构及时做好有关单位和个人损失的理赔工作。要对特别重大突发公共事件的起因、性质、影响、责任、经验教训和恢复重建等问题进行调查评估。根据受灾地区恢复重建计划组织实施恢复重建工作。

2.1.2 四阶段理论

对于突发事件的应急管理，人们普遍认为其主要是在突发事件发生之前、之中和之后紧紧围绕突发事件而采取的一系列具体行动，即灾害发生之前的准备、灾害发生时的应对以及灾害发生后的恢复与重建。但是，对于突发事件仅仅有“准备—应对—恢复”还远远不够，还要在突发事件发生之前做好防灾减灾，通过防灾减灾可以消除一些突发事件，如通过防灾减灾能够消除一些事故灾难；而对于一些不能完全消除的突发事件，如地震、洪水、台风、海啸等，通过防灾减灾可以减小灾害发生的频率、强度、影响范围，或者通过防灾减灾减小承灾体的脆弱性、增强其抵抗能力，进而减轻灾害造成的损失。因此，不能为应急而应急，还要做好防灾减灾。将防灾减灾纳入应急管理周期，这样就形成了四阶段应急管理，四阶段即防灾减灾阶段、准备阶段、应对阶段、恢复阶段。

1. 防灾减灾阶段

防灾减灾阶段是应急管理的第一个阶段，主要包括减少或消除各种突发事件，包括自然灾害、事故灾难、公共卫生事件等对人员、经济和环境造成的不利影响，减小或消除各种灾害风险。防灾减灾既强调通过强化建筑和基础设施增加其抵抗风险的能力，如提高建筑质量，也强调减少建筑设施对危险的暴露程度，如在风险评估的基础上做好防灾减灾规划。同时，防灾减灾还包括修建各种防灾工程，如防洪工程、抗震防灾工程、人防工程等，减小各种不可避免的灾害所造成的损失。另外，防灾减灾还强调减少脆弱性、增强恢复力，通过实施一系列公共工程项目和社会措施，如加大防灾减灾知识的宣传，提高公众的防灾减灾知识水平和意识。

2. 准备阶段

准备阶段是应急管理的第二个阶段。在防灾减灾阶段采取一系列防灾减灾的措施和行动，虽然在一定程度上能够有效地阻止或预防部分灾害的发生，进而减小灾害带来的损失，但是不能完全杜绝灾害的发生，当然也不能完全消除各类承灾体的脆弱性。因此，需要针对可能发生的各种突发事件，提前做好充分的准备。如对于洪灾，在洪水风险评估的基础上，通过制定防洪规划、加强洪泛区管理、修建防洪工程等，可以有效防止洪水灾害的发生，减小或消除洪水灾害可能造成的损失。然而任何防洪措施控制洪水都是有限度的，不可能完全阻止洪水灾害的发生，因此需要做好应对洪水灾害的准备工作。

准备就是为突发事件的应对做准备，它是有效处置突发事件的基础。应急准备主要是为了提升各种突发事件的应对能力，提高突发事件的应对水平。应急准备首先包括应对突发事件的物资准备，即对应对突发事件所需物资进行有效的配置和安排。其次为人员的准备，建立针对各类突发事件的专家库以及应对突发事件所需的专业应急救援队伍，同时要对人员进行必要的培训。最后还要进行一些其他准备，如制定应急预案、建立预警系统、演习演练等。不打无准备之仗，充足的应急准备是保障突发事件科学、高效应对的基础，是减少人员伤亡、财产损失和环境破坏的关键。

许多场合人们将防灾减灾与准备混为一谈。尽管这两个阶段具有一定的相关性，但是从主体上看，其内涵完全不同。防灾减灾以预防为主，它是对可能发生的灾害采取的行动，针对长期需要解决的某个或者某些灾害问题，而准备只是为下一次即将到来的灾害做应对准备；防灾减灾所采取的都是一些根本性的措施，这些措施可能针对一种或几种灾害长期有效，而准备主要针对可能到来的灾害做物资准备，这些物资往往都是一次性的。防灾减灾目的是控制灾害风险使其不能形成灾害，对于不可避免的灾害，要最大限度减小灾害造成的损失，而准备主要针对灾害本身。另外，防灾减灾需要调动全社会的力量，特别需要居民配合，需要通过教育更新观念；准备则不需要过多的教育工作，只需要公众认可。

3. 应对阶段

应对阶段也称为响应阶段，是应急管理的第三个阶段，也是针对突发事件的关键步骤，包括挽救生命、减小损失等。根据《中华人民共和国突发事件应对法》和《国家突发公共事件总体应急预案》，我国建立“统一领导、综合协调、分类管理、分级负责、属地管理为主”的应急管理体制。突发事件的应对不仅包括对突发事件的监测预警，还包括组织营救和救治伤员，疏散、撤离并妥善安置受到威胁的人员，迅速控制危险源，标明危险区域，立即抢修被损坏的交通、通信、供水、排水、供电、供气、供热等公共设施，向受到危害的人员提供避难场所和生活必需品，实施医疗救护和卫生防疫以及其他保障措施，保障食品、饮用水、燃料等基本生活必需品的供应，组织公民参加应急救援和处置工作，要求具有特定专长的人员提供服务，稳定市场价格，维护市场秩序、社会治安，防止次生、衍生事件发生。

在突发事件应对阶段必须同时兼顾三个目标：第一是最大限度地保障公众生命健康安全；第二是最大限度地减小突发事件造成的人员财产损失；第三是保护生态环境并严防次生灾害发生。

在突发事件应对过程中先要做好预警，及时发布预警信息。因此，突发事件的应对未必在事件发生之后，而从预警开始，就可以启动响应，做好应对准备以及人员疏散撤离等。对突发事件的应急处置主要包括以下几个方面。

① 先期处置。突发事件发生后，各级政府要根据职责和规定的权限启动相关应急预案，及时有效地进行处置，控制事态发展。

② 应急响应。对于先期处置未能有效控制事态的突发事件，要及时启动相关预案，按照“分级负责”的原则，根据突发事件的级别，分别由县、市、省级部门乃至国务院成立应急指挥机构，统一指挥并领导有关地区和部门开展应急处置工作。

③ 应急结束。特别重大突发事件应急处置工作结束，或者相关危险因素消除后，现场

应急指挥机构予以撤销。

④ 善后处置。对在突发事件中伤亡的人员、应急处置工作人员以及紧急调集、征用有关单位及个人的物资,要按照规定给予抚恤、补助或补偿,并提供心理及司法援助。同时,有关部门要做好疫病防治和环境污染消除工作,保险监管机构要督促有关保险机构及时做好相关单位和个人损失的理赔工作。

4. 恢复阶段

恢复阶段是应急管理的最后一个阶段,它是突发事件结束之后,灾区人民向正常生产生活秩序的回归。恢复不仅包括各种基础设施和住房的恢复,还包括社会组织恢复、经济恢复、心理恢复和环境恢复等。

恢复分为短期恢复和长期恢复。短期恢复包括灾害发生后迅速对受灾人员进行心理调适、临时住房的修建、生命线设施的修复、受损建筑的加固等。短期恢复时间根据受灾程度和受灾范围不同而有明显差异,从几天到几个月不等。长期恢复包括受灾地区永久性住房的建设和各种基础设施的重建以及对受灾地区经济、环境、人员心理的恢复。在恢复过程中,要重新审视环境和社会的脆弱性,吸取教训,做好风险评估和防灾减灾规划;在重建过程中应做好防灾减灾工作,减少环境和社会的脆弱性,增加其抵抗风险的能力,尽量避免或者降低下一次突发事件带来的损失。

虽然恢复阶段与防灾减灾阶段是应急管理的不同阶段,并且有很大差异,但是两者在重建家园、提高抗灾能力方面是一致的:

① 将防灾减灾行动纳入灾后恢复重建。在恢复重建之前可以统一做好各类规划,使新建居民区、商业区等远离高风险区;对于新建项目,可以执行新的建筑标准或建筑法规;加固基础设施和公共设施,减少其脆弱性,增加其抵抗风险的能力。

② 使许多由于经济、政治原因未能完成的防灾减灾行动在灾后能够得以完成。如低洼地区居民搬迁方案,在洪灾出现之前很难实现;但经历大的洪灾后,在国家和地方的支持下、在居民的认可下,就能得以实现。

③ 灾后重建家园,也包括公共安全意识的重建。加强居民的公共安全教育,提高其防灾减灾技能和应急逃生能力,使原来难以深入开展的防灾减灾教育在灾后得以顺利开展。

2.1.3 五阶段理论

应急管理五阶段是指准备阶段、预防阶段、减缓阶段、响应阶段、恢复阶段。这五个阶段共同构成一个完整的应急管理流程,见图 2-5。

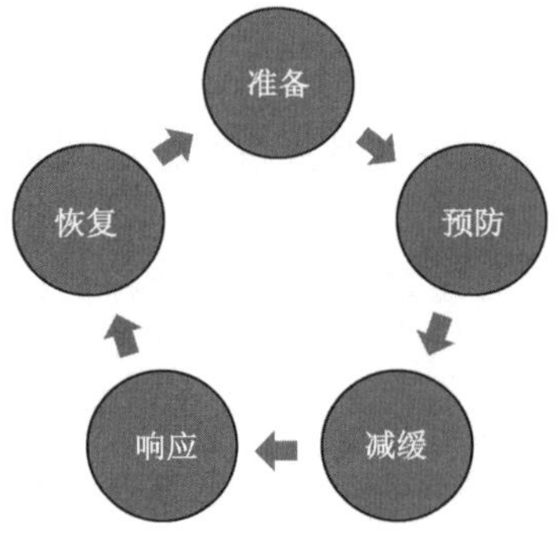

图 2-5 应急管理的五阶段

准备是应急管理的起点。新时代应急管理机制的创新发展要进一步提升应急管理准备的实效,有四点需要特别关注。一是提升应急预案的有效性。应急预案虽然在总量上已经实现了“横向到边、纵向到底”的全覆盖,但在体系结构、编制质量、演练上仍然存在巨大的提升空间。从体系结构上看,要切实解决过去普遍存在的“专项预案简化为部门预案”的问题,修订或重新编制各类专项应急预案,应急管理部要在专项预案的修订和编制中发挥主导作用。从编制质量上看，要切实解决过去普遍存在的应急预案文本简单复制的问题，在应急预案的编制程序中增加和强化风险评估环节。在预案演练上，要切实解决过去普遍存在的“不敢演练”“演练走过场”的问题，提升应急预案演练的实效。二是进一步加强应急救援队伍建设。在综合性应急救援队伍的建设上，要在实现消防队伍顺利转制的基础上，加快探索消防队伍的综合化、职业化和专业化，建立适应综合化、职业化、专业化消防队伍发展的人力资源管理体系。在志愿性应急救援队伍的建设上，要加快推动“第一响应人”队伍的建设，切实提高志愿者参与应急管理的有效性。三是发展应急产业，提升应急装备和应急救援的科技含量。加大财政投入，引入市场机制，优先发展地震预警、航空救援，扩展卫星遥感、大数据分析在应急管理中的应用。四是提升应急管理宣传教育的实效，切实增强公众自救互救能力。探索应急管理的学历教育，创建应急技术与管理、应急管理专业，将应急管理纳入大专院校教学体系。按照应急管理实践需要的核心能力，建立和优化应急管理在职培训课程体系。改革应急管理社会宣传教育方式和科普场馆运营模式，引入市场机制，提升应急管理社会宣传教育和科普场馆运营的实效。

预防主要针对事故灾难。在安全管理中，对于“安全”的内涵有两种基本的理解：一是不发生事故；二是将风险控制在可以接受的水平。第二种理解已经超越第一种理解占据主导地位。因此，预防的关键是将风险控制在可以接受的水平，这就需要多管齐下，共同发力。一是提升政府监管的实效，减少政府监管的盲区、不作为和腐败“寻租”空间。二是激发企业的自我监管，探索驱动企业自我监管的市场机制，强化企业进行自我安全监管的意愿和能力。三是鼓励社会监管，借鉴大连市应急管理局的实施经验，发挥社会监督作用，不断完善安全生产举报工作机制。预防也可针对自然灾害，主要是指对人与自然关系的反思，减少人类行为对自然环境的破坏，加强生态修复和保护，尽可能地消除孕灾环境。

减缓主要针对自然灾害。在自然灾害学的语境中，风险＝危害×脆弱性。其中，脆弱性既包括物理脆弱性，也包括社会脆弱性。要最大限度减少自然灾害造成的损失，就要同时降低物理脆弱性和社会脆弱性。降低物理脆弱性的关键是提升建筑物和关键基础设施抗震、防风等设防等级，保障建筑质量。降低社会脆弱性的关键是减少易灾区域的人口聚集。减缓也可针对事故灾难，确保危险化学品储存和生产区域与居民生活区的安全距离，努力改变“化工围城”“城围化工”的现状。

响应永远是应急管理的重点。重视预防和减缓并不意味着响应的重要性下降。应急响应可以迅速控制事态，尽可能地降低自然灾害和事故灾难造成的损失。通过十余年的实践，应急响应虽然取得了显著的进展，但仍存在巨大的改进空间，其中的关键是要提升应急指挥的科学性。在实践中，应急响应对于政治性的考虑通常大于对于科学性的尊重。从总体上看，中国体制的特点是高效的政治动员，其有利的一面是“一方有难，八方支援”“集中力量办大事”，不利的一面则是容易过度动员、运动式治理、成本过高。2008 年汶川大地震之后，我国探索了军地联合的双指挥部机制。2013 年芦山地震之后，中央政府适度退后，开始强调属地政府在应急指挥中的主导角色。应急管理部成立之后，还需要继续探索适合中国国情的应急指挥机制，一方面要发挥政治动员的优势，另一方面要科学理性。

恢复既是终点也是起点。汶川大地震灾后恢复的实践探索显示，自然灾害灾后恢复的关键是可持续性，即当外部援助终止后，受灾区域当地政府和居民可以自力更生。这就不仅要关注受灾区域的物理重建和社会系统重建，还要推动防灾减灾，发展当地经济，改善环境和当地居民的生活条件，实现社区改良，促进受灾区域经济社会的可持续发展。事故灾难灾后恢复的核心是建立科学的调查与问责机制。2011年"7·23"甬温线特别重大铁路交通事故之后，灾后调查的开放性显著增强，但追究责任和查明原因相互混杂，不利于改进问题。应急管理部成立之后，还需要继续完善灾后调查与问责机制，切实做到科学调查、精准问责，真正做到从灾难中学习。

2.2 数学规划

2.2.1 线性规划

运筹学的一个主要分支是数学规划。它研究在一些给定的条件(即约束条件)下，求所考察函数(即目标函数)在某种意义下的极值(极小值或极大值)问题，本节论述最基本的数学规划——线性规划问题。

【例 2-1】 产品组合问题。某公司现有三条生产线来生产两种新产品，其主要数据如表 2-1所示。请问如何生产可以使公司每周利润最大?

表 2-1 产品组合问题的数据表

	生产每批产品所需时间/h		每周可用时间/h
	产品一	产品二	
生产线Ⅰ	1	0	4
生产线Ⅱ	0	2	12
生产线Ⅲ	3	2	18
每批产品的利润/(千元)	3	5	

显然，此问题是在生产线可利用时间受到限制的情形下来寻求每周利润最大化，其决策方案是决定每周产品一和产品二各自的产量为多少才最佳。

(1) 变量的确定

变量 $x=(x_1,x_2,\cdots,x_n)^{\mathrm{T}}$ 是运筹学问题或系统中待确定的某些量，在实际问题中常常把变量 x 叫作决策变量。在例 2-1 中，就可以记 x_1 为每周产品一的产量，x_2 为每周产品二的产量。

(2) 约束条件

求目标函数极值时的某些限制称为约束条件。在例 2-1 中，每周的产品生产要受到三条生产线的可用生产时间的约束，全为"≤"的不等式约束。

(3) 目标函数

在例 2-1 中，生产计划安排的"最优化"要有一定的标准或评价方法，目标函数就是这种标准的数学描述，这里的目标是要求每周的生产利润(可记为 z，以千元为计量单位)最大。

根据以上讨论，例 2-1 的产品组合问题可抽象地归结为一个数学模型：

$$\max z = 3x_1 + 5x_2$$

$$\text{s.t.}\begin{cases} x_1 \leqslant 4 \\ 2x_2 \leqslant 12 \\ 3x_1 + 2x_2 \leqslant 18 \\ x_1 \geqslant 0, x_2 \geqslant 0 \end{cases} \tag{2-1}$$

其中，max 是“最大化”（maximize）的英文简称，s.t.是“受约束于”（subject to）的英文简称。

在上面的数学模型中，决策变量为可控的连续变量，目标函数和约束条件都是线性的，称为线性规划问题。

对于利润最大化的一般产品组合问题，设有 m 种资源用于生产 n 种不同产品，各种资源的拥有量分别为 $b_i(i=1,2,\cdots,m)$。又生产单位第 j 种产品$(j=1,2,\cdots,n)$将消费第 i 种资源 a_{ij}，利润为 c_j。表 2-2 给出线性规划模型的所需数据。

表 2-2　线性规划模型所需数据

	单位活动对资源的使用量				资源可利用量
	1	2	…	n	
资源 1	a_{11}	a_{12}	…	a_{1n}	b_1
资源 2	a_{21}	a_{22}	…	a_{2n}	b_2
……	…	…	…	…	…
资源 m	a_{m1}	a_{m2}	…	a_{mn}	b_m
单位活动对 z 的贡献	c_1	c_2	…	c_n	

仍用 $x_j(j=1,2,\cdots,n)$ 代表第 j 种产品的生产数量，则线性规划模型为：

$$\max z = c_1x_1 + c_2x_2 + \cdots + c_nx_n$$

$$\text{s.t.}\begin{cases} a_{11}x_1 + a_{12}x_2 + \cdots + a_{1n}x_n \leqslant b_1 \\ a_{21}x_1 + a_{22}x_2 + \cdots + a_{2n}x_n \leqslant b_2 \\ \cdots \\ a_{m1}x_1 + a_{m2}x_2 + \cdots + a_{mn}x_n \leqslant b_m \\ x_1 \geqslant 0, x_2 \geqslant 0, \cdots, x_n \geqslant 0 \end{cases} \tag{2-2}$$

其中目标函数可以为 min 的形式，函数约束条件中“≤”可以为“=”或“≥”，变量的非负性限制也可以取消。

以上模型的简写形式为：

$$\max z = \sum_{j=1}^{n} c_jx_j$$

$$\text{s.t.}\begin{cases} \sum_{j=1}^{n} a_{ij}x_j \leqslant b_i & (i=1,2,\cdots,m) \\ x_j \geqslant 0 & (j=1,2,\cdots,n) \end{cases} \tag{2-3}$$

用向量形式表达时，上述模型可写为：

$$\max z = \boldsymbol{CX}$$

$$\text{s.t.} \begin{cases} \sum_{j=1}^{n} \boldsymbol{P}_j x_j \leqslant \boldsymbol{B} \\ \boldsymbol{X} \geqslant \boldsymbol{0} \end{cases} \quad (2\text{-}4)$$

式中，$\boldsymbol{C}=(c_1,c_2,\cdots,c_n)$，$\boldsymbol{X}=(x_1,x_2,\cdots,x_n)^{\mathrm{T}}$，$\boldsymbol{P}_j=(a_{1j},a_{2j},\cdots,a_{mj})^{\mathrm{T}}$，$\boldsymbol{B}=(b_1,b_2,\cdots,b_m)^{\mathrm{T}}$。

用矩阵形式表示可写成：

$$\max z = \boldsymbol{CX}$$

$$\text{s.t.} \begin{cases} \boldsymbol{AX} \leqslant \boldsymbol{B} \\ \boldsymbol{X} \geqslant \boldsymbol{0} \end{cases}$$

其中，$\boldsymbol{A}=(a_{ij})_{m\times n}$ 为约束方程组变量的系数矩阵。

为求解方便，需要把模型(2-3)变成标准形式，即模型的目标函数为求极大值，约束条件全为等式，约束条件右端常数项为非负值，变量取值为非负值。

$$\max z = \sum_{j=1}^{n} c_j x_j$$

$$\text{s.t.} \begin{cases} \sum_{j=1}^{n} a_{ij} x_j = b_i & (i=1,2,\cdots,m) \\ x_j \geqslant 0 & (j=1,2,\cdots,n) \end{cases} \quad (2\text{-}5)$$

对非标准形式的线性规划问题，可通过下列方法化为标准形式。

① 目标函数求极小值即 $\min z = \sum_{j=1}^{n} c_j x_j$，令 $z' = -z$ 即可。

② 约束条件为不等式。当约束条件为"⩽"时，如 $x_1 \leqslant 4$，可令 $x_1 + x_3 = 4$，则 $x_3 \geqslant 0$。当约束条件为"⩾"时，如 $0.6x_1 + 0.4x_2 \geqslant 6$，可令 $0.6x_1 + 0.4x_2 - x_4 = 6$，则 $x_4 \geqslant 0$。

x_3 和 x_4 是新加入的变量，取值均为非负值，加到原约束条件中的目的是使不等式转化为等式，其中，x_3 称为松弛变量，x_4 称为剩余变量。松弛变量或剩余变量在目标函数中的系数均为 0。

③ 如果变量 $x_j \leqslant 0$，令 $x_j' = -x_j$ 即可。

④ 对取值无约束的变量，令 $x_j = x_j' - x_j''$，其中，$x_j' \geqslant 0$，$x_j'' \geqslant 0$。

满足式(2-4)约束条件的解 $x=(x_1,x_2,\cdots,x_n)^{\mathrm{T}}$ 称为线性规划问题的可行解，全部可行解的集合称为可行域。使式(2-4)目标函数达到最大值的可行解称为最优解，对应的目标函数值称为最优值。

设 $\boldsymbol{A}_{m\times n}(n > m)$ 为式(2-4)约束方程组的系数矩阵，其秩为 m。$\boldsymbol{B}_{m\times m}$ 是矩阵 $\boldsymbol{A}$ 中的满秩子矩阵，则称 $\boldsymbol{B}$ 是线性规划问题的一个基(基矩阵)。设：

$$\boldsymbol{B} = (a_{ij})_{m\times m} = (p_1, p_2, \cdots, p_m)$$

则称 $\boldsymbol{B}$ 中的每一个列向量 $\boldsymbol{p}_j(j=1,2,\cdots,m)$ 为基向量，与基向量 $\boldsymbol{p}_j$ 对应的变量 x_j 称为基变量，其他变量称为非基变量。

在式(2-4)约束方程组中，令非基变量 $x_{m+1},x_{m+2},\cdots,x_n$ 为 0，则由约束方程确定的唯一解 $\boldsymbol{X}=(x_1,x_2,\cdots,x_m,0,\cdots,0)^{\mathrm{T}}$，称 $\boldsymbol{X}$ 为线性规划问题的基解，基解中变量取非零值的个数不大于方程数 m，且其总数不超过 C_n^m。

满足式(2-4)约束条件的基解称为基可行解。对应基可行解的基称为可行基。称含零值基变量的基可行解为退化基可行解,对应的基为退化基。称基变量都不为 0 的基可行解为非退化基可行解,对应的基为非退化可行基。

由此可知,退化基可行解中的非零分量个数一定小于 m,非退化基可行解中的非零分量个数一定等于 m。若有关线性规划问题的所有基可行解都是非退化基可行解,则该问题为非退化线性规划问题;否则,称为退化线性规划问题。

线性规划问题的解法有图解法、单纯形法等,可参考相关运筹学论著。

2.2.2 其他数学规划

若线性规划问题中的一些变量限于只取整数值,则称为整数规划。若线性规划的约束条件带有模糊性,则称为模糊线性规划。若在数学规划问题的目标函数或(和)构成约束条件的函数中出现非线性函数,则称为非线性规划。而有一些运筹学问题很难写成一个以算式表达的数学问题,有时即使能写成,由于引入的变量和约束条件过多,求解也很困难。对于这类问题,总是设法用组合的方法去求解,因此称之为组合优化问题。另外,一些生产问题所涉及的一些输入信息随时间做微小变动时,目标函数的值可能随之产生大的变化,基于这种现象的问题称为参数规划。有些问题所考虑的目标不止一个,或者有些目标甚至相互排斥,基于这类现象的问题为多目标规划。当目标函数或约束条件中的系数是随机变量时,则为随机规划。

2.3 存储论

2.3.1 存储问题及基本概念

作为运筹学的一个分支,存储论体现了管理科学对存储问题的基本处理思想,应用领域十分广泛。习惯上,人们总认为物质的储备越多越好,而事实却不然。由于现实问题的复杂性,在许多问题上不得不否定“多多益善”的观点。在存储的量、存放的时间等具体事项上,处处存在合理性问题。所谓合理,归根到底还是存储方案的经济性(广义的)。应急管理中涉及应急物资存储的数量、种类、比例等存储问题。

存储系统是一个由补充、存储、需求三个环节紧密联系构成的运行系统。存储由于需求(输出)而减少,通过补充(输入)而增加,其中心为仓库。

1. 需求

对存储来说,由于需求,从存储中取出一定的数量,存储量减少,这就是存储的输出。有的需求是间断式的,有的需求是连续均匀的。

图 2-6 和图 2-7 都表示 t 时间内的输出量为 $S-W$,但两者的输出方式不同。图 2-6 表示输出是间断的,图 2-7 表示输出是连续的。

有的需求是确定性的,如钢厂每月按合同卖给电机厂硅钢片 5 t。有的需求是随机性的,如书店每日卖出去的书可能是 500 本,也可能是 400 本。但是经过大量的统计,可能会发现每日售书数量的统计规律,称之为有一定规律的随机分布的需求。

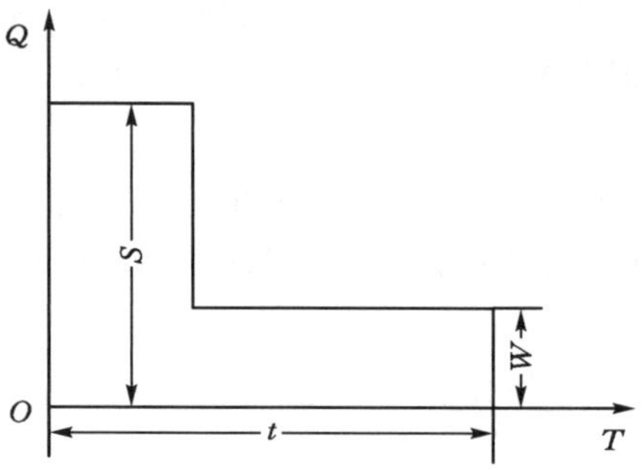

图 2-6　间断型输出

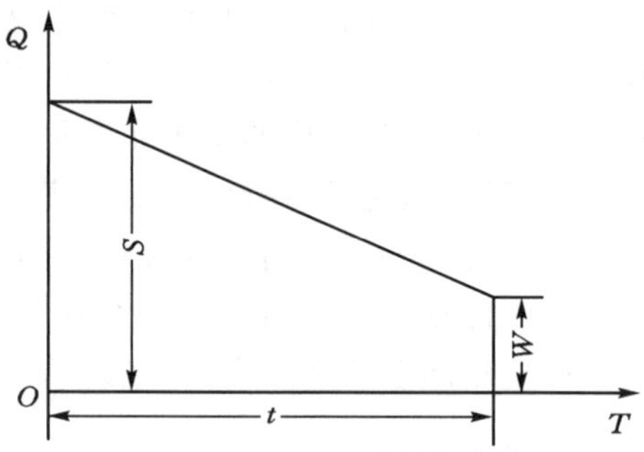

图 2-7　连续型输出

2. 补充(订货或生产)

存储由于需求而不断减少,必须加以补充,否则最终将无法满足需求。补充就是存储的输入。补充的办法可能是向其他工厂购买,从订货到货物进入“存储”往往需要一段时间,这段时间被称为备货时间。从另一个角度看,为了在某一时刻能补充存储,必须提前订货,那么这段时间也可称为提前时间。

备货时间可能很长,也可能很短;可以是随机性的,也可以是确定性的。

存储论要解决的问题是:多长时间补充一次,每次补充的数量应该是多少。决定多长时间补充一次以及每次补充数量的策略称为存储策略。

存储策略的优劣如何衡量呢?最直接的衡量标准,是计算该策略所耗用的平均费用为多少。为此有必要对费用进行详细的分析。

3. 费用

主要包括下列费用及参数。

① 存储费:包括使用仓库、保管货物以及货物损坏变质等引起的各项支出,单位量记作 C_1。

② 缺货费:当存储未能补充时引起的损失,如失去销售机会的损失,停工待料的损失以及未能按期履约而缴纳的补偿金、罚金等,单位量记作 C_2。在不允许缺货的情况下,在费用上处理的方式是缺货费为无穷大。

③ 订货费:包含两个项目,一项是订购费用(固定费用),如订货时发生的手续费、函电往来费用和差旅费等,它与订货次数有关,而与订货数量无关,记作 C_3;另一项是货物成本(购入成本),与订货数量有关,是变动费用,如货物单价、运价等,记作 K。于是整个订货费为 C_3+KQ。

④ 生产费:生产费是在以自行生产方式进行补充时发生的,与订货费相似,也有两个项目。其中,一项是固定费用(装配费或准备费),记作 C_3;另一项是变动费用,如货物单位成本,记作 K。整个生产费为 C_3+KQ。

⑤ 需求率:单位时间的需求量,记作 R。

⑥ 订货量:补充存储物资时每次的补充数量,记作 Q。

⑦ 生产速度:记作 P。

4. 存储策略

如前所述,决定何时补充,每次补充多少数量的策略称为存储策略,常见的存储策略有以下三种类型。

① t_0-循环策略。每隔 t_0时间补充存储量 Q。

② (s,S)策略。当存储量 $x>s$ 时，不补充；当 $x\leqslant s$ 时，补充存储。补充量 $Q=S-x$（即将存储量补充到 S）。

③ (t,s,S)混合策略。每经过 t 时间检查存储量 x，当 $x>s$ 时不补充，当 $x\leqslant s$ 时补充使存储量达到 S。

确定存储策略时，首先要把实际问题抽象为数学模型。在形成模型过程中，对一些复杂的条件尽量加以简化，只要模型能反映问题的本质就可以了。然后对模型用数学的方法加以研究，得出数量的结论。结论是否正确，还要拿到实践中加以检验。如结论与实际不符，则要对模型重新研究和修改。存储问题经长期研究已得出一些行之有效的模型。存储模型大体上可分为两类：一类为确定性模型，即模型中的数据皆为确定的数值；另一类为随机性模型，即模型中含有随机变量。

由于具体条件有差别，制定存储策略时又不能忽视这些差别，因而模型有多种类型。本章介绍一些常用的存储模型，并从中得出相应的存储策略。

一个好的存储策略，既可以使总费用小，又可避免因缺货而影响生产（或对顾客失去信用），下面利用一些具体的存储模型阐述如何求出较好的存储策略。

2.3.2　存储模型

模型一：不允许缺货，备货时间很短。

作如下假设：

① 缺货费用无穷大。

② 当存储量降至零时，可以立即得到补充（即备货时间或提前时间很短，可以近似地看作零）。

③ 需求是连续的、均匀的，设需求率 R 为常数，则 t 时间的需求量为 Rt。

④ 每次订货量不变，订货费不变。

⑤ 单位存储费不变。

则最优存储周期：
$$t^*=\sqrt{\frac{2C_3}{C_1R}}$$

经济生产批量：
$$Q^*=Rt^*=\sqrt{\frac{2C_3R}{C_1}}$$

平均总费用：
$$C^*=C_1t^*=\sqrt{\frac{2C_1C_3}{R}}$$

模型二：不允许缺货，生产需一定时间。

该模型的假设条件除生产需要一定时间外，其余皆与模型一的相同。

最优存储周期：
$$t^*=\sqrt{\frac{2C_3P}{C_1R(P-R)}}$$

经济生产批量：
$$Q^*=Rt^*=\sqrt{\frac{2C_3RP}{C_1(P-R)}}$$

结束生产时间： $t_3^* = \frac{R}{P}t^*$

最大存储量： $A^* = R(t^* - t_3^*) = \frac{R(P-R)}{P}t^*$

平均总费用： $C^* = 2C_3/t^*$

模型三：允许缺货，备货时间很短。

该模型的假设条件除允许缺货外，其余条件皆与模型一的相同。

最优存储周期： $t^* = \sqrt{\frac{2C_3(C_1+C_2)}{C_1C_2R}}$

经济生产批量： $Q^* = Rt^* = \sqrt{\frac{2RC_3(C_1+C_2)}{C_1C_2}}$

生产时间： $t_p^* = \frac{C_1}{C_1+C_2}t^*$

最大存储量： $A^* = \frac{C_2R}{C_1+C_2}t^* = \sqrt{\frac{2C_2C_3R}{C_1(C_1+C_2)}}$

最大缺货量： $B^* = \frac{C_1R}{C_1+C_2}t^*$

平均总费用： $C^* = 2C_3/t^*$

模型四：允许缺货（需补足缺货），生产需一定时间。

该模型的假设条件除允许缺货及生产需一定时间外，其余条件皆与模型一的相同。

最优存储周期： $t^* = \sqrt{\frac{2C_3}{C_1R}} \cdot \sqrt{\frac{C_1+C_2}{C_2}} \cdot \sqrt{\frac{P}{P-R}}$

经济生产批量： $Q^* = Rt^* = \sqrt{\frac{2C_3R}{C_1}} \cdot \sqrt{\frac{C_1+C_2}{C_1}} \cdot \sqrt{\frac{P}{P-R}}$

平均总费用： $C^* = 2C_3/t^*$

缺货补足时间： $t_2^* = \frac{C_1}{C_1+C_2}t^*$

开始生产时间： $t_1^* = \frac{P-R}{P}t_2^*$

结束生产时间： $t_3^* = \frac{R}{P}t^* + \left(1-\frac{R}{P}\right)t_2^*$

最大存储量： $A^* = R(t^* - t_3^*)$

最大缺货量： $B^* = Rt_1^*$

此外，还有需求是随机离散的、需求是连续的随机变量等模型，这里不作一一介绍。

2.4 网络优化理论

2.4.1 网络优化概述

对于网络图 $G=(V,E)$，节点集合为 V，分支集合为 E，节点数 $m=|V|$，分支数 $n=$

$|E|$，网络最优化模型的一般形式为：

$$\begin{cases}\min f(G) \\ g_i(e_j) \geqslant 0 \quad (i=1,2,\cdots,s) \\ e_j \in E\end{cases} \tag{2-6}$$

式中　g_i——约束函数；

s——约束函数的数目。

最短路、极值流等都是网络优化问题。应急管理中快速向受灾地点运输应急物资就是最短路问题，向受灾地点运输应急物资的最大能力就是极值流问题。

2.4.2　最短路

计算网络中的任意一节点到其他各节点的最短路的 Dijkstra 算法在本质上是边割法。

设 $S \subset V$ 是网络图 $G=(V,E)$ 中的节点集合 V 的一个非空子集，$\overline{S}=V-S$ 是 S 的补集，节点集合 V 便分成 S 和 $\overline{S}$ 两个部分。一个节点属于 S 而另一个节点属于 $\overline{S}$ 的所有分支的集合称为边割，用 Ω 表示：

$$\Omega=\{e_{ij} \mid e_{ij}=\langle v_i,v_j\rangle, v_i \in S, v_j \in \overline{S}\} \tag{2-7}$$

式中，$e_{ij}=\langle v_i,v_j\rangle$ 表示节点 v_i 和 v_j 是分支 e_{ij} 的两个节点。

需要注意的要点是，如果要计算节点 v_k 到其他各节点的最短路，则必须从节点 v_k 开始计算边割。其程序框图如图 2-8 所示。

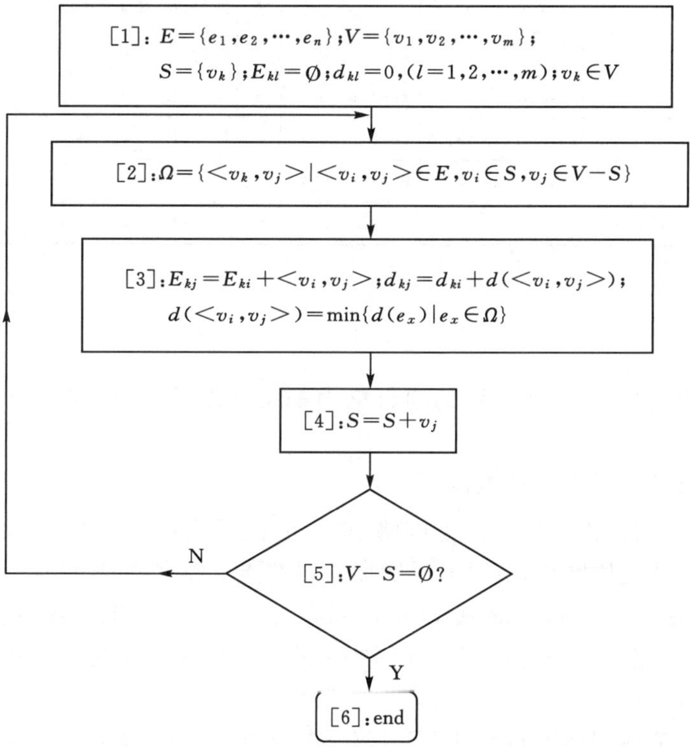

图 2-8　Dijkstra 算法计算最短路框图

框图主要模块解释如下：

[1] 初始化。接受一个分支有权重的流体网络；v_k 是网络中的任一节点；d_{kl} 是节点 v_k、v_l 之间的最短距离；E_{kl} 是最短距离对应的分支集合。

[2] 计算边割 Ω。

[3] 将边割 Ω 中的具有最小权重的分支作为最短路分支加入分支集合，同时计算最短路对应的最小距离。

[4] 将边割中权重最小的分支的另一节点加入 S。

[5] 程序结束判断。$V-S=\varnothing$，表明 v_k 到所有节点的最短路都已确定，转到[6]程序结束；否则，转到[2]继续确定其他节点的最短路。

对于图 2-9 所示的网络，以分支序号为权重，利用 Dijkstra 算法计算节点 v_2 到其他各节点的最短路，其过程如表 2-3所示。

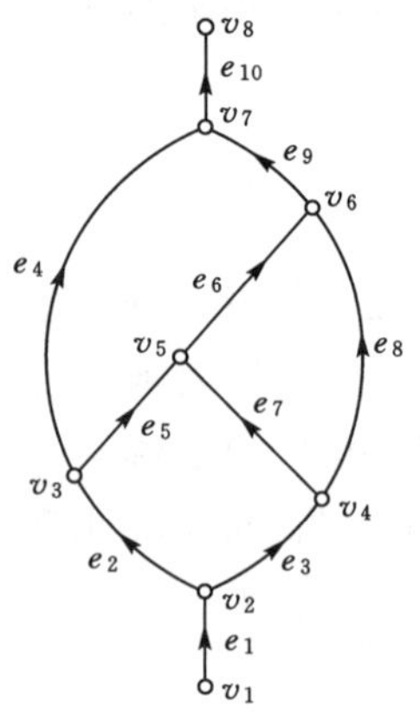

图 2-9

表 2-3　Dijkstra 算法计算最短路过程

序号	S	Ω	$\min\Omega$	$d_{\min}$	$E_{kj}=E_{ki}+\min\Omega$	$d_{kj}=d_{ki}+d_{\min}$
1	$\{v_2\}$	$\{e_1,e_2,e_3\}$	$e_1=\langle v_1,v_2\rangle$	1	$E_{21}=E_{22}+e_1=\{e_1\}$	$d_{21}=d_{22}+1=1$
2	$\{v_2,v_1\}$	$\{e_2,e_3\}$	$e_2=\langle v_2,v_3\rangle$	2	$E_{23}=E_{22}+e_2=\{e_2\}$	$d_{23}=d_{22}+2=2$
3	$\{v_2,v_1,v_3\}$	$\{e_3,e_4,e_5\}$	$e_3=\langle v_2,v_4\rangle$	3	$E_{24}=E_{22}+e_3=\{e_3\}$	$d_{24}=d_{22}+3=3$
4	$\{v_2,v_1,v_3,v_4\}$	$\{e_4,e_5,e_7,e_8\}$	$e_4=\langle v_3,v_7\rangle$	4	$E_{27}=E_{23}+e_4=\{e_2,e_4\}$	$d_{27}=d_{23}+4=6$
5	$\{v_2,v_1,v_3,v_4,v_7\}$	$\{e_5,e_7,e_8,e_9,e_{10}\}$	$e_5=\langle v_3,v_5\rangle$	5	$E_{25}=E_{23}+e_5=\{e_2,e_5\}$	$d_{25}=d_{23}+5=7$
6	$\{v_2,v_1,v_3,v_4,v_7,v_5\}$	$\{e_6,e_8,e_9,e_{10}\}$	$e_6=\langle v_5,v_6\rangle$	6	$E_{26}=E_{25}+e_6=\{e_2,e_5,e_6\}$	$d_{26}=d_{25}+6=13$
7	$\{v_2,v_1,v_3,v_4,v_7,v_5,v_6\}$	$\{e_{10}\}$	$e_{10}=\langle v_7,v_8\rangle$	10	$E_{28}=E_{27}+e_{10}=\{e_2,e_4,e_{10}\}$	$d_{28}=d_{27}+10=16$

2.4.3　极值流

在应急物资的运输中，各条道路的通行能力都是有限的，这就涉及极值流中的最大流问题。

1. 单一源汇网络与半割集的概念

将单源、单汇的网络称为单一源汇网络，单一源汇网络的源点用 Z 表示，汇点用 $\bar{Z}$ 表示。对于多源多汇的流体网络，可以通过增加虚拟节点和虚拟分支的办法将其转换成单一源汇网络。给网络每一条分支都赋予一个非负的数，这个数叫作该分支的容量。分支 (v_i,v_j) 的容量用 c_{ij} 表示。分支的容量在网络中的物理意义可以是分支的流量、流速、限速等一些有意义的量。

对于单一源汇流体网络图 $G=(V,E)$，每一分支 (v_i,v_j) 都给定一个非负数 f_{ij}，当这一组数满足下列条件时，f_{ij} 称为网络的允许流。

$$\begin{cases} f_{ij} \leqslant c_{ij} & (v_i, v_j) \in E \\ \sum\limits_{j=1}^{|E^+(v_i)|} f_{ij} = \sum\limits_{k=1}^{|E^-(v_i)|} f_{ki} & v_i \in V - V^-(G) - V^+(G) \\ \sum\limits_{i=1}^{|E^+(Z)|} f_{Zi} = \sum\limits_{j=1}^{|E^-(\bar{Z})|} f_{j\bar{Z}} = \tilde{\omega} \end{cases} \tag{2-8}$$

式中，$\tilde{\omega}$ 为网络流的流量；$E^+(v_i)$ 表示以 v_i 为始节点的有向分支的集合，称作 v_i 节点的出边，出边数称为节点的出度，用 $|E^+(v_i)|$ 表示；$E^-(v_i)$ 表示以 v_i 为末节点的有向分支的集合，称作 v_i 节点的入边，入边数称为节点的入度，用 $|E^-(v_i)|$ 表示；$V^-(G)$ 为网络源点的集合；$V^+(G)$ 为网络汇点的集合。

式(2-8)中的第二项其实就是基尔霍夫节点流量守恒定律。

在单一源汇流体网络图 $G=(V,E)$ 中，设 $S \subset V$ 是 V 的一个子集，并满足如下条件：

$$\begin{cases} Z \subset S \\ \bar{Z} \not\subset S \end{cases} \tag{2-9}$$

令 $\bar{S}=V-S$，即 $\bar{S}$ 是 S 的补集。将满足下列条件的所有分支的集合称为半割集，用 Ψ 表示：

$$\Psi = \{(v_i, v_j) \mid (v_i, v_j) \in E, v_i \in S, v_j \in \bar{S}\} \tag{2-10}$$

之所以将满足式(2-10)的分支集合称为网络的半割集，是因为与求割集相比较它只计算 S 的出边，而不考虑入边。

半割集各分支的容量之和叫作半割集容量，写成：

$$C(\Psi) = C(S, \bar{S}) = \sum c_{ij} \quad (v_i, v_j) \in \Psi, v_i \in S, v_j \in \bar{S} \tag{2-11}$$

2. 极值流的概念

当 $f_{ij}=c_{ij}$ 时，称分支 (v_i, v_j) 为饱和分支，或称分支允许流达到极大值。网络的极值流分为最大流和最小流。所谓网络的最大流问题，就是求 $\tilde{\omega}$ 的最大值问题，这是一典型的线性规划问题，其目标和约束函数为：

$$\begin{cases} \max \tilde{\omega} \\ f_{ij} \leqslant c_{ij} \end{cases} \tag{2-12}$$

定理 2-1：网络流流量的极大值等于半割集容量的最小值。

只要找出网络的全部半割集并逐个计算半割集的容量，则容量最小值就是网络流流量的最大值。对一个网络来说，其半割集数是非常大的，所以计算网络的最大流往往不用计算半割集的办法。确定网络最小流的方法与确定网络最大流类似。

3. 确定网络最大流的独立通路法

(1) 独立通路的概念及算法

所谓独立通路，是指在找通路的过程中，后面的通路至少要含有一条前面的通路所不含有的分支。切记：独立通路是在“找通路的过程中”所涉及的一个概念，而不是在一个通路集中“每一条通路中都至少含有一条其他通路所不含有的分支”。图 2-10 所示的网络，其全部通路共有 8 条，分别为：$P_1=\{e_1,e_2,e_3\}$，$P_2=\{e_1,e_5,e_6,e_3\}$，$P_3=\{e_1,e_5,e_9\}$，$P_4=\{e_7,e_4,e_2,e_3\}$，$P_5=\{e_7,e_4,e_5,e_6,e_3\}$，$P_6=\{e_7,e_4,e_5,e_9\}$，$P_7=\{e_7,e_8,e_6,e_3\}$，$P_8=\{e_7,e_8,e_9\}$。而其独立通路有 5 条，分别为：$P_1=\{e_1,e_2,e_3\}$，$P_2=\{e_1,\underline{e_5},\underline{e_6},e_3\}$，$P_3=$

$\{e_1,e_5,\underline{e_9}\}$，$P_4=\{\underline{e_7},\underline{e_4},e_2,e_3\}$，$P_5=\{e_7,\underline{e_8},e_9\}$。在独立通路中，带下划线的分支表示前面通路没有出现过的分支。

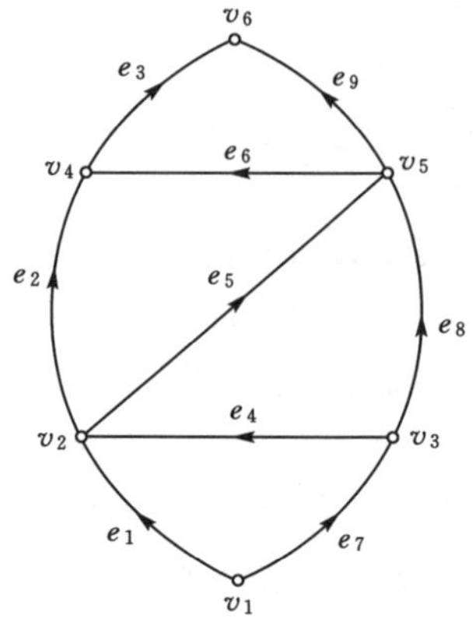

图 2-10

定理 2-2：单一源汇网络图 $G=(V,E)$，节点数 $m=|V|$，分支数 $n=|E|$，其独立通路数为 $n-m+2$。

G 所对应的树是连通图，因此必存在一条由网络源点 Z 到汇点 $\bar{Z}$ 的通路，将此通路定义为第一条通路。G 的余支数为 $n-m+1$，显然每添加一条余支，就形成一条前面通路所不含有的分支的通路，所以共有 $n-m+2$ 条独立通路。

用深度优先搜索法找独立通路与找全部通路类似，不同之处在于退栈策略不同。寻找全部通路在退栈时要将寻边始节点的所有出边全部还原其本色，而在找独立通路时只将任意一条出边还原其本色，其他出边仍被着色。

(2) 独立通路法确定网络的极值流

所谓独立通路法确定网络的极值流，就是利用找独立通路的思想来找增广路，独立通路与增广路具有类似的特征。找独立通路时每次至少有一条前面通路所没有出现的分支，找增广路时每次至少有一条分支达到饱和。从网络的源点开始寻边，找分支的可增广量为最大的出边，将该出边的末节点作为新的寻边始节点，继续找可增广量最大的出边，该搜索过程一直到所寻找的分支的末节点为网络的汇点为止，一条增广路即一条通路确定完毕，将该通路中分支的最小增广量作为通路的增广量对通路的各分支进行增广。增广后至少有一条分支达到饱和，删除饱和分支，用导出的网络继续找新的增广路并增广。

与深度优先搜索法找通路相比较，独立通路法找增广路具有如下特点：

① 找到一条增广路后不是采用回退的方法找第二条增广路，而是从网络源点开始找第二条增广路。

② 将饱和分支作为已经着色分支，而且不存在恢复分支本色等问题。

独立通路法求解网络最大流程序框图如图 2-11 所示。程序模块解释如下：

[1] 初始化。接受一个单一源汇网络，以及分支的容量，并令分支的初始流量等于 0，增广通路（独立通路）数初始值赋 1。

[2] 将网络源点作为寻边始节点，并将增广通路置为空。

[3] 寻边。寻找始节点为 v_i 的未饱和分支集合。

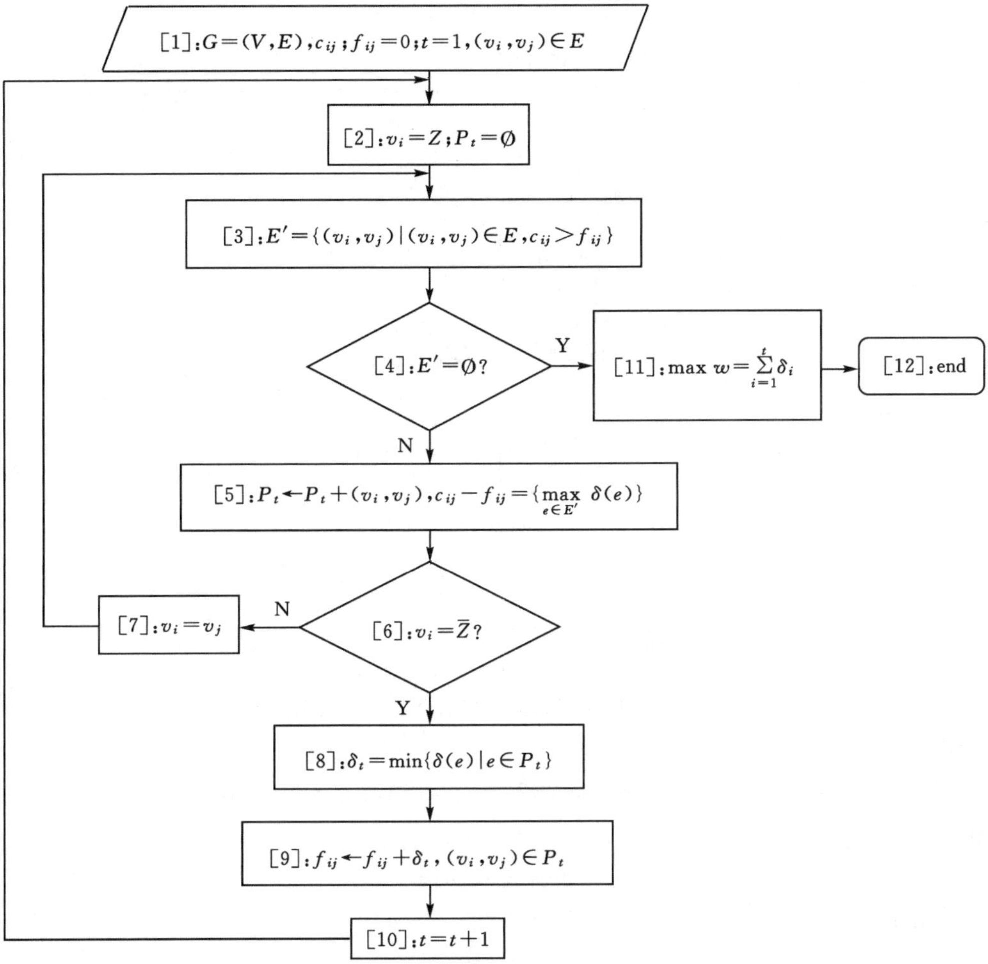

图 2-11　独立通路法求解网络最大流程序框图

[4] 判断寻边是否成功。如果不存在未饱和分支，寻边失败，转到[11]求最大极值流。再转到[12]程序结束。

[5] 将具有最大可增广量的分支定义为增广路分支。

[6] 判断增广路分支的末节点是否为网络汇点。不是，将增广路分支的末节点作为新的寻边始节点，并转到[3]继续寻边；是，则转到[8]求该增广通路的增广量。

[9] 对增广通路进行增广。

[10] 增广路序号增加 1。

下面用独立通路法对图 2-12 所示的网络求最大流。分支旁边的括号内的数值为分支容量和允许流，即括号内的数值为(c_{ij},f_{ij})。

增广路：

$$P_1=\{e_1,e_3,e_7,e_6,e_9,e_{10}\}$$

增广量：

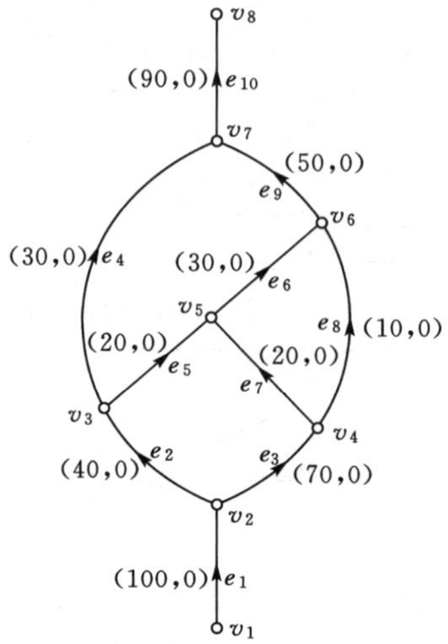

图 2-12

$$\delta_1 = \min\begin{Bmatrix} c_{12} - f_{12}, c_{24} - f_{24}, c_{45} - f_{45}, \\ c_{56} - f_{56}, c_{67} - f_{67}, c_{78} - f_{78} \end{Bmatrix}$$
$$= \min\{100, 70, 20, 30, 50, 90\} = 20$$

增广：

$$f_{12} = 20, f_{24} = 20, f_{45} = 20, f_{56} = 20, f_{67} = 20, f_{78} = 20$$

饱和分支：

$$e_7 = (v_4, v_5)$$

增广路：

$$P_2 = \{e_1, e_3, e_8, e_9, e_{10}\}$$

增广量：

$$\delta_2 = \min\{c_{12} - f_{12}, c_{24} - f_{24}, c_{46} - f_{46}, c_{67} - f_{67}, c_{78} - f_{78}\}$$
$$= \min\{100 - 20, 70 - 20, 10 - 0, 50 - 20, 90 - 20\} = 10$$

增广：

$$f_{12} = 20 + 10 = 30, f_{24} = 20 + 10 = 30, f_{46} = 10,$$
$$f_{67} = 20 + 10 = 30, f_{78} = 20 + 10 = 30$$

饱和分支：

$$e_8 = (v_4, v_6)$$

增广路：

$$P_3 = \{e_1, e_2, e_4, e_{10}\}$$

增广量：

$$\delta_3 = \min\{c_{12} - f_{12}, c_{23} - f_{23}, c_{37} - f_{37}, c_{78} - f_{78}\}$$
$$= \min\{100 - 30, 40 - 0, 30 - 0, 90 - 30\} = 30$$

增广：

$$f_{12} = 30 + 30 = 60, f_{23} = 30, f_{37} = 30, f_{78} = 30 + 30 = 60$$

饱和分支：

$$e_4=(v_3,v_7)$$

增广路：

$$P_4=\{e_1,e_2,e_5,e_6,e_9,e_{10}\}$$

增广量：

$$\begin{aligned}\delta_1&=\min\{c_{12}-f_{12},c_{23}-f_{23},c_{35}-f_{35},c_{56}-f_{56},c_{67}-f_{67},c_{78}-f_{78}\}\\&=\min\{100-60,40-30,20-0,30-20,50-30,90-60\}=10\end{aligned}$$

增广：

$$f_{12}=60+10=70,f_{23}=30+10=40,f_{35}=10,f_{56}=20+10=30,$$
$$f_{67}=30+10=40,f_{78}=60+10=70$$

饱和分支：

$$e_2=(v_2,v_3),e_6=(v_5,v_6)$$

共有 4 条增广路。在极限情况下，独立通路法中增广路数为 $n-m+2$ 个，而增广路的极限长度为 $m-1$，所以该方法的复杂程度为 $O[(n-m+2)\times(m-1)]$。

第3章 应急技术

3.1 灾害监测预警技术

灾害预警是指灾害发生前的应急网络的建立和灾害信息的发布。为便于应对特大自然灾害的发生，中央和地方(县级以上)政府，要逐步建立和完善自然灾害预警机制，责任要落实到具体人头上，减少灾害造成的各种破坏。

3.1.1 气象灾害监测预警

由于气象要素种类繁多、数量庞大，气象灾害群发性突出、次生影响显著，及时、准确的气象灾害监测预警成为防灾减灾任务的重中之重。基于物联网技术，依托不同传感器和各种感知技术获得气象要素的监测信息，利用互联网进行实时传输，并迅速分析、处理这些数据，能够实现及时预报和科学预警并提供正确的救援救灾指导信息。物联网技术的深入应用，大大提高了气象灾害监测预警的及时性和准确性，促进了气象灾害监测预警体系建设的信息化发展。

基于物联网技术的气象灾害监测预警系统的总体框架如下：首先，通过分布在不同空间区域的监测点采集获取数据，该部分通常由大量传感器、采集器、通信接口和各种外围设备构成，能够感知监测气压、温度、湿度、风、云量、辐射、降水等气象要素；其次，可以依托各种通信网络如无线网络、有线网络实现数据和信息的实时传输、交互共享，在大量气象数据和信息传输到信息处理中心后，利用模式预报等多种气象科学手段进行分析加工、预判决策并进一步传送到信息发布系统，实现气象预报和灾害预警；此外，收集到的气象信息还可以直接传送到灾害发生地，从而及时指导初步的防灾减灾准备工作。

近年来，物联网技术在气象灾害监测预警中得到充分应用，我国气象部门利用物联网等多种新兴技术发展气象观测手段，建立了“海-陆-空-天”四位一体的气象灾害监测网络。为完善气象灾害预警体系建设，我国先后发射“风云”系列卫星，实现卫星业务组网观测，同时发展了高性能无人机观测、探空观测、海岛气象站观测、船舶自动站观测、海洋探测基地和港口观测等多种气象观测手段，最终形成网络式的“海-陆-空-天”立体化全过程观测系统。依靠这个全覆盖的气象灾害监测网络，我国的灾害性天气预报和预警能力得到有效提升，气象灾害防御能力也大幅度提高。

3.1.2 地质灾害监测预警

地质灾害的类型有泥石流、滑坡、崩塌、地裂缝、地面塌陷等，严重威胁着人民群众的生命财产安全。

1. 监测预警

在地质灾害易发区域，根据地质灾害发生的地质环境条件、地质灾害发育特点、以往的灾害统计资料、现场勘查资料，以定量评价和定性分析相结合的方法，在灾害体监测剖面上布设专业仪器设备。这些仪器设备对灾害体进行24 h实时监测，自动采集地质灾害监测点的雨量、裂缝、倾角、含水率等数据，并将采集到的监测数据实时传送到地质灾害监测预警平台。地质灾害监测预警平台采用崩塌/滑坡（不稳定斜坡）预警模型、泥石流预警模型，结合物联网大数据，将监测的实时数据与监测点和仪器设备关联，通过预警模型算法处理，实现监测点地质灾害的监测和分析。

(1) 崩塌监测预警

崩塌监测预警的工作原理：在全面调查崩塌体及危岩体发育特征和形成条件的基础上，利用在监测点布设的自适应拉绳式裂缝计、倾角计、表面测斜仪、雨量计等专业仪器设备监测危岩体结构、形态变化过程，地质灾害监测预警平台记录诱发崩塌活动的各种环境因素的动态情况，通过崩塌/滑坡（不稳定斜坡）预警模型，叠加物联网大数据算法，实时分析崩塌体及危岩体变形发展趋势，预测、预报崩塌危险程度和可能出现的灾害，并根据危险性等级自动向相关负责人发送报警短信。

崩塌监测预警以监测变形和降雨为主，具体包括裂缝、倾角、加速度、位移、雨量等测项，按需布置声光报警仪。

土质崩塌宜测项包括裂缝、雨量，选测项包括位移、倾角和加速度；岩质崩塌宜测项包括裂缝、倾角、加速度和雨量，选测项包括位移。

(2) 滑坡监测预警

滑坡监测预警的工作原理：全面勘查监测点的地质环境条件（如斜坡的坡型、性质、坡高、坡度、宽度、厚度、长度、体积）、地质灾害特征（如容易发生在阴坡），形成基础地质灾害数据；统计分析当地滑坡的历史数据、降雨资料，从而确定该区域发生滑坡的雨量阈值、土壤含水率阈值；利用在监测点布设的雨量计、土壤含水率计、深部自动测斜仪、裂缝计、倾角计、加速度计等专业仪器设备实时监测隐患点地下水水量、水位，岩土体松弛以及局部沉降、坍塌、隆起活动，不同部位裂缝的发展过程，地面、地下变形动态（包括滑坡体变形范围、变形速度、变形方向等）；通过4G网、窄带网将这些监测数据实时传送到地质灾害监测预警平台，平台叠加物联网大数据算法，实时分析滑坡变形发展趋势，预测、预报滑坡危险程度和可能出现的灾害，并根据危险性等级自动向相关负责人发送报警短信。

滑坡监测预警以监测变形和降雨为主，具体包括位移、裂缝、倾角、加速度、雨量和含水率等测项，按需布置声光报警仪。

土质滑坡宜测项包括位移、裂缝和雨量等，选测项包括倾角、加速度和含水率；岩质滑坡宜测项包括位移、裂缝和雨量等，选测项包括倾角、加速度。

(3) 泥石流监测预警

泥石流监测预警的工作原理：通过对上游泥石流形成区降雨资料的统计分析，基于泥石流形成机理、形成条件或运动特征，确定泥石流发生的雨量阈值；在泥石流监测区域根据需要安装雨量计、泥位计、泥石流次声监测一体站、泥石流地声监测一体站等专业仪器设备，这些仪器设备实时监测次声、地声、泥位等数据，并将这些数据实时传送到地质灾害监测预警平台，平台通过泥石流预警模型，叠加物联网大数据算法，对泥石流发生前、发生时、发生后进行层层预警，根据灾害等级自动向相关负责人发送报警短信。

泥石流监测预警以监测降雨、物源补给过程、水动力参数为主，具体包括雨量、泥位、含水率、倾角和加速度等测项，按需布置声光报警仪。

沟谷性泥石流宜测项包括雨量和泥位，选测项为含水率；坡面性泥石流宜测项为雨量，选测项包括倾角、加速度、含水率和泥位。

泥石流物源处加视频监控。泥石流物源就是每个岔路上游的堆积物，可能被洪水冲刷下来的石头等；建议将视频监控安装在每个岔路的上游部分。

每个泥石流灾害点安装 1～2 个次声监测一体站。

2. 监测预警分析

地质灾害监测预警系统与地理信息系统（GIS）数据库相结合，在系统中展示监测点的卫星地图。在地图上标注监测点布设的专业仪器设备。这些仪器设备 24 h 监测灾害体，并将数据实时传送到监测预警系统的数据中台。数据中台通过大数据分析，叠加地质灾害影响因子等图层进行地质灾害预警分析。

系统最主要的功能是监测预警分析。以滑坡监测预警分析为例进行地质灾害监测预警平台监测预警分析说明，滑坡监测预警分析主要根据滑坡的地质条件、传感器监测数据进行。平台根据区域坡度图、区域植被覆盖图、野外地质调查图、区域平均降雨量以及分析算法因子，选择综合因子分析算法或者智能边坡分析算法，对区域发生地质灾害的可能性进行分析；分析完成之后将结果绘制成等级划分云图，各个图版区别显示地质灾害发生的可能性等级。

3.1.3 煤矿重大灾害预警

为了对煤矿中的瓦斯突出、一氧化碳超限、矿井透水以及应力释放导致的顶板断裂、底板底鼓、冲击地压等灾害进行预警，需要构建煤矿重大灾害预警系统。

煤矿重大灾害预警系统首要工作是收集、整理以及存储安全监测系统、应力监测系统、涌水量监测系统等监测数据。这些数据格式不同、实时性强，一般的数据库和数据仓库无法满足存储和分析的要求。采用数据中台技术满足煤矿重大灾害预警系统中监测数据的采集、整理、存储、分析需求，构建数据共享中心，通过数据中台把煤矿中异构数据格式化为规范的结构化数据，作为数据资产进行管理，同时提供统一的数据服务，为重大灾害预警系统提供有效支撑。数据中台的定位是一站式数据中台 PaaS，目标是通过产品化的方式，构建数据共享中心。数据中台包含数据采集、数据分析、数据挖掘、数据查询这一完整的数据应用过程，覆盖建设数据中台过程中所需要的各种工具，同时支持离线计算和实时计算两种数据处理方式。数据中台采用先进的大数据生态底层技术，通过 Spark、Flink 等开放的体系架构提供实时/离线计算框架，具备高性能且功能丰富的大数据处理能力，可以最大化地分析数据价值，实现数据应用的闭环。在提供开发环境和平台接口的同时，数据中台对大数据离线计算、实时计算、数据仓库建设、煤矿图谱构建等多种应用提供有效支撑。

煤矿重大灾害预警平台按照统一的标准对煤矿安全风险数据进行采集、传输、清洗、加工、交换，应用大数据技术对大量事故案例进行深入挖掘，多维度、多角度分析事故发生的内在关联和规律性，并通过 BP 神经网络模型实现事故的预测预判，使煤矿安全生产管理模式由“事后管理”向“事前预防”转变，有效提升煤矿安全管理能力。

煤矿重大灾害预警平台主要包含风险的识别、风险的评估、风险的监测和风险的管控。平台集成安全监测、人员定位、水文地质监测、微震监测、矿压监测、视频监控等监测监控系统，按照统一格式和标准存储实时和历史数据，完成数据融合，为煤矿提供风险管控治理建议，为制定执法计划提供参考。

3.2 防火防爆技术

3.2.1 点火源的控制

1. 明火的点燃及其控制

① 加热用火的控制。加热易燃液体时，应尽量避免采用明火；如果必须采用明火，则设备应严格密闭，并定期检查，防止泄漏。工艺装置中明火设备的布置，应远离可能泄漏的可燃气体或蒸气的工艺设备及贮罐区；在积存有可燃气体、蒸气的地沟、深坑、下水道内及其附近，没有消除危险之前，不能进行明火作业。

② 维修用火的控制。在有火灾爆炸危险的厂房内，应尽量避免切割或焊割作业；必须进行切割或焊割作业时，应严格执行动火安全规定。

2. 高温物体及其控制

① 铁皮烟囱。应避免烟囱靠近可燃物，烟囱通过可燃材料时应用耐火材料隔离。

② 发动机排气管。在汽车进入棉、麻、纸张、粉尘等易燃物品储存场所时，应保证路面清洁，防止排气管高温表面点燃易燃物品。

③ 烟头。在储运或加工易燃物品的场所，应采取有效的管理措施，设置“禁止吸烟”安全标志，严防有人吸烟，乱扔烟头。

④ 焊割作业金属熔渣。在动火焊接检修设备时，应办理动火证。动火前应撤除或遮盖焊接点下方和周围的可燃物品和设备，以防焊接飞散出的熔渣点燃可燃物。

⑤ 照明灯。在有易燃物品的场所，照明灯下方不应堆放易燃物品；在散发可燃气体和可燃蒸气的场所，应选用防爆照明灯具。

3.2.2 电火花的控制

电火花主要指电气开关开启或关闭时发出的火花、短路火花、漏电火花、接触不良火花、继电器接点开闭时发出的火花、电动机整流子或滑环等器件上接点开闭时发出的火花、过负荷或短路时保险丝熔断产生的火花、电焊时的电弧、雷击电弧、静电放电火花等。

1. 防雷电的主要对策

① 对直击雷采用避雷针、避雷线、避雷带、避雷网等，引导雷电进入大地，使建筑物、设备、物资及人员免遭雷击，预防火灾爆炸事故的发生。

② 对雷电感应，应采取将建筑物内的金属设备与管道以及结构钢筋等予以接地的措施，以防放电火花引起火灾爆炸事故。

③ 对雷电侵入波，应采用阀型避雷器、管型避雷器、保护间隙避雷器、进户线接地等保护装置或措施，预防电气设备因雷电侵入波影响而出现过电压，避免击毁设备，防止火灾爆炸事故，保证电气设备的正常运行。

2. 防静电火花的主要对策

① 采用导电体接地消除静电。

② 在爆炸危险场所,可向地面洒水或喷水蒸气等,通过增湿法防止电介质物料带静电。

③ 在绝缘体(如塑料、橡胶)中加入抗静电剂,使其增加吸湿性或离子性而变成导电体,再通过接地消除静电。

3. 防爆电气设备

防爆电气设备是指在启动、运行和切断过程中不致引燃周围可燃介质的电气装置和设施。防爆电气设备类型有:

① 防爆安全型(标志 A)。在正常运行时不产生火花、电弧或危险温度,可提高安全程度的电气设备。

② 隔爆型(标志 B)。其结构为全封闭式。即使在电气设备内部爆炸,也不会传爆引燃外部爆炸性气体,从而排除了着火爆炸的危险。隔爆电动机就属于这种类型。

③ 防爆充油型(标志 C)。将可能产生火花、电弧或危险温度即可能成为引火源的带电部件浸入油中,使外部可燃气体不产生着火爆炸的电气设备。

④ 防爆通风充气型(标志 F)。在内部充入空气或惰性气体,并使其保持正压,以阻止外部可燃性气体进入内部的电气设备。

⑤ 防爆安全火花型。在电路系统中,正常情况产生的电火花,不致引燃爆炸性气体的电气设备。该类型设备按最小引爆电流分为Ⅰ、Ⅱ、Ⅲ级三类。这种防爆电气设备电流限制很小,用于仪表和通信设备。

⑥ 防爆特殊型(标志 T)。不属于上述各类型,而是采用其他防爆措施的电气设备。

3.2.3 火灾爆炸危险物料的处理

为了防火防爆安全,对火灾爆炸危险性比较大的物料进行以下处理:

① 首先考虑通过工艺改进,用火灾爆炸危险性小的物料代替危险性比较大的物料。

② 如果不具备上述条件,则应该根据物料的燃烧爆炸性能采取相应的措施,如密闭或通风、惰性介质保护、降低物料蒸气浓度、减压操作以及其他能提高安全性的措施。

3.2.4 火灾及爆炸蔓延的控制

1. 分区隔离、露天布置、远距离操纵

① 分区隔离。在总体设计时,应慎重考虑危险车间的布置位置。危险车间与其他车间或装置应保持一定的间距,充分估计相邻车间建筑物可能引起的相互影响。对个别危险性大的设备,可采用隔离操作和防护屏防护的方法使操作人员与生产设备隔离。

② 露天布置。为了便于有害气体的散发,减少设备泄漏而造成易燃气体在厂房内积聚的危险性,宜将此类设备和装置布置在露天或半露天场所。对于露天安装的设备,应考虑气象条件对设备、工艺参数、操作人员健康的影响,并应有合理的夜间照明。

③ 远距离操纵。在化工生产中,大多数的连续生产过程都应进行远距离操纵。对热辐射高的设备及危险性大的反应装置,也应采取远距离操纵。远距离操纵主要包括机械传动、气压传动、液压传动和电动操纵。

2. 防火防爆安全装置

① 阻火装置。如阻火器、安全液封和单向阀等，其作用是防止外部火焰蹿入有燃烧爆炸危险的设备、容器和管道，或阻止火焰在设备和管道间蔓延和扩散。

② 防爆泄压装置。如安全阀、爆破片、防爆门和放空管等。

3.2.5 消防技术

1. 灭火的基本方法

① 降低燃烧物的温度——冷却灭火法。冷却灭火法就是将灭火剂直接喷洒在燃烧着的物体上，将可燃物的温度降低到燃点以下，从而使燃烧终止。

② 减少空气中的含氧量——窒息灭火法。窒息灭火法就是阻止空气流入燃烧区，或用不燃物质冲淡空气，使燃烧物质断绝氧气的助燃而熄灭。这种灭火方法适用于扑救一些封闭式的空间和生产设备装置的火灾。

③ 隔离与火源相近的可燃物——隔离灭火法。隔离灭火法就是将燃烧物体与附近的可燃物质隔离或疏散开，使燃烧停止。这种方法适用于扑救各种固体、液体和气体火灾。

④ 消除燃烧中的游离基——抑制灭火法。抑制灭火法就是将化学灭火剂喷入燃烧区参与燃烧反应，使燃烧过程产生的游离基消失，而形成稳定分子或低活性游离基，从而使燃烧反应停止。

2. 消防设施

消防设施主要有消防站和消防给水设施，消防给水设施包括消防给水管道、消火栓等。

3. 灭火剂

(1) 水

水对燃烧物质冷却降温，从而减弱燃烧的强度；稀释燃烧区的氧气，使火势减弱。

对于水溶性可燃、易燃液体的火灾，如果允许用水扑救，水与可燃、易燃液体混合，可降低燃烧液体浓度以及燃烧区内可燃蒸气浓度，从而减弱燃烧强度。

(2) 泡沫灭火剂

泡沫灭火剂由发泡剂、泡沫稳定剂和其他添加剂组成。泡沫灭火剂因发泡剂不同有多种类型，如化学泡沫灭火剂、蛋白泡沫灭火剂、水成膜泡沫灭火剂、抗溶性泡沫灭火剂、高倍数泡沫灭火剂等。

(3) 干粉灭火剂

干粉灭火剂主要成分为碳酸氢钠和少量的防潮剂硬酯酸钠及滑石粉等。

干粉灭火剂能冷却和稀释可燃气体；同时，干粉灭火剂与燃烧区碳氢化合物起反应，抑制燃烧过程，致使火焰熄灭。

(4) 其他灭火剂

如二氧化碳、卤代烃等灭火剂。

4. 灭火设施

① 水灭火装置。如喷淋装置、水幕装置。

② 泡沫灭火装置。泡沫灭火装置一般由泡沫液罐、比例混合器、混合液管线、泡沫室、消防水泵等组成。泡沫灭火装置主要用于罐区灭火。

③ 二氧化碳灭火装置。二氧化碳灭火装置一般由储气钢瓶组、配管和喷头组成。二氧

化碳用量与可燃物料的物性、防火场所的容积和密闭性等有关。

④ 干粉灭火装置。干粉是微细的固体颗粒，有碳酸氢钠、碳酸氢钾、磷酸二氢铵、尿素干粉等。

⑤ 烟雾灭火装置。烟雾灭火装置由发烟器和浮漂两部分组成。烟雾灭火剂由硝酸钾、木炭、硫黄、三聚氰胺和碳酸氢钠组成。

⑥ 氮气灭火装置。氮气灭火装置的结构与二氧化碳灭火装置类似，适于扑灭高温高压物料的火灾。

3.3 人员定位与搜救技术

3.3.1 人员定位技术

1. Wi-Fi 定位

目前，Wi-Fi 是相对成熟且应用较多的技术，主要利用移动设备和三个无线网络接入点的无线信号强度，通过差分算法，来比较精准地对人和车辆进行三角定位。

早期 Wi-Fi 技术主要应用在专业行业领域，随着消费市场需求增加，目前在监狱、医院、车间工厂等都有较广泛的应用。

2. 蓝牙定位

蓝牙信标技术目前部署比较多，也是相对比较成熟的技术。蓝牙与 Wi-Fi 的区别不是太大，精度会比 Wi-Fi 稍微高一点。

蓝牙定位可应用于对人的小范围定位，如单层大厅或商店；现在已经被某些厂商用于 LBS(基于位置的服务)推广。

3. 红外线定位

红外线室内定位有两种：第一种是被定位目标使用红外线 IR 标识作为移动点，发射调制的红外射线，通过安装在室内的光学传感器接收进行定位；第二种是通过多对发射器和接收器织红外线网覆盖待测空间，直接对运动目标进行定位。

红外线定位适用于在实验室对简单物体的轨迹精确定位记录以及室内自走机器人的位置定位。

4. 射频识别定位

射频识别室内定位技术利用射频方式，天线或者其他设备把无线电信号调成电磁场，附着于物品的标签经过电磁场后生成感应电流把数据传送出去，以多对双向通信交换数据达到识别和三角定位的目的。

射频识别定位适用于仓库、工厂、商场货物、商品流转定位。

5. ZigBee 定位

传统 ZigBee 定位方案与 Wi-Fi、蓝牙利用三角定位方案类似，利用移动标签与参考节点之间的信号强度进行测距，多基站实现多维角度定位。

ZigBee 定位已经被广泛应用于大型的工厂、地下管廊、矿区以及车间的人员在岗管理系统。

6. 超宽带定位

超宽带定位技术是一种全新的、与传统通信定位技术有极大差异的新技术。该技术采用UWB(超宽带)脉冲信号,由多个传感器采用TDOA(到达时间差定位法)和AOA(到达角度定位法)定位算法对标签位置进行分析,多径分辨能力强、精度高,定位精度可达厘米级。

超宽带定位可用于各个领域的室内精确定位和导航,包括人和大型物品,如汽车地库停车导航、矿井人员定位、电厂人员定位、贵重物品仓储等。

3.3.2 人员搜救技术

1. 人工搜索

根据人工搜索区域或建筑物倒塌情况及建筑物危险性评估信息的综合分析,可逐个房间逐个空间搜索,也可拉网式搜索。通过对幸存者家属或已救出的幸存者的寻访,对所有易于接近或就在表面的遇难者进行快速搜索,可以迅速将被困者救出。对需要移开瓦砾的做上标记,并报告队长处理。

人工搜索基本方法:直接搜索幸存者;呼叫搜索幸存者,监听幸存者的回音;网格式详细搜索幸存者。

人工搜索的主要局限是营救人员工作时距潜在危险地区太近,并且无法进入建筑物的所有空间。在实施人工搜索之前,最好的办法是向一些对倒塌建筑背景了解的人咨询。

人工搜索的程序:先组织人员在场点四周搜索,营救人员寻找表面可见的幸存者并通过喊话与他们取得联系,将这些幸存者转移到安全地方。

这种搜索方法的前提是幸存者能够听到呼叫,并有能力作出回应,当幸存者处于昏迷状态或严重受伤时,这种方法将不起作用。

2. 搜索犬

搜索犬是传统的专业搜索工具之一。采用搜索犬搜索需要其他搜索资源,以及经过培训的犬和引导人员。因此,搜索犬的使用范围有限,但是用搜索犬完成搜索工作确实是一种有效的方法,有条件的城市社区地震应急救援队可考虑尝试培养自己的搜索犬。

犬搜索工作程序一般包括确定搜索范围、初期表面搜索、进一步细致搜索三部分。在重型破拆装备到达并移出瓦砾之前,搜索犬可以被用于废墟的搜索,以确定幸存者或遇难者遗体的位置并将其救出或移出。

犬搜索的优点:能在短时间内进行大面积搜索;适合于危险环境,犬的体型和质量更适合于较小空间,且产生二次倒塌可能性较小的环境搜索;有些搜索犬具有区分幸存者和遇难者遗体的能力,可节省时间;搜索犬还可以与热红外线和光学搜索仪器密切配合,对失踪的幸存者犬搜索也是非常成功的。

犬搜索的缺点:工作时间比较短,至少需要2条搜索犬对搜索区进行单独的相互验证。效果取决于训导员和犬的能力,当受到气温、风力等情况影响时,搜索犬无能为力。

3. 仪器搜索

(1)“蛇眼”

到瓦砾深处救援的第一步是搜索。若幸存者被埋在瓦砾堆中,用手去一点点地挖开瓦砾显然太慢,用重型机械去移动又有可能伤着人。这时各种搜索仪器可以帮上忙。“蛇眼”

就是一种搜索仪器,它的学名叫“光学生命探测仪”,是利用光反射进行生命探测的。仪器的主体非常柔韧,像通下水道用的蛇皮管,能在瓦砾堆中自由扭动。仪器前面有细小的探头,可深入极微小的缝隙探测,类似摄像仪器,将信息传送回来,救援队员利用观察器就可以把瓦砾深处的情况看得清清楚楚。很多博物馆和超市用的防盗装置就是这种光学探头加观察器。

(2) 热红外生命探测仪

热红外生命探测仪具有夜视功能,它的原理是通过感知温度差异来判断不同的目标,因此在黑暗中也可照常工作。这种仪器类似于现在商场门口测体温的仪器,只是体积比那个大得多,而且带有图像显示器。

(3) 声波振动生命探测仪

声波振动生命探测仪靠的是识别被困者发出的声音。人类有两个耳朵,这种仪器却有3～6个“耳朵”,它的耳朵叫作“拾振器”,也叫振动传感器,它能根据各个耳朵听到声音先后的微小差异来判断幸存者的具体位置。说话的声音对它来说最容易识别,因为设计者充分研究了人的发声频率。如果幸存者已经不能说话,只要用手指轻轻敲击,发出微小的声响,也能够被它听到。该仪器使用的关键是噪声的影响不能太大。

3.4 应急通信技术

应急通信是指在面对突发情况,原有通信系统无法满足通信需求时,为了保障通信畅通,满足通信业务需求,采用的灵活、机动、可靠、融合的通信方式,是一种暂时的特殊性通信机制。

应急顾名思义是应付迫切的需要,国际上根据不同的应急情况,对应急通信进行分类:一种是减灾通信(TDR),是为了应对突发公共事件、大型自然灾害等,为地区提供一套临时稳定灵活的通信方式。另一种是应急通信服务(ETS),指的是应对重大活动或任务时,利用现有的通信手段和技术达到目标通信需求,比如大型会议保障、反恐任务通信干扰等。两种通信方式的区别在于,前者没有预见性,或者发现问题来不及做好准备;后者具有预见性,可以为特定的通信需求做充分的准备。

3.4.1 应急通信的应用场景

结合自然灾害的应急管理体系,按照应急指挥救援流程,根据通信的需求类型,可以把应急通信场景划分为四个部分。一是国家指挥中心与现场指挥中心的广域传输网,要求通信距离远、稳定且保密;二是现场指挥中心与应急救援分队之间的指挥调度专用网络,要求通信稳定实时且不受外界干扰;三是应急救援分队内部之间实施现场作业通信联络,要求通信区域网络稳定;四是灾区群众对外通信需求,要求通信话务量大,持续时间长。

3.4.2 应急通信技术

应急通信,按照传输介质来分,主要分为有线应急通信和无线应急通信。

1. 有线应急通信

有线应急通信采用同轴电缆、双绞线、光纤等有线介质来传递信息。其优点是通达范围广，资费低，不受环境干扰；缺点是依赖有线介质，抗毁性差，一旦被摧毁，通信很难在短时间内恢复。常规的有线应急通信网络包括公用电话交换网、互联网等。公用电话交换网可以用作国家救援中心和灾害指挥中心的指挥通信网络，目前具有紧急呼叫功能、应急短信息功能，若要用于指挥调度则应具备优先呼叫、优先接入以及拥塞控制等功能。互联网应急通信包括即时通信和电子邮件通信两类。即时通信比如微信、QQ等软件可以发送文字、语音、图片、短视频，也可以通过位置共享、搜索附近的人进行定位；电子邮件通信最大的特点是存储转发式服务，在网络繁忙的条件下可以保留信息。

2. 无线应急通信

无线应急通信不需要依赖传输介质传输，是利用电磁波传送信号的。它的优点是可移动、覆盖广、部署灵活、抗灾性强。常用的无线应急通信手段包括卫星应急通信、无线应急电台、集群移动通信、蜂窝移动通信等。

(1) 卫星应急通信

卫星应急通信利用人造地球卫星进行微波中转通信，目前通信采用Ka、Ku、C、VHF等频段。它的优点是通信覆盖范围广，且不受地面条件限制，具有独立通信能力且抗毁能力极强；缺点是频段资源紧张，终端设备昂贵。

常用的通信系统包括VSAT(甚小口径天线终端)卫星通信系统，该系统利用甚小口径天线的卫星地球站，通过组网构成一个卫星通信网；Inmarsat卫星通信系统，中文名称为“国际海事卫星通信系统”，该系统由卫星、固定站、网络协调站和移动站构成，它的特点是全球覆盖、保密性强、便携可移动。另外，还有高通量通信卫星、北斗卫星导航系统以及卫星电话，如我国在2016年8月成功发射了首颗天通一号卫星，2018年天通一号卫星终端面向公众市场开放使用，采取“TD-LTE+卫星”双模通信，使用方便。

(2) 无线应急电台

无线应急电台依靠电磁波传播信息，根据频段，可分为长波电台(30～300 kHz)、中波电台(300～3 000 kHz)、短波电台(3～30 MHz)、超短波电台(30～300 MHz)以及微波电台(300 MHz～300 GHz)。短波电台通过电离层和地波传播，不依赖地面通信网络而独立工作，通信自主性比卫星通信更强，而且通信没有费用，被誉为战争状态下唯一可靠的通信。目前短波电台主要包括美国的CHESS短波跳频通信系统，美国海军的HF-ITF网络和HF岸舰网络(HFSS)，国产烽火系列XD-D9B1型20W短波单边带电台。中国FH2327系列新型微波自适应跳频网络电台采用自适应跳频技术，能够对周围电磁环境进行探测，随机选定干扰较小的频率进行传输，优点是高效、能够适应长距离传输。

(3) 集群移动通信

集群移动通信是一种高级移动调度系统，是集指挥、调度、管理于一体的无线通信系统，具备安全、高效、智能化的通信效果。它的主要特点是资源共享，系统所具有的全部可用信道都为系统内全体用户共享，提供一对一、一对多的通话方式，操作简单且不受网络限制。常用的设备终端包括手持式对讲机、车载式对讲机和转发式无线对讲机。其中，手持式对讲机有摩托罗拉GP2000S手持式对讲机、建伍TK-3107手持式对讲机，其特点是体积小、质量轻，便于携带，也可以在运动中进行通信，由于功率小，通信距离在视距无阻拦的环境下可以达到5 km。车载式对讲机有摩托罗拉GM398车载式对讲机，其特点是结实耐用、安全可靠，能支持160个信道，由于功率大，通信距离可达到20 km以上。

(4) 蜂窝移动通信

蜂窝移动通信采用基站设备提供无线服务，根据基站辐射范围，可以分为大区制和小区制两类，优点是容量大，缺点是依赖基站和地面馈电设备，易受自然灾害的破坏，破坏后很难快速恢复。高空移动驻留应急平台将基站搬运到无人机、气球、飞艇上，将信号从空中向下覆盖，它的优点是灵活性高、可以快速部署，且不受地面环境以及次生灾害的影响，可进行大范围覆盖。2020 年 9 月，翼龙-Ⅱ无人机成功完成全球首次应急救援通信保障实战演练，为公网覆盖不到的四川木里林区提供通信保障。

3.5 城市雨洪防控技术

雨洪管理是一种概念，总体来说是从对水的恐惧到以水为友的转变，从单纯以工程方式解决向工程和非工程相结合的方式转变。

3.5.1 海绵城市

海绵城市（国际通用术语为“低影响开发雨水系统构建”）是新一代城市雨洪管理概念，遇到降雨时能够就地或就近吸收、存储、渗透、净化，补充地下水、调节水循环；干旱缺水时有条件将储存的水释放出来，并加以利用。其雨水生态循环示意如图 3-1 所示。海绵城市使城市在适应环境变化和应对雨水带来的自然灾害等方面具有良好的“弹性”，也可称之为“水弹性城市”。

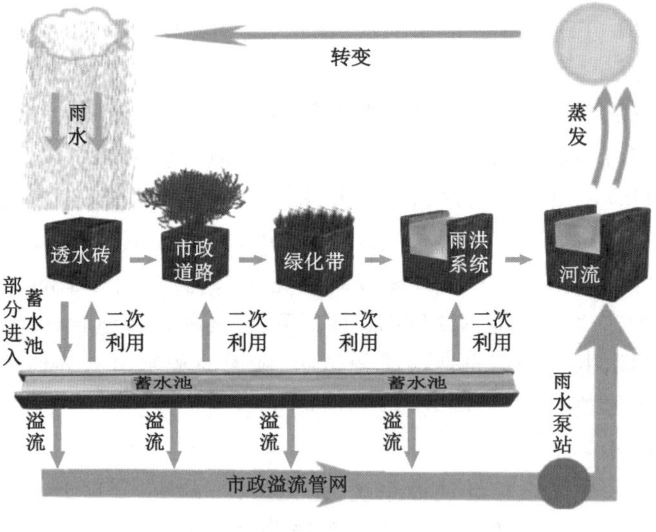

图 3-1 海绵城市雨水生态循环示意

海绵城市建设应遵循两个原则：一是在区域层面应遵循生态系统保护与恢复的原则；二是在城市层面应遵循低影响生态开发的原则。海绵城市建设主要以城市建筑、小区、道路、绿地与广场等建设为载体。

2013 年 12 月 12 日，习近平总书记在中央城镇化工作会议上强调：“提升城市排水系统时要优先考虑把有限的雨水留下来，优先考虑更多利用自然力量排水，建设自然存积、自然渗透、自然净化的海绵城市。”2017 年 3 月 5 日，李克强总理在政府工作报告中提到，要“推进海绵城市建设，使城市既有‘面子’、更有‘里子’”。

海绵城市只能让常态下的雨水向地下渗透，排除地面积水，以促进城市地表径流的就地下渗和雨水可持续循环，如果遇到特大暴雨还需要采取另外措施，如建设地下深隧，暴雨时储水、晴天时抽水到江河湖泊等。

3.5.2　雨洪利用技术

雨洪利用是解决城市缺水和防洪问题的一项重要措施。雨洪利用就是把从自然或人工集雨面流出的雨水进行收集和储存，是从水文循环中获取水为人类所用的一种方法。雨洪利用是一种新型治理城市内涝的方法。

雨水收集和利用有三种方式：如果建筑物屋顶硬化，雨水应该集中引入绿地、透水路面，或引入储水设施蓄存；如果是地面硬化的庭院、广场、人行道等，应该先选用透水材料铺装，或建设汇流设施将雨水引入透水区域或储水设施；如果地面是城市主干道等基础设施，应该结合沿线绿化灌溉建设雨水利用设施。此外，居民小区也可安装简单的雨水收集和利用设施，雨水通过这些设施收集到一起，经过简单的过滤处理，就可以用来建设观赏水景、浇灌小区内绿地、冲刷路面，或供小区居民洗车和冲马桶，这样不但可节约大量自来水，还可以为居民节省大量水费。

3.5.3　整体水资源管理技术

越来越多的研究将雨水水质管理、洪水管理和城市开发对城市水文过程的影响综合起来考虑和解决，用来管理洪水和管理雨水水质的工程性和非工程性设施在空间上往往重合。湿地是最主要和最常用的非工程性设施，湿地同时可以为野生动植物提供生存环境，也可为人类提供令人愉快的休闲场所。另外，越来越多的研究将洪水、雨水和污水作为一个整体来考虑，雨水和生活污水都是水资源的一部分。大量的研究表明，雨水中含有的污染物种类及含量与生活污水相近，因此雨水在某种程度上来说也是一种污水。将雨水和生活污水处理再生之后基本可以满足场地尺度的非饮用水需求，季节间供水量和需水量的平衡是雨水和生活污水再生过程中应该考虑的一个重要因素。

整体的水资源设计方法和步骤如下：

步骤 1：计算城镇范围内的最终场地和人口；

步骤 2：估定雨水径流的面积和容量；

步骤 3：确定建筑内部使用的雨水罐的合适容量；

步骤 4：估计非饮用水的需求量和供给量；

步骤 5：计算污水处理量和冬季储存量；

步骤 6：计算雨水量和冬季储存量；

步骤 7：估计峰值需求量，确定处理厂的容量；

步骤 8：设计城市污水处理厂运行决策支持系统和制定非饮用水计划；

步骤 9：估计资金、运行成本、非饮用水的单位成本。

3.6 应急保障技术

3.6.1 无人机技术

近年来,火灾、化工厂爆炸、地震等灾害事件接连发生,我国应急救援面临不小的压力,无人机作为应急救援不可或缺的装备,正发挥着越来越重要的作用。当前,无人机已被广泛应用到空中观察、监控、救援、农保等各个领域。

近年来,在各种灾害救援中都可以看到无人机的身影。

案例一:2008 年四川汶川大地震,无人机遥感航拍成为当时最有效的手段,我国政府相关部门批准并派出多支无人机队伍。其中有国家减灾中心派出的"千里眼"无人机、中国兵器工业集团有限公司下属的中兵光电科技股份有限公司的"华鹰"无人机、西安大地测绘股份有限公司的微型无人机等。

案例二:2010 年 4 月,青海玉树发生地震,青海省第二测绘院采用无人机对玉树地区进行震后测绘,并为灾后重建的地形地貌和建设项目进行了低空航摄工作。

案例三:2013 年 4 月,四川雅安发生地震,无人机救援应用有了新的发展,多个单位的无人机赴灾区参与抢险救援。相关部门紧急启动重大自然灾害无人机应急合作机制,中国人民保险集团股份有限公司四川分公司的中国人保号航拍无人机、中国国家测绘地理信息局的无人机、国家地震灾害紧急救援队的旋翼无人机等对灾区地形地貌、受损情况进行空中排查。此外,某集团军特种作战旅侦察分队携带无人机搭乘直升机直抵灾区震中太平镇救援,中国科学院遥感与数字地球研究所等单位的"飞象一号"小型低空遥感无人机也参与了救援。

案例四:2014 年 8 月,中国云南鲁甸发生 6.5 级地震,武警黄金部队地质灾害调查队通过四旋翼无人机绘制完成首张震区地质灾害排查评估地图,并首次使用无人机快速三维建模技术实现了地质灾害信息第一时间三维可视化,这也是我国首次将无人机快速三维建模技术应用于地质灾害应急救援。

可以说,无人机用于应急救援已经从刚开始只做简单的"情况探测",发展到现在的"送急救物品并通过视频指导紧急救治",有了巨大的进步。随着无人机应用技术的发展,无人机救援会以更多的方式和途径为人们的生命健康提供帮助。

3.6.2 应急广播技术

应急广播体系是国家应急体系和国家公共服务体系的重要组成部分。在 2008 年的南方雪灾和汶川大地震中,广播在灾区成为信息孤岛的危急时刻,发挥了重要、独特、不可替代的作用,成为政府倚重、民众信赖的救灾信息生命线。

国家应急广播中心建设运行的国家应急广播预警信息自动适配播发系统,从建设之初,就引入了语音合成技术,定制了应急信息智能语音播报自有语音库,可 7×24 h 提供清晰、自然、准确的汉语、维语和藏语语音播报。这是首次将 AI(人工智能)技术应用于国家应急广播体系建设。

应急广播体系建设的原则之一就是快速高效。应急信息的传输快慢决定应急广播的效率。除了利用 AI 技术外,还可以将 5G(第五代移动通信技术)应用到应急广播的传输领域,加快应急信息的收集、传输和发布速度。

国家应急广播预警信息自动适配播发系统的预警信息音频文件信息显示，一条预警信息音频文件约为1.3 MB，如果系统同时传输100条预警信息音频文件，文件大小总量约为130 MB。按照5G网络数据传输速率最高可达10 Gb/s计算，约需要12.7 ms，比当前的有线互联网要快，比先前的4G LTE蜂窝网络约快100倍。

3.6.3 新能源技术

广义的新能源是指传统能源之外的各种能源，特指新近才被人类开发利用、有待进一步研究发展的能源资源。因此，在不同的历史时期和科技水平下，新能源的内容有所不同。当今社会情况下，新能源一般包括太阳能、风能、海洋能、地热能、生物质能及衍生的生物燃料和氢能等。

应急救援的能源保障与当地环境和应用场景密切相关，新能源技术的就地取材、高效转化和原位供能等特点将为应急科技装备和相关人员的能源保障提供新的选择。如海岛独立微电网供能技术、开阔海域独立供电技术、偏远山区的低能耗供暖技术、应急移动电力保障技术、新兴的生物质能源转化利用技术、飞行器新型高效动力技术等。

3.6.4 区块链技术

区块链这一新兴概念涉及数学、密码学、互联网和计算机编程等很多科学技术问题，简单来讲，区块链就是一个分布式的共享账本和大数据库，它的特性有去中心化、不可篡改、全程留痕、可以追溯、集体维护、公开透明等。这些特性客观地保证了区块链的诚实度与透明度。而区块链丰富的应用场景，基本上都基于通过利用区块链的特性解决信息不对称问题。

区块链技术有着自己的特性，如具有数据分布式存储、点对点传输以及信息无法随意篡改等诸多特性，均可对应于物流业物资储存、联系部门间信息传递、信息透明度及信息安全管理方面。

① 区块链技术的共享机制是指链中所有数据的参与者，链中的每个用户可根据权限不同而被允许选择性地对链内信息进行查看、修改等操作，用户进行这些操作的所有过程将被如实记录。区块链中不同节点之间的信息是保持对等的，这种及时对等的信息可为节点提供准确的决策依据。当前的应急物流系统各主体之间的信息管理系统彼此孤立，形成信息孤岛现象，而运用区块链技术，这样的信息孤岛现象会逐渐消散。

② 时间戳等技术可以保障区块链中所有信息的完整性、安全性和真实性。所有链内信息通过验证后便添加至链中永久封存，在这样的特性下，要对其中的数据擅自进行篡改是极为困难的。同时，可以结合物联网、大数据等技术手段，发挥区块链的优势特性，实现医用防疫物资信息的及时溯源、及时传递、透明调配、及时预警等，从而可以较好地解决与供应链之间交易纠纷等类似问题。

③ 疫情期间，医用防疫物资的管理系统存在大量的节点。节点与节点之间可以应用区块链技术的智能合约技术完成快速应答，在完成应答的过程中生成协议，这样所产生的协议具有分工明确的特点，通过不同节点的协调所建立的协议合约更能得到不同节点的认同。这种协议既能提高应急物资供应系统整体的稳定性，也能实时平衡不同医院之间防疫物资的存储量，从而最大限度地减少物资缺口和物资投放浪费的现象。

合理利用区块链技术来应对应急防疫工作能有效减少浪费，提高效率，可以针对防疫物资进行适时合理的管理工作，从而提高物流配送效率，这在争分夺秒的应急事件中显得尤为重要，同时对国家和政府有效开展应急工作、保障医护人员及患者的安全具有重大意义。可将区块链技术应用至范围更广的应急物资供应系统，如市民的紧急物资供应等。

3.7 应急救援技术装备

目前，应急救援装备主要分为搜索、营救、通信三大类。随着科技进步，这些装备推陈出新，在救援行动中发挥巨大作用。

3.7.1 智能化搜索装备

智能化搜索装备指以计算机网络技术为支撑，以各种数字化仪器设施为平台的用于探索生命信息源的各种装备，主要负责对灾害（灾难）事故现场的受灾群体或遇难者存在的生命信息源实施探索与搜寻。主要包括：

① 声波振动生命探测仪。声波振动生命探测仪是一种利用声音的振动来搜索遇险者的仪器，它具有灵敏度极高的特点。废墟中的幸存者只要发出微弱的声音，声波振动生命探测仪就可以找到他们。

② 光学生命探测仪。光学生命探测仪是利用反射光线来对幸存者进行生命探索的一种仪器，被称为“蛇眼”。该仪器的前面有细小的类似于摄像机的360°旋转探头，地面上的救援人员通过观察器可以看清探头拍摄的地方有无遇险者。

③ 热红外生命探测仪。热红外生命探测仪利用红外线测温原理，通过遇险者身体散发的热能来探测幸存者位置。该仪器不仅可以满足国际上通用的“黄金24 h”灾害（灾难）救援的时限规定，而且可以在黑暗中充分利用人的体温与环境温度的差别探测灾害现场有无生命信息源。

3.7.2 机械化营救装备

机械化营救装备能减轻体力劳动强度，提高营救工作效率。主要包括：

① 救援队配备使用的起重机、电焊割机、掘进机、抽水机、冲锋舟等中型机械装备和器材。

② 救援人员随身携带、伺机开展营救行动的锹、锤、锯、气袋、液压钳、应急灯、保险绳索、救生衣、救生圈等小型的工具装备和器材。

③ 现场指挥使用的信号枪、手持扩音喇叭、望远镜、袖标、飘带等应急指挥器材。

3.7.3 信息化通信装备

信息化通信装备指在灾害（灾难）救援过程中综合使用的各种通信装备和器材。主要包括：

① 便于抢险救灾指挥员、指挥机构迅速掌握灾情、分析研究、决策指挥的图像及数据信息系统。

② 参与应急救援的部门所联通的视频通信控制系统。

③ 以计算机网络技术为支撑，集抢险救灾指挥、通信、信息、安全、保卫功能为一体的多

媒体通信控制系统。

④ 集自动报警、自动设备切换、联动控制、灾害(灾难)探测、智能编码、自动排障功能为一体的动态预警系统。

3.8 灾害反演技术

3.8.1 城市抗震防灾系统SD模型

城市抗震防灾系统的SD(系统动力学)建模基于系统动力学原理对城市抗震防灾系统子系统的分析。首先建立系统内部的因果关系图,进而建立流位流率对,逐步添加变量枝而累加成一个复杂的流图结构模型,具体思路如图3-2所示。在城市抗震防灾系统的活动矩阵中,规划、优化、拟定、更新等相互影响,紧密联系。在研究城市抗震防灾系统反馈行为模式时,非线性、高阶、反直观行为,是系统动力学的研究对象。基于系统动力学的定性定量分析、实时反馈、适应动态变化等优点,可以将其应用到城市的抗震防灾能力评价系统中,从而取得较理想的结果。

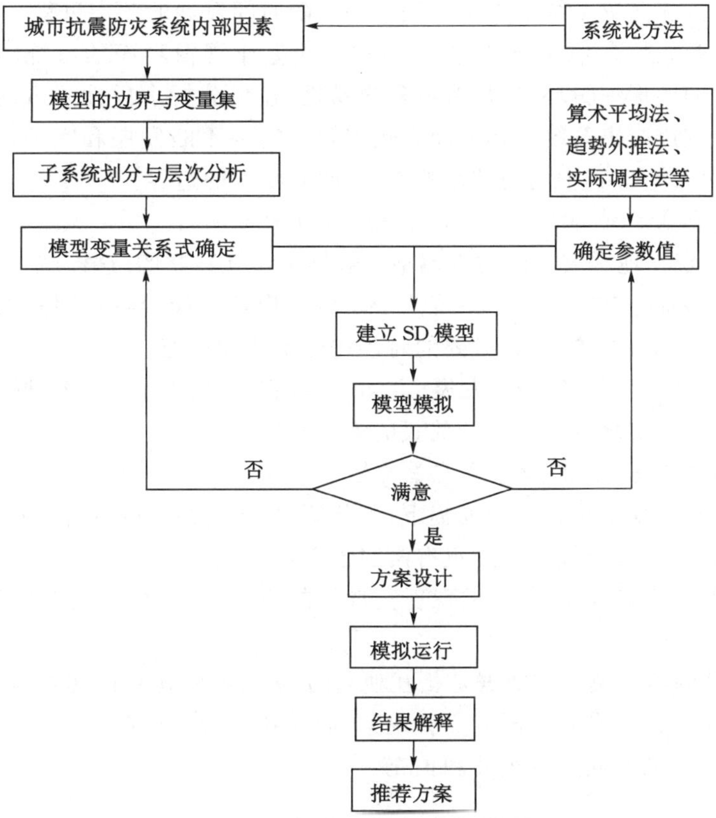

图3-2 城市抗震防灾系统SD模型建立基本思路

城市抗震防灾系统SD模型是反馈理论、控制理论、信息论、非线性系统理论、大系统理论、系统学理论与计算机模拟技术和灾害科学融合发展的结果,能够实现对城市空间系统灾害管理和时空分析，将那些通常设定为静态的系统，从多个角度、多个变量、多个系统出发，构建其因果模型、预测模型。运用该模型，仅通过改变相关因素和条件，就可以进行多方案、重复性的仿真试验，以一种安全和经济的方法对城市总体的抗震防灾能力进行评价，也可根据具体要求对各个系统、各个阶段进行抗震防灾的模拟。这种随时间变化对城市抗震防灾系统进行动态模拟的方式，常常能够发现隐藏的事实，可为具体城市提高自身抗震防灾能力提供理论依据和技术支持。

1. 城市抗震防灾系统 SD 模型的构建是必要的

城市地震灾害具有人员伤亡多、经济损失大、次生及衍生灾害严重、修复难度大等特点。因此，有必要从系统的角度开展城市抗震防灾能力评价研究。而其中的重中之重就是做好城市抗震防灾系统与计算机仿真软件的融合。仿真技术不受空间尺寸和时间长短的限制，可代替一些无法进行的现场试验，能够节省大量的人力、物力和时间，直观地表现城市抗震防灾能力相关因素的数据和图形，更加有效地找出城市抗震防灾的薄弱环节，为提高城市抗震防灾能力提供决策支持。

2. 城市抗震防灾系统 SD 模型的构建是可及的

城市抗震防灾系统是一个可分的层次系统，而且各系统间有相互关联性，系统间的反馈机制容易形成。抗震防灾系统各层次间处于一个随时间发展的动态过程。这些都是建立一个动态模型的必备条件。Vensim PLE 软件是一个基于视窗界面的系统动力学建模工具，提供了功能强大的图形编辑环境，具有编程简易性、输出分析多样性、可进行真实性检验等优点。虽然城市抗震防灾系统的构成及影响因素还需要不断发展和完善，但在研究具体的结构仿真时，只需要考虑其中的内部影响因素，明确系统的边界。

3. 城市抗震防灾系统 SD 模型具有独立性和开放性

① 独立性表现在地震灾害的仿真模型与数据是相互独立的，这样就可以把城市抗震防灾系统分解成许多部分进行单个子系统或子阶段的模拟。如受各种因素的限制，可以单独研究某一单个系统或阶段仿真，在必要的时候进行组装和扩充。

② 开放性表现在它强调联系、发展、运动，随时容纳新的信息技术，城市抗震防灾系统仿真的内容可以结合实际情况进行开放式的组装和扩充。

4. 城市抗震防灾系统 SD 模型具有重构性

重构是指在不改变系统行为的前提下，重新调整、优化系统的内部结构以减少系统复杂性、增加灵活性和提高系统性能。这里有两层含义：

① 通过灾害的动态仿真模拟，重现现实世界的灾害发展过程，通常所说的重现即重构的一种表示方式。

② 单一灾种的仿真模型与数据是相互独立的，灾害数字仿真问题可以分解成类似组件式的许多部分；不同地区有着不同的灾害现象，如受各种因素的限制，可以单独研究某一灾害数字仿真，在必要的时候进行组装和扩充。

3.8.2 煤层气开发中社会生态系统风险的影响因素和演化机制

1. 基于 PSR 框架的风险影响因素分析

PSR 分析方法即压力-状态-响应分析方法，是目前研究区域社会生态状况的成熟方法。PSR 框架遵循“原因-结果-响应”的逻辑顺序，在煤层气开发区域社会生态系统中，压力层为引起区域社会生态风险的原因，状态层是社会生态系统发生的变化，响应层是人类面对恶化的社会生态环境采取的策略。可应用PSR框架分析风险的影响因素。

2. 风险动态演化机制分析

耗散结构理论是研究一个与外界进行物质、能量交换的开放系统由无序演化为有序稳定结构的过程的理论。煤层气开发中的社会生态系统风险状态受压力和响应共同影响而动态变化，具有耗散结构需要的开放性、非平衡性、非线性、涨落性4个特性。耗散结构一般用熵的概念进行刻画和分析。

在煤层气开发区域的社会生态系统中，压力层能量引起系统的熵增，响应层能量引起系统的熵减。系统内各因素不断协同竞争，状态不断涨落收敛衰退和涨落累积放大。经过一段时间的突变演化后，一种状态是系统内部产生的正熵不断被抵消，当负熵累积到一定数量时，系统涨落朝着有序方向演化，最终形成有序耗散结构，社会生态系统处于安全态势；另一种状态是系统内部的正熵无法被有效抵消，系统不断熵增，处于无序的非耗散结构状态，最终走向崩溃。具体演化机制见图3-3。

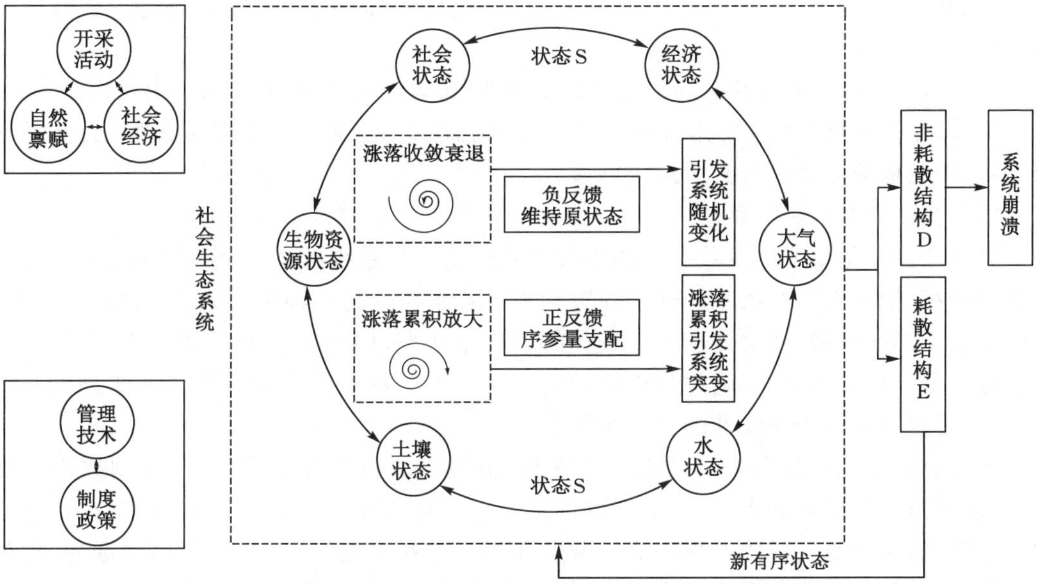

图3-3 煤层气开发中社会生态系统风险的动态演化机制

3.8.3 事故动态演化过程分析

1. 事故动态演化机理

(1) 多米诺效应事故演化模型

多米诺理论认为事故发生有其前因后果，并且原因与结果相互作用。各个事故结果之间具有一定的演化关系。事故的原因或危险因素很多，从系统安全工程角度来说，这些危险因素可能来自人的不安全行为和管理上的缺陷，也有物和环境的不安全状态。

(2) 能量意外释放事故演化模型

能量意外释放事故是指由于某种原因能量失去控制而引发的事故。根据能量释放方式不同，能量意外释放事故演化模型可分为汇集式和辐射式能量意外释放事故演化模型。初始事故A、B、C的能量向目标对象D扩散形成汇集式能量意外释放事故演化，在实际事故中若储罐区的多个氯气储罐同时泄漏，并且朝着一个方向集中，这种情况可用汇集式能量意外释放事故演化模型解释；初始事故A的能量向目标对象B、C、D辐射形成辐射式能量意外释放事故演化，在实际事故中若一个氯气储罐泄漏，或多个储罐泄漏，但各储罐之间互不影响，这种情况可用辐射式能量意外释放事故演化模型解释。

（3）动力学事故演化模型

发生液氯泄漏事故时，储罐内的液氯泄漏的动力来自罐内的压力。一旦泄漏到储罐外，绝大部分液氯迅速汽化，在泄漏口形成高压气体，其传播的动力是扩散力和大气风力。泄漏后的高浓度氯气不断向四周扩散，随着扩散范围增大，氯气浓度不断降低，形成无数个低浓度气团片区。当这些气团发生物理爆炸时，产生爆炸冲击波，飞散在爆炸危险区域的物体在爆炸冲击波的作用下获得初始动力，对周围环境、人群造成伤害。

根据统计分析，泄漏处与爆炸冲击波下的危险颗粒遵循以下分布。

① 颗粒的数量n服从[1,200]内的对数正态分布。

② 颗粒抛射角度在[0°,360°]内均匀分布，垂直切角的正弦值$\sin\varphi$服从[−1,1]内的均匀分布。

③ 阻力系数：各方向抛射的阻力系数范围为[0.8,1.4]，即在[0.8,1.4]内均匀分布。

④ 具有动能的颗粒多米诺效应会产生以下二次事故：颗粒击中周围人群，致其受伤或死亡；击中其他液氯储罐至其泄漏或爆炸。

（4）事故演化突变模型

突变理论就是研究突发状况下的事故演化理论。当系统中某一个函数为定值时或系统的能量最小（熵最大）时，该系统处于稳定状态。若系统内的参数在一定范围内不断变化，影响函数取不同的极值，系统处于不断变化的不稳定状态，即随着参数不断变化，系统由一种状态进入另一种状态，这一刹那过程称为突变。突变的本质是多个状态之间来回跃迁。因此，突变过程只存在于非线性的复杂系统中。

通过分析氯气泄漏事故的过程可以发现，泄漏氯气在扩散阶段，由于受到周围突变温度、风速和风向等因素的影响，整个扩散过程处于一种不断突变的不稳定状态；在扩散之后的爆炸阶段，某个氯气云团的爆炸能量激发到相连或相关的云团，会引发连锁爆炸，类似原子的不断裂变过程，但该爆炸阶段是无规律的，且爆炸的发展方向是突变不连续的。因此，用突变理论解释在实际复杂环境下氯气泄漏之后扩散、爆炸的发展规律有一定的科学依据。

在实际应用中，突变理论可以做定量描述和定性分析。在定量描述中建立一个势函数，应用适当的数学手段或技巧，将建立的势函数归纳为某一经典类型。通过建立数学模型能够计算出新的结果，但是这种模型的解算需要大量的基础统计数据。定性分析时，根据以往的经验公式、计算结果、观察现象先假设一个初等突变模型，然后根据现有的数据拟合出一个新的突变模型，再验证这一模型能否更合理地解释目前的现象。在描述整个液氯泄漏事故的演化机理时采用定性的方式，若采用定量描述的方法，则需要大量的原始数据，而在液氯泄漏事故中，无人统计事故中的各个原始数据，在科学文献中也没有相关记录，况且氯气具有毒性，也无法通过试验的方式模拟现实情况来获取相关数据。在泄漏事故中，扩散、爆炸无规律，因此，采用定性的方式来描述氯气泄漏事故演化规律具有可行性。

（5）事故动态演化概念模型

上述四种事故演化模型从不同方面揭示了泄漏事故的动态演化规律，仍存在不足之处，具体如下：

① 多米诺效应事故演化模型解释了事故发生的因果关系，初始事故可以演化次生事故，但该演化模型无法回答初始事故是怎样导致周围设备、人群发生事故的，即该模型无法回答氯气泄漏事故的内在演化机理以及泄漏之后氯气扩散、爆炸的传播过程。

② 能量意外释放事故演化模型无法全面统计各种能量形式，也无法计算出各种能量的大小，因此该演化模型只能对泄漏事故过程释放能量大小作定性分析。

③ 动力学事故演化模型从动力学角度分析物体运动规律，这是一种较为形象的运动描述，但是在实际事故中无法确定处于爆炸冲击波中物体的初速度，以及抛射运动的角度，无法进行下一步速度计算。

④ 事故演化突变模型主要研究各种不连续变化的数学模型，描述系统处于某种状态。由于氯气泄漏事故的演化过程是一个不连续状态不断叠加的过程，运用突变理论解释该事故演化方向需要某一状态的某一组参数，但在实际泄漏事故演化过程中，中间某一状态没有详细的参数，因此无法预测下一个状态的演化方向。

为了更一般性地进行分析，使模型更具有普遍适用性，在系统理论观点下，将上述四种单一事故演化模型综合成系统演化模型。在此，将该模型称为事故动态演化概念模型。

事故动态演化概念模型：以人-机-环不良状态作为事故触发点，失控的能量释放作用于目标对象，触发目标对象发生次生衍生事故，同时突变效应促发三个层级自下而上演变。该模型全面地描述事故动态演化过程，弥补上述四种单一事故演化模型的片面性，具体如图 3-4所示。

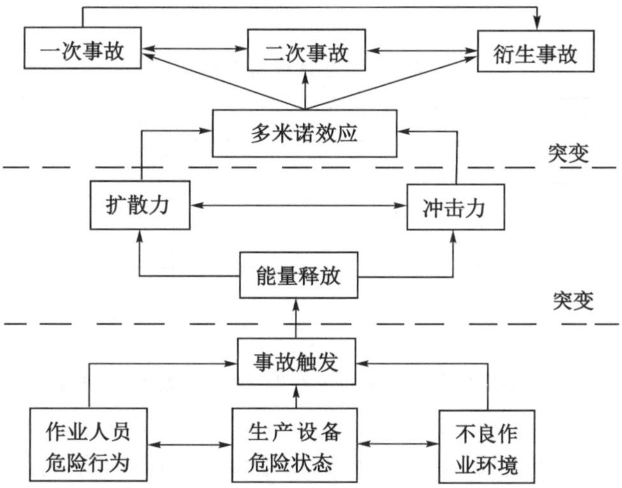

图 3-4　事故动态演化概念模型

2. 案例分析

液氯在实际泄漏过程中，泄漏的物质和扩散的能量相互演化，并且在演化过程中发生突变现象。

当液氯储罐出现较大的裂缝时，过热液氯骤然蒸发。温度升高，液氯迅速闪蒸，强烈汽化，体积迅速膨胀，引起容器内压力突然增大，若超过储罐耐压强度，会引发液氯储罐物理性爆炸。

当瞬时泄漏，没有其他能量持续补充时，随着扩散范围不断增大，氯气浓度降低，可能达到爆炸界限，遇明火突发爆炸，作用于外界环境、人体导致事故发生。当持续泄漏，有外界能量补充时，氯气扩散和危害的范围不断增大，引发多米诺效应，导致连锁反应事故。

由此可见，氯气泄漏事故演化过程是一个系统的、动态的、复杂的过程，该过程包括连锁传递、能量释放、物体运动、突变演化等作用，共同作用于周围环境、人体、目标对象而导致事故发生。

3. 事故动态演化数值分析

事故动态演化概念模型虽然清晰地表明事故的演化方向，但仍需用数值模型定量计算危害浓度及危害范围。

(1) 液体泄漏速率

液体泄漏速率 Q 可用流体力学的伯努利方程计算，即

$$Q=\rho_1 A_0 \delta_1 [2(P-P_0)/\rho_1+2gh_1]^{1/2} \tag{3-1}$$

式中 Q——液体泄漏速率，kg/s；

ρ_1——液体密度，kg/m^3；

δ_1——液体泄漏系数，如表 3-1 所示；

P——容器内介质压力，Pa；

P_0——环境压力，Pa；

A_0——裂口面积，m^2；

g——重力加速度，m/s^2；

h_1——泄漏处液位高度，m。

表 3-1　液体泄漏系数 δ_1

雷诺数 Re	裂口形状		
	多边形	三角形	长方形
>100	0.65	0.60	0.55
≤100	0.50	0.45	0.40

(2) 液体扩散

液氯是挥发性液体或低温液体，泄漏后蒸发，蒸发氯气对人群居住区或人员产生中毒危险。

泄漏液氯液池半径 R 用式(3-2)计算(瞬时泄漏，泄漏时间不超过 30 s 时)：

$$R=\left(\frac{8gW}{\pi P}\right)^{\frac{\sqrt{t}}{4}} \tag{3-2}$$

式中 R——液池半径，m；

W——泄漏量，kg；

g——重力加速度，m/s^2；

P——容器内介质压力，Pa；

t——泄漏时间，s。

通过对式(3-2)分析知,要求得液池半径,就必须明确泄漏量。泄漏量为:

$$W = Qt \tag{3-3}$$

将式(3-1)代入式(3-3),求得:

$$W = \rho_1 A_0 \delta_1 [2(P - P_0)/\rho_1 + 2gh_1]^{\frac{1}{2}} t \tag{3-4}$$

综合式(3-2)、式(3-4)推导出液池半径计算公式:

$$R = \left\{ \frac{8g\rho_1 A_0 \delta_1 [2(P - P_0)/\rho_1 + 2gh_1]^{\frac{1}{2}} t}{\pi P} \right\}^{\frac{\sqrt{t}}{4}} \tag{3-5}$$

运用 Matlab 编写绘图程序,即可绘制连续泄漏液池半径与容器内介质压力和泄漏时间的演化关系图,如图 3-5 所示(扫描图中二维码获取彩图)。

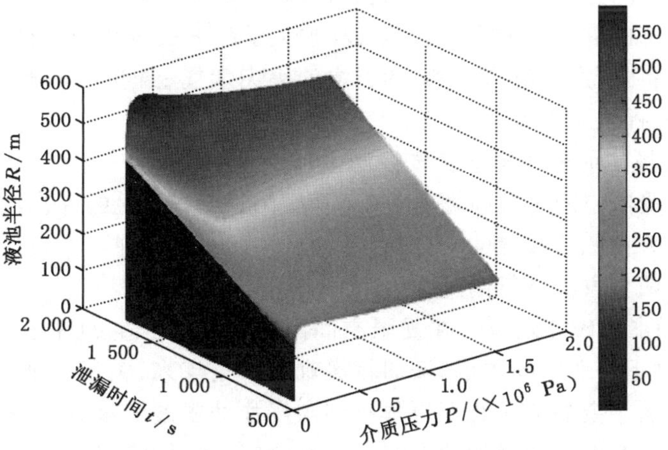

图 3-5 连续泄漏液池半径与容器内介质压力和泄漏时间的演化关系图

3.8.4 矿井热动力灾害反演

在矿井热动力灾害救援中,对救援人员威胁最大的是矿井火灾产生的明火和高温烟气,以及瓦斯燃烧火焰和爆炸冲击波。因此,矿井热动力灾害救援中最重要的是确定灾害危险区域,并对灾情准确判定,进而从时间-空间两维度预测救援安全性。因此,对矿井热动力灾害的矿井火灾环境的特征及多参数演化规律、瓦斯燃烧与爆炸的破坏特征及传播规律、救援安全性判定等 3 个方面进行阐述。

1. 矿井火灾环境的特征及多参数演化规律

矿井火灾扰动破坏灾区环境多参数稳定性,使灾区的时空演化更加复杂,增加救援安全性预测难度。这里从矿井火灾环境特征及表征、矿井火灾巷道环境多参数时空演化规律两个方面进行阐述。

① 矿井火灾环境特征及表征。在外因火灾方面,有关学者对矿用输送带及木材进行燃烧试验,研究了火灾的毒气危害、火焰蔓延速率和温度分布,提出了火场能见度估算方法;分析了主进风巷火灾的蔓延模型、燃烧产物及其危害;利用 MFIRE 和 CFAST 软件,分析了矿井火灾的燃烧特性曲线,分析了不同的火势增长率与恒定的热释放率水平结合的衰减周期;研究了全尺寸隧道内火灾特性参数及环境温度的分布特征,指出隧道火灾的扩大与燃料面

积的增加对隧道火灾的温度分布有重大影响。在煤自燃方面，西安科技大学防灭火研究团队利用研发的XK系列大型煤自然发火试验台捕捉松散煤体内高温点、寻找火源点、掌握煤自燃规律；设计高温程序温升试验装置，开展了煤氧化自燃过程中气态产物、温度分布等特征参数测定试验，获取煤自燃的特征参数，监测各种指标气体来评估煤自然发火过程的特征，有助于更加深刻理解煤自燃机理，为煤自燃火灾的精细治理提供理论支撑。

② 矿井火灾巷道环境多参数时空演化规律。在试验研究方面，国内外学者建立了多种尺寸的巷道模拟试验台，研究了灾后烟流、温度、气体组分、火风压等多种物理量的时空变化特点，取得了很大的进展。在全尺寸巷道试验方面，利用全尺寸试验巷道，开展了矿井火源燃烧和瓦斯爆炸试验，研究了平直巷道内空气温度、气体组分、烟流等参数的时空变化规律；在中、小尺寸试验方面，建立了多种尺寸的相似模拟试验台，研究了矿井火灾过程中烟气沿垂直巷道或水平巷道的蔓延扩散规律。西安科技大学防灭火研究团队自主设计搭建了隧道火灾相似模拟试验台，研究了隧道/平直巷道内的火灾烟气、温度等环境参数的时空分布特征，为其他相关研究提供了借鉴。

2. 瓦斯燃烧与爆炸的破坏特征及传播规律

煤矿井下狭长受限空间是瓦斯爆炸危险环境，瓦斯爆炸产生的冲击波和瓦斯燃烧-爆炸火焰的破坏效应极大地威胁救援的安全性。因此，从瓦斯爆炸冲击波破坏效应和瓦斯燃烧-爆炸火焰传播规律两个方面进行阐述。

① 瓦斯爆炸冲击波破坏效应。在受限空间内瓦斯爆炸产生的冲击波不仅破坏巷道通风系统，而且造成井下作业空间坍塌，增加救援难度。近年来，关于瓦斯爆炸冲击波破坏效应（图3-6），有关学者主要研究了瓦斯爆炸火焰与爆炸冲击波的耦合破坏作用，并验证了爆炸火焰被熄灭后可以有效降低爆炸冲击波的破坏效应；通过对气体爆燃产生的爆炸冲击波的理论分析，推导出了爆炸冲击波强度的评估方程，可预测气体爆燃引起的爆炸冲击波强度；对瓦斯等气体爆炸中障碍物如何影响爆炸冲击波的传播规律进行了深入研究，得到了不同障碍物间距和障碍物阻塞率条件下的爆炸冲击波与火焰传播速度曲线，验证了高压爆炸冲击波在有障碍物时的传播规律；指出了空腔消减整体爆炸火焰锋面能力与管道长径比呈正相关关系，当长径比为4时，爆炸火焰锋面衰减因子为0.091，且二次爆炸火焰消失，可明显消减瓦斯爆炸冲击波的破坏效应。

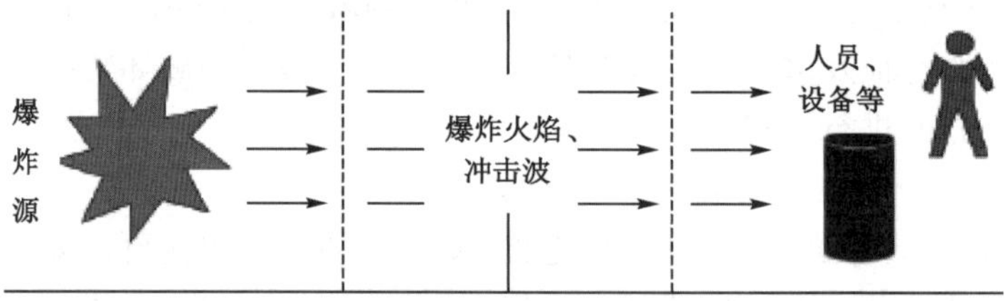

图3-6　瓦斯爆炸冲击波破坏效应示意

② 瓦斯燃烧-爆炸火焰传播规律。在瓦斯燃烧-爆炸火焰传播规律方面，有关学者量化分析了瓦斯空气等爆炸混合物的气体浓度和容器体积对爆炸严重性的潜在影响；分析了在不同类型管道内瓦斯燃烧-爆炸火焰传播的变化规律，结果表明分岔管道内瓦斯爆炸火焰在分岔处产生旋涡，加速管道内爆炸火焰湍流化，火焰冲击反射现象明显，可为深入认识井下

瓦斯爆炸传播机制和安全救援提供科学指导；应用20 L球形爆炸装置研究了一氧化碳对瓦斯空气爆炸混合气体爆炸火焰的影响，并计算出最大火焰传播速度；在瓦斯中加入煤尘后，耦合爆炸相对瓦斯爆炸的火焰传播速度显著提高，且障碍物能明显增大瓦斯煤尘爆炸火焰的传播速度，能显著缩短爆炸火焰到达特定位置的时间。

3. 矿井热动力灾害救援安全性判定

矿井热动力灾害救援安全性研究主要是掌握危险区域以及发生灾变的时空演化规律，为矿井热动力灾害安全救援提供支撑。从瓦斯爆炸和煤自燃复合灾害危险区域判定及热动力灾害救援安全性判定两个方面进行阐述。

① 瓦斯爆炸和煤自燃复合灾害危险区域判定。瓦斯爆炸和煤自燃复合灾害相互影响与促进的关系相当复杂，其危害区域具有模糊性。学者们主要建立了超压预测模型及爆炸后空气温度衰减模型，研究了瓦斯爆炸引发次生灾害的特性参数，分析了瓦斯爆炸热危害区域；数值模拟表明，在未抽采条件下，在采空区中部及回风侧的可能自燃带范围内，瓦斯体积分数分别达1.32%～10.78%和63.18%～67.45%，两者耦合叠加使得该区域存在遗煤自燃引发瓦斯燃烧、爆炸的危险，即存在瓦斯爆炸与煤自燃共生致灾危险区；使用多参数的线性叠加方法确定由瓦斯爆炸与煤自燃耦合引起的危险区域，并得到危险区域随着抽采工作向采空区较深处移动的变化特征。

② 热动力灾害救援安全性判定。对矿井热动力灾害救援安全性判定的研究，主要是从试验模拟和安全评价两个方面开展的。国内外学者通过开展相关模拟试验，研究灾变环境下井下不同位置有毒有害气体浓度、高温烟气和爆炸冲击波的波及范围等参数的变化规律，根据其对人体的危害程度划分危险区域，从而保障遇险矿工生命安全。在安全评价方面，有关学者主要采用层次分析法、灰色评价法、模糊神经网络、基于时间序列数据挖掘等方法开展灾害危险性研究，对矿井救援的安全性判定具有一定的指导意义。

3.9 应急疏散技术

3.9.1 基于Pathfinder的建筑火灾应急疏散

本小节以学生公寓为例论述建筑火灾应急疏散。

1. 学生公寓火灾应急疏散影响因素分析

(1) 高校火灾事故统计

通过对2008—2018年发生的146起高校火灾事故数据进行统计可知，每年的1月、2月、6月、7月、8月是高校火灾的低发期，而3月、9月、11月、12月是高校火灾的高发期。3月、9月是学生返校的高峰期，而11月、12月是冬季取暖用电的高峰期，用电量均会急剧攀升，十分容易引发火灾。学生公寓火灾发生的原因包括违规用电（劣质电器、大功率电气设备）、携带易燃物（蜡烛、蚊香、酒精炉等）、吸烟、线路老化等，其中学生违规用电行为是导致学生公寓火灾频发的重要因素。

(2) 学生公寓火灾应急疏散的鱼骨图分析

鱼骨图又名石川图，在医疗、化工和火灾等方面均有应用。在鱼骨图中，鱼头指向的是特定的研究问题，各个鱼刺代表问题的影响因素种类，鱼刺上的小箭头代表各影响因素。可对鱼骨图进行改进，使鱼骨上鱼刺的粗细程度从鱼头至鱼尾依次减小，从而使鱼骨图更形象地反映各影响因素的重要程度。结合相关调查以及对 146 起事故的统计分析，绘制了学生公寓火灾应急疏散的鱼骨图(图 3-7)。

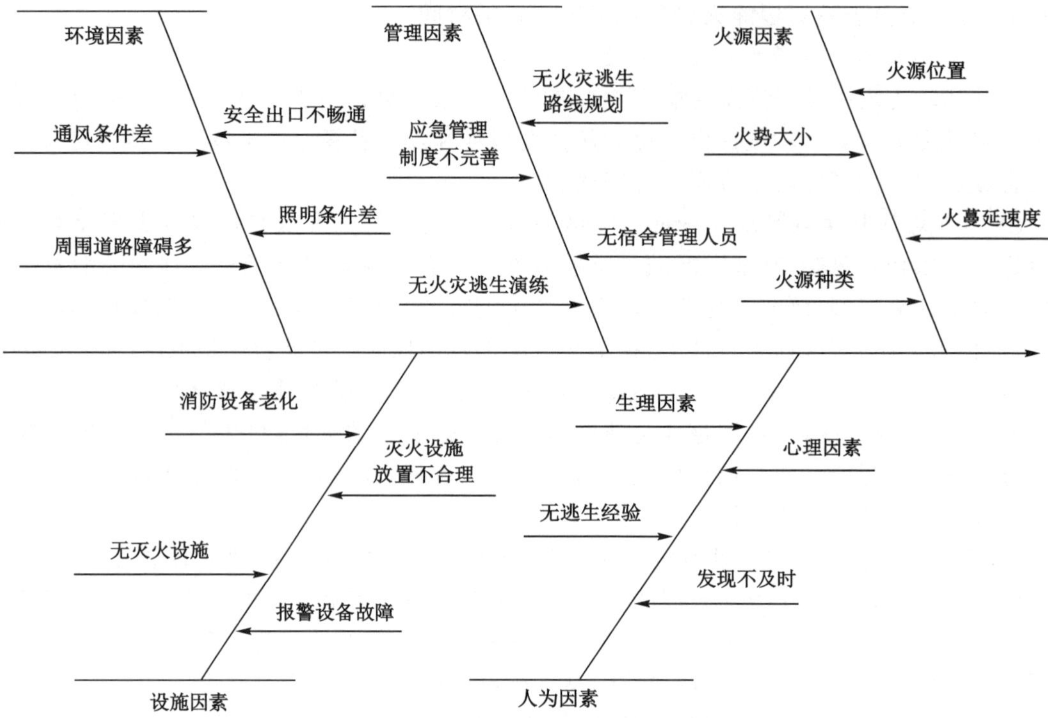

图 3-7　学生公寓火灾应急疏散的鱼骨图

由图 3-7 可知，学生公寓火灾应急疏散的影响因素，按照重要程度可分为火源因素、人为因素、管理因素、设施因素、环境因素五大类。

① 火源因素：学生公寓起火因素众多，如违规用电、携带易燃物、吸烟、线路老化等，而火灾的火势大小、位置等均会影响学生逃生行为、逃生概率。

② 人为因素：学生缺乏消防知识培训和应急疏散演练，消防意识淡薄，应急情况下无法作出正确反应。

③ 管理因素：未制定应急疏散制度、缺乏有效的疏散规划，影响公寓应急疏散。

④ 设施因素：报警、灭火及疏散设备等故障及老化，会影响学生疏散时间，降低逃生概率。

⑤ 环境因素：通风照明不良、安全出口和逃生楼梯等不畅通都会加重疏散过程的人员拥挤情况，延长疏散时间。

(3) 学生公寓人员应急疏散模拟

火源因素对学生公寓人员应急疏散影响显著。着火点位置的不同，会给人员疏散带来很大差异。有关学者采用 Pathfinder 软件重点分析了不同着火点对学生公寓人员应急疏散的影响。

2. 公寓概述及参数设定

(1) 疏散学生公寓概述

某大学学生公寓为6层公共建筑，耐火等级为二级。该公寓建筑高度为16.8 m，单层建筑面积为923.7 m^2，总建筑面积为5 542.2 m^2；共有179间宿舍，均为4人寝室(1楼宿舍管理处为2人寝室)，最多居住人数为714人。

(2) 条件假设与参数设定

学生公寓人员应急疏散模拟的假设条件如下：

① 疏散人员按最多居住人数布置，每间宿舍设置4人(1楼宿舍管理处设置2人)。

② 忽略模拟人员个体差异；假设其意识清醒，行动能力正常。

③ 疏散速度选用Pathfinder软件默认速度1.19 m/s，人员行为模式选用Steering模式。

3. 学生公寓应急疏散模型的建立

根据实际建筑概况以及人员条件设定情况，构建该公寓应急疏散模型。同时，针对不同火源位置进行情景模拟，设置情景如下：

情景一：正常情况下宿舍人员应急疏散过程模拟。

情景二：假设一楼东侧楼梯口起火，其余楼梯正常通行。

情景三：假设二楼东侧楼梯口起火，其余楼梯正常通行。

情景四：假设三楼东侧楼梯口起火，其余楼梯正常通行。

情景五：假设四楼东侧楼梯口起火，其余楼梯正常通行。

情景六：假设五楼东侧楼梯口起火，其余楼梯正常通行。

安全疏散允许时间，是指建筑物发生火灾时人员离开着火建筑物到达安全区域的时间。根据《建筑设计防火规范(2018年版)》(GB 50016—2014)相关规定，该学生公寓疏散允许时间为5～7 min。根据Pathfinder模拟分析结果，六种情景下的人员应急疏散时间结果如表3-2所示。

表3-2 各情景下人员应急疏散时间

情景	第一人出公寓时间/s	全部人员离开公寓时间/s
情景一	9	316.7
情景二	9	592.3
情景三	9	539.8
情景四	9	473.6
情景五	9	411
情景六	9	348

由表3-2可知，情景一即安全情况下，人员疏散时间为316.7 s，而发生火灾时，随着着火点位置由高楼层向低楼层转移，安全疏散时间由348 s增加为592.3 s，增加了70%，超过规范要求的5～7 min。由于一楼涉及所有上层人员疏散问题，通行压力大，因此当火灾发生在一楼楼梯口(情景二)时，对学生公寓的人员疏散时间影响最大。而随着着火点位置的上移，相对影响人数减少，进而对疏散时间的影响减弱。

4. 优化情景仿真模拟

(1) 优化情景

针对上述情景分析中人员疏散的主要问题，设计以下三种优化情景进行 Pathfinder 疏散仿真模拟。情景七：在情景二的情况下使一楼、二楼人员全部于东侧安全出口疏散出去，同时设定三楼、四楼人员走西侧楼梯，通过西侧楼梯疏散到二楼。情景八：在情景七的情况下，在二楼设置外挂楼梯，假设二楼人员全部由外挂楼梯疏散出去，而一楼人员通过东侧安全出口疏散出去，三楼、四楼人员走西侧楼梯到达二楼。情景九：在情景八的情况下，将一楼的窗户改为逃生窗。并设定一楼人员疏散路径以距离最短为主。

(2) 疏散时间优化分析

三种优化情景下的人员应急疏散时间结果如表 3-3 所示。经过人员疏散逃生路径规划后（情景七），人员应急疏散时间减少到 545.8 s，相比无路径规划场景疏散时间减少了 46.5 s，这说明规划人员疏散逃生路径是有成效的，但路径规划后的疏散时间仍不符合规范要求；因此，采用外挂楼梯、逃生窗等设施对疏散进行进一步优化，当在二楼设置外挂楼梯时，人员应急疏散时间进一步减少 81.9 s，为人员安全疏散提供了保障。情景九中，在火灾警报发出后 1.2 s 时，首个疏散人员通过逃生窗撤离公寓，而全部人员安全疏散时间仅为 397.2 s，满足规范要求。通过规划人员疏散逃生路径，设置外挂楼梯、逃生窗等优化措施可以有效缩短人员应急疏散时间，为人员安全撤离提供保障。

表 3-3　优化情景下人员应急疏散时间

情景	第一人出公寓时间/s	全部人员离开公寓时间/s
情景七	9	545.8
情景八	9	463.9
情景九	1.2	397.2

高校学生公寓火灾事故分析表明，学生违规用电行为是导致学生公寓火灾频发的重要因素。可利用鱼骨图分析法从火源因素、人为因素、管理因素、设施因素、环境因素五个方面对学生公寓火灾情景下人员安全疏散的影响因素预先进行理论分析。

Pathfinder 仿真分析表明，随着楼层着火点位置由高楼层向低楼层转移，人员应急疏散时间明显增加。为此提出了规划人员疏散逃生路径，二楼设置外挂楼梯，一楼设置逃生窗的优化设计。模拟表明，优化设计大大缩短了人员应急疏散时间，对于老旧学生公寓人员疏散与应急救援具有重要的参考价值。

3.9.2　公路隧道应急疏散

1. 隧道智能火灾应急与疏散体系

有研究者尝试基于最新的大数据分析体系、快速火灾识别系统、人员辅助诱导疏散技术、先进机器人等较新的、技术相对成熟的手段，建立一套高效可行的隧道智能火灾应急与疏散体系。体系包含多个模块，各模块可相互辅助支持形成体系，也可单独运行完成特定任务目标。可考虑成本等因素优先安装部分模块并预留接口，这样可扩展性较强。

我国公路隧道在日常运营和火灾发生时，对环境和救援信息的感知收集能力存在短板。

一方面，现行火灾报警系统功能较单一，缺少与其他系统的联动，报警后无法动态获取现场实时情况，管理人员难以对灾害程度作出准确判断。另一方面，火灾发生后，烟气快速蔓延导致隧道内能见度快速下降，从而降低疏散引导效率，影响救援疏散工作有效进行。因此，隧道智能火灾应急与疏散体系的组成关键在于数据获取，多组件联动，极短期快速响应以及现场动态监控。

从组成模块上来说该体系应包含：

① 事故数据分析库。

② 日常风险评估预测。

③ 火灾快速识别及报警。

④ 智能疏导与综合系统控制。

⑤ 动态监控与辅助消防。

⑥ 事故数据库更新。

可见，上述模块从既有数据开始，以更新数据结束，经过日常监控—火灾报警—人员疏散—辅助消防等事故节点，最终形成一个闭环体系。

2. 火灾案例库

火灾案例库系统用于存储统计案例信息并辅助应急指挥人员参考相似隧道火灾事故、提供决策依据，对应急人员培训和减少隧道火灾安全隐患具有很大的作用。火灾案例库应收集并分析国内外隧道火灾相关事故信息和数据；以隧道火灾、消防救援、应急处置等为基础关键词，查阅中外文献数据库，对隧道火灾信息进行提取；对提取出的火灾各类信息进行归档，并进行聚类计算；与所在地交通、消防安全部门建立数据共享，对事故发生时的车辆状况、环境信息、人员行动、火灾发展和救援情况进行时间/空间量化，以便机器学习，同时形成的案例也便于管理人员存储、统计、调阅，见图 3-8。

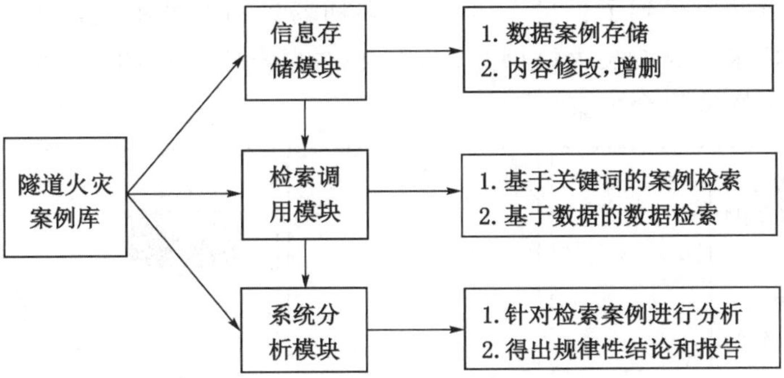

图 3-8 隧道火灾案例库基本构成

3. 隧道日常运营监管与火灾风险动态识别

(1) 日常运营监管

基于隧道内部的可视监控系统与其他信息获取系统，建立隧道日常大数据动态识别系统，辨别收集日常车辆类型、车速、车流等信息。隧道日常大数据动态识别系统主要包括监控模块、通信模块、存储模块、分析模块等部分。

其中，监控模块包括隧道内部的可视监控系统、所在支线的其他监控系统，由多部用于道路监测的摄像机组成。该模块用于日常隧道所在路段的动态监控，为数据的分析、统计提供视频、图像样本。通信模块由无线网络构成，主要用于各模块间视频和数据传输。存储模块用于存储监控模块传输的监控视频以及分析模块汇总统计的数据，以便于调用。分析模块用于提取、采集监控视频中的图像信息，基于目标检测技术和跟踪技术，通过车流量统计、车速检测、车距测量等，实现监控视频的数据化表达，并将数据发送到存储模块保存。

(2) 火灾风险动态识别

通过进一步对已有事故的案例和数据进行风险分析，提取出事故发生时的车辆类型、车流量及环境因素，利用机器学习方法，建立机器学习模型，对隧道当前状态下情况进行预测。根据公路隧道火灾事故分布特征，将收集的事故案例和模拟分析中事故发生时的车辆类型、车流量、车速、隧道尺寸、隧道结构、环境信息(如风速、温度等)等统计成事故车辆及环境因素文件。建立人工神经网络，将当前车辆及环境数据代入，计算当前状态下可能发生何种程度的事故及事故即将发生的概率。如发现当前情况下数据与发生事故时数据状态相似，即发生事故概率较高时，可以根据应急指南，通过限速、限流、通知高危车辆司机等方式提前介入，从而达到降低事故和灾害发生率的目的。

4. 隧道火灾监测及报警

火灾探测器应确保在火灾初期提供预报警，从而尽早启动应急系统。它们的作用在于防止烟气在隧道中大规模扩散，控制/扑灭大火以及协助指挥疏散和消防救援。目前，由于隧道火灾工况的复杂性，单一火灾探测系统存在不足。因此，可以选取两种以上探测器进行交叉监测，从而确保火灾探测准确性和现场信息动态反馈。例如，可选择光栅火灾报警系统、双波长火焰探测系统或视频火灾探测器装置进行交叉监测。其中，基于视频的火灾探测报警系统(图 3-9)在实现火情可视化的同时，可以减少空气环境、风以及障碍物对火灾探测的干扰，通过识别火焰像素和烟雾灰度实现对火灾的早期识别和侦测报警。基于视频的火灾探测报警系统在近些年得到了长足发展，并在多种场景和领域中进行了应用。在隧道环境中使用视频分析技术与双波长火焰探测、光栅火灾报警、吸入式烟气探测等技术结合可以形成可靠高效的火灾探测组合方案。

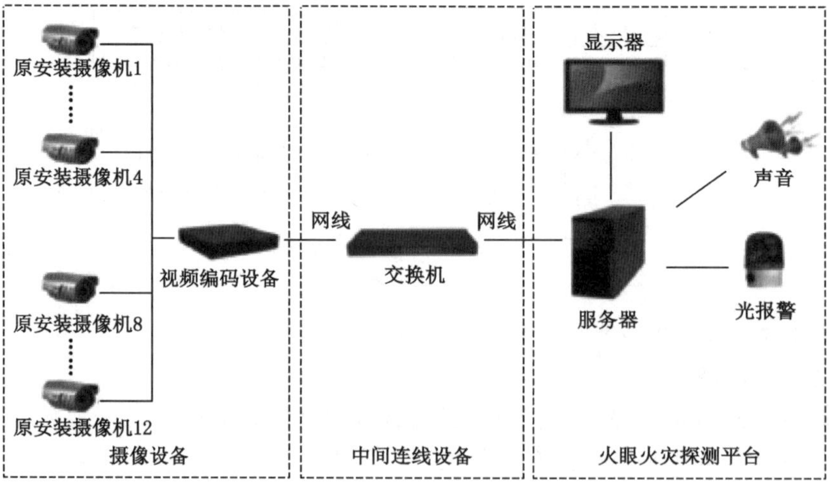

图 3-9　基于视频的火灾探测报警系统

5. 隧道火灾应急响应

(1) 应急快速排烟

浓烟导致的窒息是隧道火灾中人员伤亡的主因，浓烟对人员逃生产生显著的阻碍，排烟控制技术影响人员疏散的安全性。智能隧道防火系统中的应急排烟系统应包括控制室、PLC(可编程逻辑控制器)控制系统、风机和独立排烟阀等，见图 3-10。通过对火源及烟雾的识别，基于 CFD 模型分析技术，利用 FDS 等软件模拟火灾中烟气的流动和热传递过程。以模拟结果为依据，制定不同起火位置和火源类型的通风排烟预案；基于预案控制相应位置风机转速并利用 PLC 控制系统，工作人员可以远程控制，快速准确地开启不同位置的风机设备，进而针对不同火情快速实施不同的通风排烟方式，有效控制起火点附近风速和隧道内烟雾浓度，减少受困人员在烟雾中的滞留时间，大幅改善人员逃生环境。

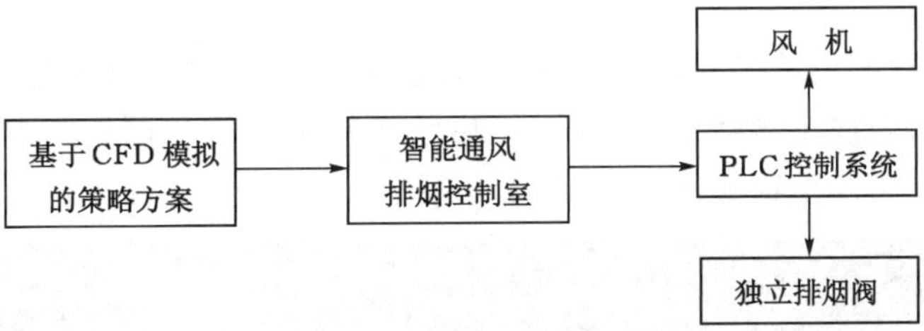

图 3-10 应急排烟系统工作流程

(2) 智能人员疏散引导

隧道发生火灾后，救援无法在第一时间进入现场，更多依靠隧道内部人员自救，从而体现出指挥疏散的重要性。但是，由于人们对公路隧道的合理疏散知识了解较少，面对隧道火灾，多数人或停留在车内观察或直接开车逃跑，易造成不必要的人员伤亡。因此，应加强对隧道消防安全知识的宣传和隧道内的人员疏散引导。目前，隧道火灾发生时主要依靠广播和紧急疏散标识来确保人员安全疏散。依据现行规范制作的疏散标识在烟雾影响下的疏散引导效果并不理想，在复杂环境中应考虑采用超大、高密度、节能高亮的疏散标识。建议引入多类型多光源的指引标识，利用 PLC 控制各独立疏散应急指示和引导指示灯来构建隧道动态智能疏散系统，所需的组件包括基于模拟的疏散预案、应急疏散引导控制室、PLC 控制系统、指示灯、应急广播、轮廓灯、应急照明等，详见图 3-11。在进行引导指示灯选择时，考虑逃生人员心理状况、反应特点和群体运动行为模式，通过疏散模型和必要行为试验确定人员疏散相对最优路径，采用不同的标识亮度、颜色、闪烁频率来引导人群远离火灾区和浓烟区。其中，颜色遵循国家标准中的相关规定，主要采用绿色作为应急疏散标志颜色，但绿色在烟气条件下可见性并不是最好的，因此，除了利用绿色应急指示标识之外，还可加入红色频闪 LED(发光二极管)灯组成应急疏散标识系统。另外，考虑火灾可能会对隧道内电力系统造成损坏，隧道内的疏散标识应有自供电部件。每一个指示标识的电源都应有独立的地址编码，能够和控制器进行通信，以保证在发生火灾时或正常照明断电后进入应急模式，实现灯具应急点亮。

(3) 隧道临时交通控制与车辆引导

当隧道内发生火灾时，对于接近隧道入口的车辆，可利用在隧道洞口外部设置的 LED

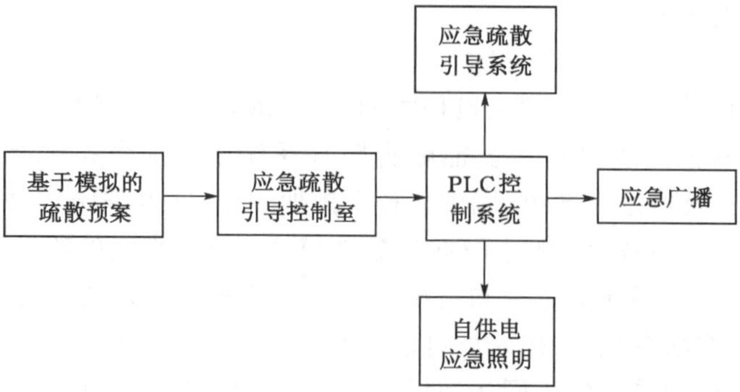

图 3-11　隧道动态智能疏散系统流程

可变信息板或水幕拦截设施等进行警示和交通控制(图 3-12)。可变信息板用于显示隧道内部情况信息,警示来往车辆降低车速,阻止后续车辆继续进入隧道。紧急情况下,可启动水幕拦截设施,阻止后续车辆继续进入隧道。

(a) 隧道前方设置的可变信息板　(b) 水幕拦截设施　(c) 隧道前方动态车辆引导提示

图 3-12　隧道交通控制设施

同时,利用云端系统协同,通过改变交通信号灯指示,引导远端车辆绕行隧道路段。隧道火灾报警系统第一时间将火灾信息反馈至道路交通部门,交通部门利用地图软件获取隧道路段前后的道路车辆信息和交通路况信息,并制定合理绕行路线。将绕行路线信息与交通信号装置联动,将路线信息传送至信号灯,通过信号灯的指示,引导即将进入隧道路段的车辆改变路线,采取绕行方式。

6. 火灾快速处置

(1) 基于无人机群的火源侦查系统

隧道发生火灾时需要尽快掌握现场情况,考虑隧道内监控系统可能因火灾而失效情况,同时道路拥堵车辆无法进入,在消防人员无法深入隧道内部的情况下,利用微型无人机群作为侦测手段,对火源及隧道整体进行快速侦查和监视,帮助救援人员掌握隧道内部火情及人员情况。无人机火源侦查系统由多旋翼无人机、通信模块、侦查监测模块、指挥模块、辅助模块组成。其中,通信模块主要负责无人机导航和避险,以及指挥模块指令的发送及接收、数据的传输等;侦查监测模块是基于无人机群的火源动态侦查系统的核心部分,用于实现火源的搜索、排查及火势动态监测;指挥模块相当于救援现场的指挥中心,通过对实时信息的接收及分析计算,制定救援方案;辅助模块由各类机载部件组成,用于特殊情况下无人机的功能拓展,如照明设备、喊话设备等。

(2) 基于履带式消防机器人的辅助消防系统

在上述火源动态侦察系统快速、精准获取火场信息的基础上，根据火势的大小，消防人员可采取不同方式灭火。若火势较小、可控，且现场环境允许，消防人员可利用灭火器、消防水车、消防栓、喷淋泵等设备设施人工灭火。若火势较大，现场环境复杂，消防人员和消防设备无法进入火场，没有充足水源供给等，就需要借助无人系统辅助消防，以控制火势。比较常见的无人系统消防设备为履带式消防机器人，结合无人机群的火源侦查系统，可以完成隧道火灾的排烟、灭火、送风、降温、清障等任务。

7. 火灾案例库更新及分析改进

建立隧道火灾事故信息汇总系统，用于收集和上传火灾事故信息，并对现有火灾案例库进行更新。

此系统包括安全信息模块、应急救援模块、环境信息模块和实时信息模块 4 个基本部分，见图 3-13。其中，安全信息模块用于监测隧道内各类设备设施，如火灾报警设备、道路监控设备、消防设备和疏散照明设备等是否正常工作，同时，提供隧道工作人员的前期安全培训和应急处置措施，以及隧道内的车速、车流量、车道占有率等交通信息；应急救援模块主要用于汇总消防中心的人员调度情况，消防设施的使用情况及与警方的信息协同，包括警方提供的备案记录、现场车辆及事故人员信息、起火原因等信息；环境信息模块主要用于汇总起火位置、时间，烟雾浓度等信息；实时信息模块主要利用无人机系统和监控拓展功能对火灾进行侦察和监控，实时更新火灾事故现场的视频信息，包括温度、烟雾、能见度等环境信息，消防设施的使用情况及灭火时间和效果，火灾造成的车辆损坏情况，人员疏散情况和灾中人员行动模式等。以隧道火灾事故信息汇总系统收集的火灾相关信息为数据源，对数据进行处理，以信息提取、组群、关联分析和数据可视化等技术为支撑，通过对数据进行深层次分析、自由文本分析和文本信息结构化分析等一系列动态分析，对结果进行各种可视化显示，生成火灾事故分析报告，并进一步提升隧道火灾事故预测质量。

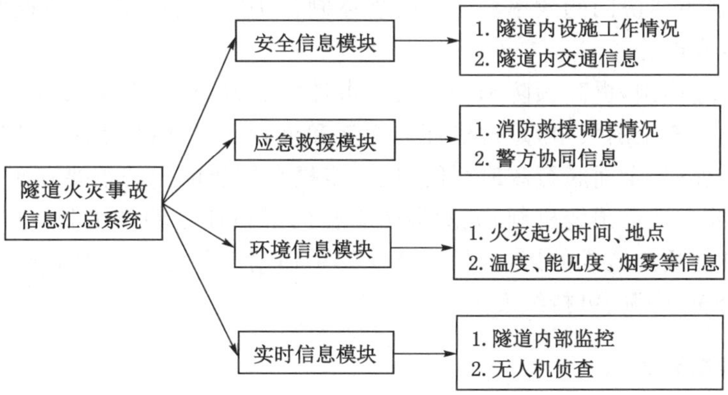

图 3-13 隧道火灾事故信息汇总系统模块

第 4 章　应急管理的体制、机制与法制

4.1　应急管理体制

4.1.1　应急管理体制的概念

体制就是组织方式，组织结构。体制指的是有关组织形式的制度，限于上下之间有层级关系的国家机关、企事业单位。

应急管理体制就是应急管理的组织结构，是指为保障公共安全，有效预防和应对突发事件，避免、减少和减缓突发事件造成的危害，消除其对社会产生的负面影响而建立起来的以政府为核心，其他社会组织和公众共同参与的组织体系。与一般的体制有所不同，应急管理体制是一个开放的体系结构，由许多具有独立开展应急管理活动的单元体构成。

从整体上看，可针对不同类型、不同级别和不同地域范围内的突发事件，快速灵活地构建起相应的应急管理体制。从功能上看，构建应急管理体制的目的在于根据应急管理目标，设计和建立一套组织机构和职位系统，确定职权关系，把内部联系起来，以保证组织机构的有效运转。

我国的应急管理体制以应急管理部为中心建立和完善多主体协同网络，降低多主体协同的难度，提升多主体协同的效率。应急管理体制作为“一案三制”的前提要素是行政管理体制中重要的组成部分。

加强应急管理体制，提高预防和处置突发事件的能力，是关系国家经济社会发展全局和人民群众生命财产安全的大事，是构建社会主义和谐社会的重要内容；是坚持以人为本、执政为民的重要体现；是全面履行政府职能，进一步提高行政能力的重要方面。通过加强应急管理体制，建立健全社会预警机制、突发事件应急机制和社会动员机制，可以最大限度地预防和减少突发事件及其造成的损害，保障公众的生命财产安全，维护国家安全和社会稳定，促进经济社会全面、协调、可持续发展。

4.1.2　应急管理机构设置

1. 应急管理机构设置回顾

中华人民共和国成立之初至改革开放前(1949—1978 年)，主要以临时性应急指挥部的管理为主。比如 1952 年设立的中央防疫委员会，由周恩来总理担任委员会主任，后改称中央爱国卫生运动委员会；再如 1969 年设立的中央地震工作小组，2 年后改组成国家地震局。该阶段的应急管理机制主要以单灾种管理为主，针对特定灾种的管理具有单一性的特征。

改革开放至"非典"事件前(1978—2003 年),在自然灾害防治方面,中央设立了旱灾、海洋、地震、气象等相关研究机关,同时设有中国国际减灾委员会等机构。在事故灾难防治方面,中央成立了全国安全生产委员会。在公共卫生事件防治方面,1978 年重新成立了中央爱国卫生运动委员会,以防疫站建设为基点,并配备卫生人员、基础医疗设施等。直至 1993 年 8 月,"应急管理"首次出现在官方文件中,"分类分级"的应急管理模型初现,但仍存在机构膨胀、效率较低的现象。整体来看,政府重视程度较高,处于低效探索的阶段。

"非典"事件至"一案三制"的完成(2003—2008 年),2003 年之前的应急管理体制是碎片化的,各个应急部门的职责和相应的资源相互分离,各部门、地区之间缺少联动性。2003 年,"非典"疫情暴发,给中国公共卫生体系乃至整个应急体制敲响了警钟,党中央和国务院首次明确指出政府要注重非常态管理。当时,应急管理机构设在各部门内部并依靠国务院的应急决策,构建应急管理体制、安全管理体系与部门间议事协调机构的关系,成为该时期的一个明显特点。2003 年国务院办公厅成立应急预案工作小组,"一案三制"工作正式启动。2005 年国务院要求各级政府成立相应的应急管理机构,2016 年国务院应急管理办公室成立。"一案三制"体系的基本建立,为部门机构提供了行动指南。同时,建立和完善了应对各类灾害的机制,为协调管理奠定基础,由单一灾种应对基本转向了多灾种应急管理,是中国应急管理改革进程中的里程碑。

"一案三制"完成至党的十八大前夕(2008—2012 年),2008 年,南方罕见雨雪冰冻灾害、汶川大地震的发生仍让我国应急管理略显局促,暴露了灾害预警和物资匹配等方面的不足。2008 年,国务院机构改革增加了社会管理服务职能 140 余项,目的在于切实维护群众切身利益。2010 年,中国救灾应急装备领域的首个国家级科技平台成立。2012 年,《国家地震应急预案》规定:国务院抗震救灾指挥部负责统一领导、指挥和协调全国抗震救灾工作。该阶段的应急管理工作在制度上更加趋向于向应急联动转变,并且规定国务院抗震救灾指挥部负责牵头进行统一的管理,从国家政府层面提高应急保障能力和加强救援力量,将原本分散的职能部门进行整合,优化信息传达、物资调配、救援力量等各个方面。

党的十八大至今(2012 年—现在),中央国家安全委员会的设立和应急管理部的成立是党的十八大以来应急管理建设中的两个重大事件,具有十分重要的意义。该时间段的应急管理建设内容主要围绕职能整合、统一管理、协调高效的中心思想。2013 年,中央国家安全委员会的成立,由中共中央总书记习近平任主席,更加有利于提高国家在面临各种安全危机时的能力,同时体现着党中央对国家安全的高度重视和我国捍卫国家安全的意志。2018 年 3 月,应急管理部在国务院机构改革中成立。应急管理部的成立将分散的机构及职能整合起来,更有利于发挥党中央统筹指导和地方政府主体协调相结合的作用,同时能够提高专业救援能力,实现应急救援力量的快速分配以及信息的有效整合,形成整合式管理大局。党的十九大之后,整体形成了以总体国家安全观为导向的、国务院安全生产委员会和应急管理部为指导的、党政同责的、相关部门及职责统一的整体性治理,实现了应急管理统一指挥、权责一致的制度框架,向着更加专业化、常态化、全过程转变。

2. 新时代的应急管理机构设置

在自然灾害和事故灾难领域,新时代中国特色应急管理机构设置是:应急管理部→省级应急管理厅→市级应急管理局→县(局、办)→乡镇(站、所)。如中华人民共和国应急管理部→辽宁省应急管理厅→阜新市应急管理局→阜新蒙古族自治县应急管理局→××乡(镇)应急管理站(所)。

(1) 中华人民共和国应急管理部机构设置

议事机构:国家防汛抗旱总指挥部,国务院抗震救灾指挥部,国务院安全生产委员会,国家森林草原防灭火指挥部,国家减灾委员会。

机关司局:办公厅,应急指挥中心,人事司,教育训练司,风险监测和综合减灾司,救援协调和预案管理局,火灾防治管理司,防汛抗旱司,地震和地质灾害救援司,危险化学品安全监督管理一司,危险化学品安全监督管理二司,安全生产执法和工贸安全监督管理局,安全生产综合协调司,救灾和物资保障司,政策法规司,国际合作和救援司,规划财务司,调查评估和统计司,新闻宣传司,科技和信息化司,机关党委,离退休干部局。

派驻机构:中央纪委国家监委驻应急管理部纪检监察组。

部属单位:国家矿山安全监察局,中国地震局,消防救援局,森林消防局,国家安全生产应急救援中心。

(2) 辽宁省应急管理厅机构设置

处室设置:办公室(国际合作处),政策法规处,综合处,行政审批处,规划和科技处,调查评估和统计处,应急指挥中心,非煤矿山安全监督管理处,危险化学品安全监督管理处,制造业安全监督管理处,安全生产行业协调处,安全生产执法局,铁路道口和机场净空管理办公室,救援协调和预案管理处,救灾和物资保障处,风险监测和综合减灾处,地震和地质灾害救援处,火灾防治管理处,防汛抗旱处,机关党委办公室(人事处)。

直属单位:辽宁省安全生产服务中心(辽宁省减灾救灾物资保障中心)。

(3) 阜新市应急管理局机构设置

内设机构:防震减灾科,调查评估与救灾物资保障科,火灾防治与防汛抗旱协调科,行政审批科(执法监督办公室),危险化学品安全监督管理科,制造业安全监督管理科,非煤矿山安全监督管理科,规划科技与风险监测科,安全生产协调考核科,应急指挥中心,机关党委办公室(人事教育培训科),办公室(市铁路道口安全管理办公室)。

直属单位:阜新市应急管理事务服务中心。

(4) 阜新蒙古族自治县应急管理局机构设置

综合办公室,非煤矿山安全监督管理办公室,煤矿安全管理办公室,规划科技与风险监测办公室,应急救援指挥中心,制造业安全监督管理办公室和危险化学品安全监督管理办公室。

4.1.3 应急管理力量

我国应急救援力量主要包括国家综合性消防救援队伍、各类专业应急救援队伍和社会应急力量,军队非战争军事行动力量纳入国家应急力量体系建设。

1. 国家应急力量

(1) 发展历史

公安消防部队:中国的消防现役制起于 1965 年。在此之前,消防属于公安消防民警队伍。1965 年 5 月起,全国公安消防民警队伍小队长(班长)以下都实行了义务兵役制,经过"文革"时期的消防军管期后,1976 年中央又决定消防中队干部实行现役制,至此,整个消防队伍基本实现现役化。1982 年 6 月,中国人民武装警察部队成立,与此同时也代表着武警消防部队警种的诞生。1985 年 8 月，公安部将全国消防部队从中国人民武装警察部队划出，归各级公安机关领导。至此，较长时间以来，消防部队归属武警序列，由公安机关领导与指挥。2018 年 3 月 21 日，中共中央印发《深化党和国家机构改革方案》，公安消防部队不再列武警部队序列，全部退出现役，现役编制全部转为行政编制。2018 年 10 月 9 日上午 10 时举行“公安消防部队移交应急管理部交接仪式”。

武警森林部队：担负森林防火、灭火任务的武警部队。其前身是中国人民解放军野战部队，于 1948 年组建，1978 年实行义务兵役制，1988 年列入武警部队编制序列并改现名，1999 年归武警总部和国家林业主管部门领导。2018 年 3 月 21 日，中共中央印发的《深化党和国家机构改革方案》要求，将武警森林部队移交国家相关职能部门并改编为非现役专业队伍。武警部队不再领导管理武警黄金、森林、水电部队。按照先移交后整编的方式，将武警黄金、森林、水电部队整体移交国家有关职能部门，官兵集体转业改编为非现役专业队伍。武警森林部队转为非现役专业队伍后，现役编制转为行政编制，并入应急管理部，承担森林灭火等应急救援任务，发挥国家应急救援专业队作用。

中华人民共和国综合性消防救援队伍：2018 年 10 月，根据中共中央《深化党和国家机构改革方案》，公安消防部队（武警消防部队）、武警森林部队退出现役，成建制划归应急管理部，组建成立综合性消防救援队伍。中华人民共和国综合性消防救援队伍是我国应急救援的主力军和国家队，承担着防范化解重大安全风险、应对处置各类灾害事故的重要职责。

（2）组织机构

中华人民共和国综合性消防救援队伍建立统一高效的领导指挥体系。应急管理部设立消防救援局、森林消防局，分别作为消防救援队伍、森林消防队伍的领导指挥机关。

消防救援队伍主要承担城乡综合性消防救援和火灾预防、监督执法以及火灾事故调查相关工作，负责调度指挥相关灾害事故救援行动，在各省（自治区、直辖市）设消防救援总队，市（地、州、盟）和直辖市城区设消防救援支队，县（市、区、旗）设消防救援大队和若干消防救援站。

森林消防队伍主要承担森林和草原火灾扑救、抢险救援、特种灾害救援以及森林和草原火灾预防、监督执法、火灾事故调查相关工作，负责指挥调度相关救援行动。在内蒙古、吉林、黑龙江、福建、四川、云南、西藏、甘肃、新疆 9 个省（自治区）设森林消防总队，在总队下设支队、大队、中队。

（3）授旗仪式

2018 年 11 月 9 日，国家综合性消防救援队伍授旗仪式在人民大会堂举行。中共中央总书记、国家主席、中央军委主席习近平向国家综合性消防救援队伍授旗并致训词，代表党中央向全体消防救援人员致以热烈的祝贺。他强调，组建国家综合性消防救援队伍，是党中央适应国家治理体系和治理能力现代化作出的战略决策，是立足我国国情和灾害事故特点、构建新时代国家应急救援体系的重要举措，对提高防灾减灾救灾能力、维护社会公共安全、保护人民生命财产安全具有重大意义。国家消防救援队伍要对党忠诚、纪律严明、赴汤蹈火、竭诚为民，在人民群众最需要的时候冲锋在前，救民于水火，助民于危难，给人民以力量，为维护人民群众生命财产安全而英勇奋斗。

2. 各类专业应急救援队伍

各类专业应急救援队伍主要由地方政府和企业专职消防、地方森林（草原）防灭火、地震和地质灾害救援、生产安全事故救援等专业救援队伍构成，是国家综合性消防救援队伍的重要协同力量，担负着区域性灭火救援和安全生产事故、自然灾害等专业救援职责。另外，交通、铁路、能源、工信、卫生健康等行业部门都建立了水上、航空、电力、通信、医疗防疫等应急救援队伍，主要担负行业领域的事故灾害应急抢险救援任务。

3. 社会应急力量

每当灾害事故发生时，消防救援队总是第一时间到达现场，但还有一群特殊的人，也在现场紧急救援，这支特殊的队伍就是社会救援组织。我国社会救援组织正在迅速壮大，他们也许没有特别先进的设备和充足的资金，却带着真诚的心去帮助处于困境的人们。下面介绍当前国内规模较大的社会救援组织。

（1）蓝天救援队

蓝天救援队是中国民间专业、独立的纯公益紧急救援机构，成立于2007年，英文全称：BLUE SKY RESCUE（简称BSR）。山野救援、城市救援、水域救援、自然灾害救援、安全生产事故救援、意外事故救援……无论是台风、地震、洪水等自然灾害，还是火灾等事故，都在蓝天救援队的救援范围。蓝天救援队自2007年成立以来，在全国及全球的灾害、灾难面前，都留下了他们那抹蓝色的身影。

（2）红箭救援队

红箭救援队是国家民政部门依法批准成立的从事全国性紧急救援服务的专业救援机构。该队在全国多个省市设有分队，总队（总部）位于首都北京。红箭救援队是经政府民政机关批准成立的应急救援专业领域社会组织，是应急救援专业技能培训考评工作专业机构，是抢险救灾、紧急救援、社会救助专业工作队。

（3）北极星救援队

北极星救援队于2009年5月12日成立，是福建厦门的一支民间自发组织的山地救援队，已成为厦门红十字会与厦门团市委下属山地救援队，厦门110联动救援队，壹基金救援联盟成员。

（4）公羊队

公羊队创建于2008年5月，全称为浙江省公羊会公益救援促进会，是公羊会下属的一支专业执行应急救援任务的志愿者队伍。公羊队专门开展户外山林山难应急救援、突发性城市应急救援、国家次生灾害抗险救援，以及城市走失失智老人搜寻救助等公益救援行动。

（5）绿野救援队

绿野救援队作为中国最早开展户外公益救援活动的民间组织之一，始建于2003年年底，由一批热心公益事业的绿野网友自发组建。绿野救援队的目标是在出现求救信息时，能够及时派出相应人员前往救助，并且通过宣传户外救护知识减少户外危险的发生。

（6）蓝豹救援队

蓝豹救援队成立于2013年10月25日，是国内首个由全国性公募基金会直接设立的、由专业志愿者参与的民间救援救灾力量。

（7）中安救援队

中安救援队成立于2011年5月，是由一批专业救援队队员发起并组成的一个从事野外遇险、自然灾害等紧急情况救援的公益性团体。

（8）深圳山地救援队

深圳山地救援队经深圳市体育局批准，是深圳市登山户外运动协会的分支机构，接受深圳市人民政府相关职能部门的业务指导和监督管理。深圳山地救援队下设山地救援委员会、信息指挥中心、技术部、培训部、特勤部、搜救中队和行政外联部等部门，所有队员均为志愿者。

（9）南北道无线电救援队

南北道无线电救援队成立于 2014 年 8 月 6 日，是目前山东地区非专业救援的民间公益组织。南北道无线电救援队是国内首支以公益道路救援为主体的志愿者队伍，以无线电、QQ 群为信息传递载体，进行力所能及的道路公益救助。

（10）壹基金救援联盟

壹基金救援联盟是从汶川大地震救援中诞生的中国第一个专业的民间救援联盟。壹基金救援联盟的主要工作是联合全国各地的志愿救援力量，逐步完善、整合、扩大救援队伍，普及公众安全和救生常识，以更好地配合政府应对和防治各种灾害，开展救援工作。

我国社会救援力量具有资源丰富、贴近一线、组织灵活的优势，其发展速度快、参与热情高、活动范围广、服务领域宽，在灾害事故应急救援中发挥着日益重要的作用，是我国应急体系不可或缺的重要组成部分。

4. 突击力量

人民解放军和武警部队是我国应急处置与救援的突击力量，担负着重特大灾害事故的抢险救援任务。

4.1.4　应急管理体制的内涵

① 应急管理体制是经过应急管理实践检验并证明行之有效的、较为固定的方法。任何组织的工作机制，不因组织负责人的变动而随意变动，而单纯的工作方式、方法是可以根据个人主观意识而改变的。

② 应急管理体制本身含有制度因素，并且要求所有相关人员严格遵守，而单纯的工作方式、方法往往体现为个人做事的一种偏好或经验。如监督机制，不仅指人人必须遵守的制度，而且应该包括各种监督的手段和方法。

③ 应急管理体制是比一般制度更具有刚性的“制度”。制度虽然要求所有人都应当遵守，但它仍保留有一定的自由裁量空间，或者说，制度在执行过程中具有一定弹性。但是，应急管理体制则是一种带强制性的制度。

④ 应急管理体制是在各种方式方法基础上总结和提炼出来的，并经过加工使之系统化、科学化的方法。而单纯的工作方式方法则因人而异，并不要求上升到理论高度。

⑤ 应急管理体制一般是依靠多种方式方法共同作用来运作的，而一般方式方法可以是单一起作用的。例如，建立起各种工作机制的同时，还应有相应的激励机制、动力机制、制衡机制和监督机制来保证工作的落实、推动、纠错、评价等。

4.1.5　应急管理体制的特征

应急管理作为政府的社会管理和公共服务职能，既有与其他组织管理职能相同的特征，又有不一样的特征。

1. 组织集权化

突发事件的不确定性、破坏性和扩散性，决定应急管理的主体行使处置权力必须快速、高效，因而要求整个组织严格按照一体化集权方式管理和运行，上下关系分明，职权明确，有令必行，有禁必止，奖罚分明。强调统一领导、统一指挥、统一行动的一体化集权管理。

2. 职责双重性

在各国现阶段的应急管理实践中，除了部分应急管理人员从事专业应急管理工作，大多数应急管理参与主体来自不同的社会领域和工作部门，在正常情况下，他们从事社会的其他工作，只有在应急管理工作需要时，才参与应急管理活动，担负应急管理方面的职责。

3. 结构模块化

应急管理组织中每个单元体都有类似的内部结构和相似的外部功能，是一个独立的功能体系，由不同单元体系组成的功能体系也具有相似的结构和功能，具有模块化的组织结构。遇有不同类型、不同级别和不同区域的突发事件时，可通过灵活快速的单元体组合，形成相应的应急处置体系。

4.1.6 应急管理体制的基本原则

1. 统一领导

在突发事件应对处理的各项工作中，必须坚持由各级人民政府统一领导，成立应急指挥机构，实行统一指挥。各有关部门都要在应急指挥机构的领导下，依照法律、行政法规和有关规范性文件的规定，开展各项应对处置工作。

2. 综合协调

在突发事件应对过程中，参与主体是多样的，既有政府及其组成部门，也有社会组织、企事业单位、基层自治组织、公民个人和国际援助力量。必须明确有关政府和部门的职责，明确不同类型突发事件管理的牵头部门和单位，同时，其他有关部门和单位提供必要的支持，形成各部门协同配合的工作局面。

3. 分类管理

每一大类的突发事件应由相应的部门实行管理，建立一定形式的统一指挥体制。不同类型的突发事件依托相应的专业管理部门，由该部门收集、分析、报告信息，为政府决策机构提供有价值的决策咨询和建议。

4. 分级负责

对于突发事件的处置，不同级别的突发事件需要动用的人力和物力是不同的。无论哪一种级别的突发事件，各级政府及其所属相关部门都有义务和责任做好监测和预警工作。地方政府平时应做好信息的收集、分析工作，定期向上级机关报告相关信息，对可能发生的突发事件进行监测和预警。分级负责原则明确了各级政府在应对突发事件中的责任。

5. 属地管理为主

强调属地管理为主，是由于突发事件的发生地政府的迅速反应和正确、有效应对，是有效遏止突发事件发生、发展的关键。必须明确地方政府是发现突发事件苗头、预防发生、先行应对、防止扩散的第一责任人，赋予其统一实施应急处置的权力。出现重大突发事件时，地方政府必须在第一时间采取措施控制和处理，及时、如实向上级报告，必要时可以越级报告。当出现本级政府无法应对的突发事件时，应当马上请求上级政府直接管理。

4.2　应急管理机制

4.2.1　应急管理机制的内涵

机制是指各要素之间的结构关系和运行方式。机制由有机体喻指一般事物，重在事物内部各部分的机理即相互关系，泛指一个工作系统的组织或部分之间相互作用的过程和方式。

从实质内涵来看，应急管理机制是一组以相关法律、法规和部门规章为基础的政府应急管理工作流程。从外在形式来看，应急管理机制体现了政府应急管理的各项具体职能。

从工作重点来看，应急管理机制侧重在突发事件的防范、处置和善后的整个过程中，相关部门和人员如何更好地组织和协调各方面的资源和能力，来更好地防范与处置突发事件。

从功能目标来看，应急管理机制建设通过在突发事件预防、处置到善后的全过程管理中，规范应急管理工作流程，完善相关工作制度，推动应急管理逐步走上规范化、系统化、科学化的轨道。

从相互关系来看，应急管理机制是以“一案三制”为核心的应急管理体系的强大动力和重要支撑，是应急预案、应急管理体制（侧重应急管理组织体系）和应急管理法制的具体化、动态化、规范化。具体化，指法律法规和应急预案的相关规定，最终要落实和细化为具体、翔实、规范的工作流程和制度规范；动态化，指各种静态的应急管理组织和法规，必须通过各种动态的机制才能运转起来，发挥积极的功能；规范化，指开发和优化工作流程和制度，用各种制度性规范来代替各种临时性行为，做到职责明确、流程优化、运转协调。如果把应急管理体制看作人机系统中的“硬件”，则应急管理机制相当于人机系统中的“软件”。通过软件的作用，应急管理机制能让应急管理体制按照既定的工作流程正常运转起来，从而发挥体制应有的积极功效。

4.2.2　应急管理机制

结合中国的国情、政情和中国应急管理的工作实际，可把中国应急管理机制主要分为如下九个大的机制：

一是预防与应急准备机制。通过预案编制管理、宣传教育、培训演练、应急能力和脆弱性评估等，做好各种基础性、常态性的管理工作，从更基础的层面提高应急管理水平。

二是监测预警机制。通过危险源监控、风险排查和重大隐患治理，尽早发现产生突发事件苗头的信息并及时预警，减小事件产生的概率及减少事件可能造成的损失。

三是信息传递机制。按照信息先行的要求，建立统一的突发事件信息系统，有效整合现有的应急资源，拓宽信息报送渠道，规范信息传递方式，做好信息备份，实现上下左右互联互通和信息的及时交流。

四是应急决策与处置机制。通过信息搜集、专家咨询来制定与选择方案，实现科学果断、综合协调的应急决策和处置，以最小的代价有效处置突发事件。

五是信息发布与舆论引导机制。在第一时间主动、及时、准确地向公众发布警告以及有关突发事件和应急管理方面的信息，宣传避免、减轻危害的常识，提高主动引导和把握舆论的能力，增强信息透明度，把握舆论主动权。

六是社会动员机制。在日常和紧急情况下，动员社会力量进行自救、互救或参与政府应急管理行动，在应急处置过程中对民众善意疏导、正确激励、有序组织，提高全社会的安全意识和应急机能。

七是善后恢复与重建机制。积极稳妥地开展生产自救，做好善后处置工作，把损失降到最低，让受灾地区和民众尽快恢复正常的生产、生活和工作秩序，实现常态管理与非常态管理的有机转换。

八是调查评估机制。遵循公平、公开、公正的原则，引入第三方评估机制开展应急管理过程评估、灾后损失和需求评估等，以查找、发现工作中的问题和薄弱环节，提出防范和改进措施，不断完善应急管理工作。

九是应急保障机制。建立人、财、物等资源清单，明确资源的征用、调用、发放、跟踪等程序，规范管理应急资源在常态和非常态下的分类与分布、生产和储备、监控与储备预警、运输与配送等，实现对应急资源供给和需求的综合协调与配置。

4.3 应急管理法制

4.3.1 应急管理法制的概念

应急管理法制是“一案三制”的保障要素。由于非常态与常态是两种截然不同的状态，在正常社会状态下运行的法律法规无法完全覆盖紧急状态下的全部特殊情况，需要有应急法律法规来填补空白。

应急管理法制，是指针对突发事件及其引起的紧急情况，制定或认可的处理国家权力之间、国家权力与公民权利之间、公民权利之间各种社会关系的法律规范和原则的总称。应急管理法制是一个国家法律体系的基本组成部分。

4.3.2 应急管理法制的特征

与常规状态下的法律运行机制相比，应急管理法制具有如下特征：

(1) 权力优先性

在紧急状态下，与立法、司法等其他国家权力及法定的公民权利相比，行政紧急权力具有更大的权威性和某种优先性，如可以限制或暂停某些限定或法定公民权利的行使。

(2) 救济有限性

在紧急状态下，政府依法行使行政紧急权力有时会对公民合法权益造成损害。有些损害可能是普遍而巨大的，政府可只提供有限的救济，如适当的补偿(但不得违背公平负担的原则)。

(3) 紧急处置性

在紧急状态下，即使没有针对某种特殊情况的具体法律规定，政府也可以进行紧急处置，以防止公共利益和公民权利受到更大损害。

(4) 社会配合性

在紧急状态下，社会组织和公民有义务配合政府实施行政紧急权力，且在必要时提供各种帮助。

(5) 程序特殊性

在紧急状态下，行政紧急权力的行使可遵循一些特殊的法定程序，如可通过简易程序紧急出台某些政令和措施，或者对某些政令和措施的出台设置更高的事中或事后审查门槛。

4.3.3　应急管理法制的功能

现代法治国家，通过应急管理法制建设，防止在紧急状态下出现权力和权利的完全失衡，使行政紧急权力的行使合法化，使公民的基本权利得到保障。

1. 规范行政紧急权力的行使

在应急响应期间，为保证应急活动的顺利进行，使政府能够统一指挥和协调人力、物力、财力及各种资源，应急法律法规需要赋予政府行政紧急权力，以便采取更加有效的措施，尽快地恢复生产、生活和社会秩序，降低危害程度。然而，政府在动用来自法律授权而在正常社会状态下不能行使的行政紧急权力时，若不加以限制，则可能出现行政紧急权力的不恰当使用情况，因此，应对政府的行政紧急权力予以必要的制约，即应急法律法规在授予政府行政紧急权力的同时要附加行政紧急权力的行使条件。

2. 权衡政府权力和公民权利

法治是一种权力和权利得到合理配置的社会状态。在紧急状态下，正常社会状态下权力和权利的制衡条件会被打破，两者的比例关系可能发生重大变化，出现新的配置，政府的权力会得到强化，而公民的权利则会受限。应急法律法规，一方面要有利于政府采取有效措施，控制和消除紧急状态，尽快恢复正常的生产、生活和社会秩序，使行政紧急权力的行使合法化；另一方面要保障公民基本权利不受侵犯，防止出现权力和权利的完全失衡，使在紧急状态下政府权力和公民权利仍能保持最大限度的合理配置。

3. 保障公民的合法权利

在紧急状态下，因为情势所迫，公民的部分正当权利可能受到一定的限制，有可能被要求履行正常社会状态下的法律法规没有规定的义务，而对公民权利的限制只能由法律法规来规定。因此，应急法律法规要对此作出相应的规定，同时应对公民的权利保障底线作出明确规定，以免公民的基本权利受到侵害。

4.3.4　常见的应急法律法规

常见的应急法律法规有：

①《中华人民共和国突发事件应对法》；

②《中华人民共和国安全生产法》；

③《中华人民共和国职业病防治法》；

④《中华人民共和国消防法》；

⑤《中华人民共和国特种设备安全法》；

⑥《中华人民共和国石油天然气管道保护法》；

⑦《中华人民共和国环境保护法》；

⑧《中华人民共和国矿山安全法》；

⑨《中华人民共和国建筑法》。

2007 年 11 月 1 日开始施行的《中华人民共和国突发事件应对法》(以下简称《突发事件应对法》)是国家进一步加强应急管理法制建设的重要举措，成为中华人民共和国成立以来第一部为应对各类突发事件而制定的综合性法律，促使我国基本形成了以宪法为依据、以《突发事件应对法》为核心、以相关法律法规和规章为基础的应急管理法律体系。

1.《突发事件应对法》的立法背景

我国是一个自然灾害、事故灾难等突发事件较多的国家，频繁发生的突发事件，给人民群众的生命财产造成了巨大损失。对此，党和国家高度重视，积极主动地预防、及时有效地处置，最大限度地减少各类突发事件的发生及造成的损失，对保护人民生命财产安全发挥了重要作用。为此，党的十六届三中全会明确提出了“建立健全各种预警和应急机制，提高政府应对突发公共事件和风险的能力”的要求，并开始着手国家各类应急预案的编制和有关法律的立法工作。

应对突发事件工作中存在以下突出问题：

① 应对突发事件的责任不够明确，统一、协调、灵敏的应对体制尚未形成。

② 一些行政机关应对突发事件的能力不够强，危机意识不够高，依法可采取的应急措施不够充分、有力。

③ 应对突发事件的制度、机制不够完善，使得一些突发事件未能得到有效预防，有的突发事件引起的社会危害未能及时控制。

④ 社会广泛参与应对工作的机制还不够健全，公众的危机意识、自我保护意识、自救与互救的能力不强。

2.《突发事件应对法》的基本内容

① 从制度上预防突发事件的发生，详细规定了突发事件的预防、应急准备、监测、预警等制度。

② 授予政府充分的应急权力，并对其权力行使进行规范，规定政府应对突发事件可采取的各种必要措施，明确权力行使的规则和程序。

③ 规定了有关单位和个人在突发事件全过程中的法定义务，确定了公民权利限制和保护的比例原则。

④ 建立了统一领导、综合协调、分类管理、分级负责、属地管理为主的应急管理体制。

3.《突发事件应对法》的立法宗旨和适用范围

《突发事件应对法》立法宗旨是预防和减少突发事件的发生，控制、减轻和消除突发事件引起的严重社会危害，规范突发事件应对活动，保护人民生命财产安全，维护国家安全、公共安全、环境安全和社会秩序。适用范围是应对突发事件的全过程。

4.《突发事件应对法》的主要特点和责任义务

① 坚持效率优先，赋予政府多项应急权力。该法规定了自然灾害、事故灾难、公共卫生事件和社会安全事件发生后，履行统一领导职责的人民政府可以采取的多项应急处置措施，并授权政府可依法严惩扰乱市场秩序和社会秩序的行为。

② 八条处分规定，对不履行职责和造成后果的行为给予处分。该法规定了地方各级人民政府和县级以上各级人民政府有关部门违反该法规定，不履行法定职责的，对直接负责的主管人员和其他直接责任人员依法给予处分，明确了应给予处分的行为。

③ 限制与保护相统一，最大限度保护公民权利。突发事件往往具有社会危害性，政府固然负有统一领导、组织处置突发事件应对的主要职责，同时社会公众也负有义不容辞的责任。该法对有关单位和个人在突发事件预防和应急准备、监测和预警、应急处置和救援等方面服从指挥、提供协助、给予配合、必要时采取先行处置措施的法定义务作出了规定。同时，为了保护公民的权利，该法还确立了比例原则，并规定了征用与补偿等制度。

④ 早发现、早报告、早预警，不得迟、谎、瞒、漏报突发事件信息。突发事件的早发现、早报告、早预警，是及时做好应急准备、有效处置突发事件、减少人员伤亡和财产损失的前提。对此，该法明确规定了单位和个人报送、报告突发事件信息的责任和义务。

⑤ 应急信息主动公开，政府须统一、准确、及时发布相关信息。该法对政府主动公开相关信息作出了规定，体现了依法公开政府信息，确保公众知情权的法律原则。

⑥ 处罚虚假宣传，编造、传播有关突发事件事态发展或应急处置工作虚假信息将被处罚。该法对单位和个人编造、传播突发事件信息的行为进行约束，并规定了相应责罚。

总体而言，《突发事件应对法》是我国应急管理长期实践的高度总结，从法律层面确立了我国应急管理体制，明确了政府在应急管理中的主体地位和作用，规定了社会、公民参与突发事件应对活动的责任、权利和义务，并推动了政府应急管理体系建设。

第5章 应急预案

应急预案是指面对突发事件如自然灾害、重特大事故、环境公害及人为破坏的应急管理、指挥、救援计划等。它一般应建立在综合防灾规划上。其几大重要子系统为:完善的应急组织管理指挥系统;强有力的应急工程救援保障体系;综合协调、应对自如的相互支持系统;充分备灾的保障供应体系;体现综合救援的应急队伍等。应急预案是应急管理的龙头,是“一案三制”的起点。应急预案具有应急规划、纲领和指南的作用,是应急理念的载体。

2006年,国务院发布的《国家突发公共事件总体应急预案》是全国应急预案体系的总纲,明确了各类突发公共事件分级分类和预案框架体系,规定了国务院应对特别重大突发公共事件的组织体系、工作机制等内容,是指导预防和处置各类突发公共事件的规范性文件。

5.1 应急预案的体系构成

应急预案应形成体系,针对各级各类可能发生的事故和所有危险源制定专项应急预案和现场处置方案,并明确事前、事发、事中、事后的各个过程中相关部门和有关人员的职责。生产规模小、危险因素少的生产经营单位,综合应急预案和专项应急预案可以合并编写。

(1) 综合应急预案

综合应急预案从总体上阐述事故的应急方针、政策,应急组织结构及相关应急职责,应急行动、措施和保障等基本要求和程序,是应对各类事故的综合性文件。

(2) 专项应急预案

专项应急预案是针对具体的事故类别(如煤矿瓦斯突出、危险化学品泄漏等事故)、危险源和应急保障而制定的计划或方案,是综合应急预案的组成部分,应按照应急预案的程序和要求组织制定,并作为综合应急预案的附件。专项应急预案应制定明确的救援程序和具体的应急救援措施。

(3) 现场处置方案

现场处置方案是针对具体的装置、场所或设施、岗位所制定的应急处置措施。现场处置方案应具体、简单、针对性强。现场处置方案应根据风险评估及危险性控制措施逐一编制,做到事故相关人员应知应会,熟练掌握,并通过应急演练做到迅速反应、正确处置。

5.2　应急预案的分类

5.2.1　应急预案的分类

(1) 按照责任主体分类

根据责任主体的性质,可以将应急预案分为企业预案和政府预案两类。企业预案由企业根据自身情况制定,由企业负责;政府预案由政府组织制定,由相应级别的政府负责。

(2) 按照影响范围分类

根据事故影响范围,可以将应急预案分为现场预案和场外预案两类。现场预案又可以分为不同等级,如车间级、工厂级等;而场外预案按事故影响范围,又可以分为区县级、地市级、省级、区域级和国家级等类别。

(3) 按照制定主体分类

按照制定主体,可将应急预案分为政府及其部门应急预案、单位和基层组织应急预案两大类。其中,政府及其部门应急预案由各级人民政府及其部门制定,包括总体应急预案、专项应急预案、部门应急预案等。

总体应急预案是应急预案体系的总纲,是政府组织应对突发事件的总体制度安排,由县级以上各级人民政府制定。

专项应急预案是政府为应对某一类型或某几种类型突发事件,或者针对重要目标物保护、重大活动保障、应急资源保障等重要专项工作而预先制定的涉及多个部门职责的工作方案,由有关部门牵头制定,报本级人民政府批准后印发实施。

部门应急预案是政府有关部门根据总体应急预案、专项应急预案和部门职责,为应对本部门(行业、领域)突发事件,或者针对重要目标物保护、重大活动保障、应急资源保障等涉及部门工作而预先制定的工作方案,由各级政府有关部门制定。

国家总体应急预案:国家突发公共事件总体应急预案。

国家专项应急预案:国家自然灾害救助应急预案、国家防汛抗旱应急预案、国家地震应急预案、国家突发地质灾害应急预案、国家处置重特大森林火灾应急预案、国家安全生产事故灾难应急预案、国家处置铁路行车事故应急预案、国家处置民用航空器飞行事故应急预案、国家海上搜救应急预案、国家城市轨道交通运营突发事件应急预案、国家大面积停电事件应急预案、国家核应急预案、国家突发环境事件应急预案、国家通信保障应急预案、国家突发公共卫生事件应急预案、国家突发公共事件医疗卫生救援应急预案、国家突发重大动物疫情应急预案、国家食品安全事故应急预案、国家粮食应急预案。

5.2.2　应急预案的类型

应急预案的类型有以下四种:

(1) 应急行动指南或检查表

应急行动指南或检查表,针对已辨识的危险制定应采取的特定的应急行动。指南应简要描述应急行动必须遵从的基本程序,如发生情况向谁报告,报告什么信息,采取哪些应急措施等。这种应急预案主要起提示作用,对相关人员要进行培训,有时将这种应急预案作为其他类型应急预案的补充。

(2) 应急响应预案

应急响应预案,是针对现场每项设施和每个场所可能发生的事故情况编制的应急预案。应急响应预案应包括所有可能的危险状况,明确有关人员在紧急状况下的职责。这种应急预案仅说明处理紧急事务的必需的行动,不包括事前要求(如培训、演练等)和事后措施。

(3) 互助应急预案

互助应急预案,是相邻企业为在事故应急处置中共享资源、相互帮助而制定的应急预案。这种应急预案适合于资源有限的中、小企业以及高风险的大企业,需要高效的协调管理。

(4) 应急管理预案

应急管理预案是综合性的事故应急预案,应详细描述事故前、事故过程中和事故后何人做何事、什么时候做、如何做。这类应急预案要明确制定每一项职责的具体实施程序。应急管理预案包括事故应急的4个逻辑步骤:预防、预备、响应、恢复。

5.3 应急预案的文件结构

应急预案要形成完整的文件体系。通常,完整的企业级应急预案由总预案、程序文件、指导说明书和应急行动记录四部分构成。

(1) 总预案

总预案包含应对紧急情况的管理政策、预案的目标、应急组织和责任等内容。它涉及应急准备、应急行动、应急恢复以及应急演练等各阶段和各部门。总预案是纲领性的,主要明确应急的原则、职责和总体目标,具体内容由其他文件详细说明。

(2) 程序文件

程序文件说明某个具体行动的目的和范围。它的内容十分具体,包括该做什么、由谁去做、什么时间和什么地点等,如应急通信程序、现场急救程序、现场监测程序、疏散程序等。程序文件的作用是指导较为复杂的应急行动,使某些应急行动程序化和标准化,确保应急人员在执行应急任务时不会产生误解和误操作。程序文件可以采用文字叙述、流程图表或是两者的组合等格式,应根据单位具体情况和具体的程序内容选用合适的程序格式。

(3) 指导说明书

程序文件应当简洁明了,而一些具体的细节则应在指导说明书里介绍。应急行动的细节内容往往是供应急行动人员使用的,尤其是只涉及少数应急人员的具体工作时,相应的文件应在指导说明书中描述,如有毒有害气体现场监测设备、应急通信设备的使用说明书,医疗救护人员、后勤人员的职责说明书等应纳入指导说明书。

(4) 应急行动记录

应急行动记录包括应急行动时的相关记录,如通信记录、指挥与行动记录、现场监测数据记录、应急演练与培训记录等。这些记录是应急预案文件体系必要的组成部分,是改善应急行动与预案的基础,也可能是追究法律责任的依据。

从记录到应急行动总预案,层层递进,组成了一个完整的应急预案文件体系。从管理角度而言,可以根据这四类预案文件分别管理,既保持了应急预案文件的完整性,也便于查阅和调用。

5.4 应急预案的主要内容

重大事故应急预案可根据2004年国务院办公厅发布的《国务院有关部门和单位制定和修订突发公共事件应急预案框架指南》进行编制。应急预案主要包括以下内容。

① 总则：说明应急预案的编制目的、工作原则、编制依据、适用范围等。

② 组织指挥体系及职责：明确各组织机构的职责、权利和义务。以突发事故应急响应全过程为主线，明确事故发生、报警、响应、结束、善后处理处置等环节的主管部门与协作部门；以应急准备及保障机构为支线，明确各参与部门的职责。

③ 预警和预防机制：包括信息监测与报告，预警预防行动，预警支持系统，预警级别及发布(建议分为四级预警)。

④ 应急响应：包括分级响应程序(原则上按一般、较大、重大、特别重大四级启动相应预案)，信息共享和处理，通信，指挥和协调，紧急处置，应急人员的安全防护，群众的安全防护，社会力量动员与参与，事故调查分析、检测与后果评估，新闻报道，应急结束等11个要素。

⑤ 后期处置：包括善后处置、社会救助、保险、事故调查报告和经验教训总结及改进建议。

⑥ 保障措施：包括通信与信息保障，应急支援与装备保障，技术储备与保障，宣传、培训和演练，监督检查等。

⑦ 附则：包括有关术语、定义，预案管理与更新，国际沟通与协作，奖励与责任，制定与解释部门，预案实施或生效时间等。

⑧ 附录：包括相关的应急预案、预案总体目录、分预案目录、各种规范化格式文本、相关机构和人员通讯录等。

5.5 制定应急预案的目的意义

制定突发事件应急预案的目的：有序应对突发事件，最大限度减少突发事件及其造成的损失。

制定突发事件应急预案的意义：

① 有利于对突发事件及时作出响应和处置。

② 有利于避免突发事件扩大升级，最大限度地减少突发事件造成的损失。

③ 有利于增强全社会的居安思危、积极防范社会风险的意识。

应急预案的作用：建立覆盖全国各地区、各行业、各单位的应急预案体系，在应对突发事件的过程中发挥极为重要的作用。

① 可以科学规范突发事件的应对处置工作。明确各级政府、各个部门以及各个组织在应急体系中的职能，以便于形成精简、统一、高效和协调的突发事件应急处置体制机制。

② 可以合理配置应对突发事件的相关资源。通过事先合理规划、储备和管理各类应急资源，在突发事件发生时，按照应急预案明确的程序，保证资源尽快投入使用。

③ 可以提高应急决策的科学性和时效性。突发事件的紧迫性、信息不对称性和资源有

限性要求快速作出应急决策,应急预案为准确研判突发事件的规模、性质、程度并合理决策应对措施提供了科学的思路和方法,从而可减轻突发事件的危害程度。

5.6 应急预案编审程序

根据突发事件应急预案编审要求,应通过4个主要阶段、10项工作流程开展应急预案编审工作。

第一阶段:前期准备。主要包括组建工作小组、收集资料、现场调研、编制事故风险辨识评估报告、应急资源调查报告、内部审查等工作流程。

第二阶段:应急预案编修阶段。包括完成综合应急预案及各类专项应急预案、现场处置方案。

第三阶段:内外部评审、修订完善阶段。包括内部集中评审、外部评审,并根据评审结果进一步完善,确定终稿。

第四阶段:培训阶段。包括编制应急预案操作手册、组织应急人员全员培训等。

5.6.1 具体编制流程

应急预案编审具体工作流程如图5-1所示。

1. 组建专业编修小组

根据突发事件应急预案的类型及专业程度,编制人员应包括水利水电工程、安全工程、地质工程、采矿工程、机械工程、电气工程、化学工程等各专业人员,且业务精通、责任心强、经验丰富,保障人员充足,专业面覆盖所需编修的所有应急预案。

2. 资料收集分析

对法律法规、应急预案等文件进行全面收集、分析,至少包括全国人大、国务院、部委办、省人大、省政府、厅局等的法律法规相关文件要求,技术标准应包括国家标准、行业标准、地方标准、企业标准等。

同时,应以国家或省部级发布的各项应急预案为依据(《国家突发公共事件总体应急预案》《国家地震应急预案》《国家森林火灾应急预案》《国家突发地质灾害应急预案》等自然灾害、事故灾难、公共卫生事件、社会安全事件应急预案),在资料收集的基础上进行全面分析,为后期各级预案的衔接提供基础。

3. 现场调研

(1) 资料调查

根据资料调查地质、天气、道路、经济和社会情况,调查现存的管理情况,了解最真实的信息并且形成储备文件,至少包括以下方面:

① 现有应急管理机构的组织结构、管理模式。

② 周边环境状况、环境敏感点情况。

③ 危险源情况,包括危险源的基本情况以及可能产生的危害后果及严重程度。

④ 历年突发事件登记及其统计分析报告。

⑤ 应急救援机构及应急物资储备情况。

⑥ 环境敏感目标分布图、主要生产设施分布图、系统分布图、应急设施分布图等。

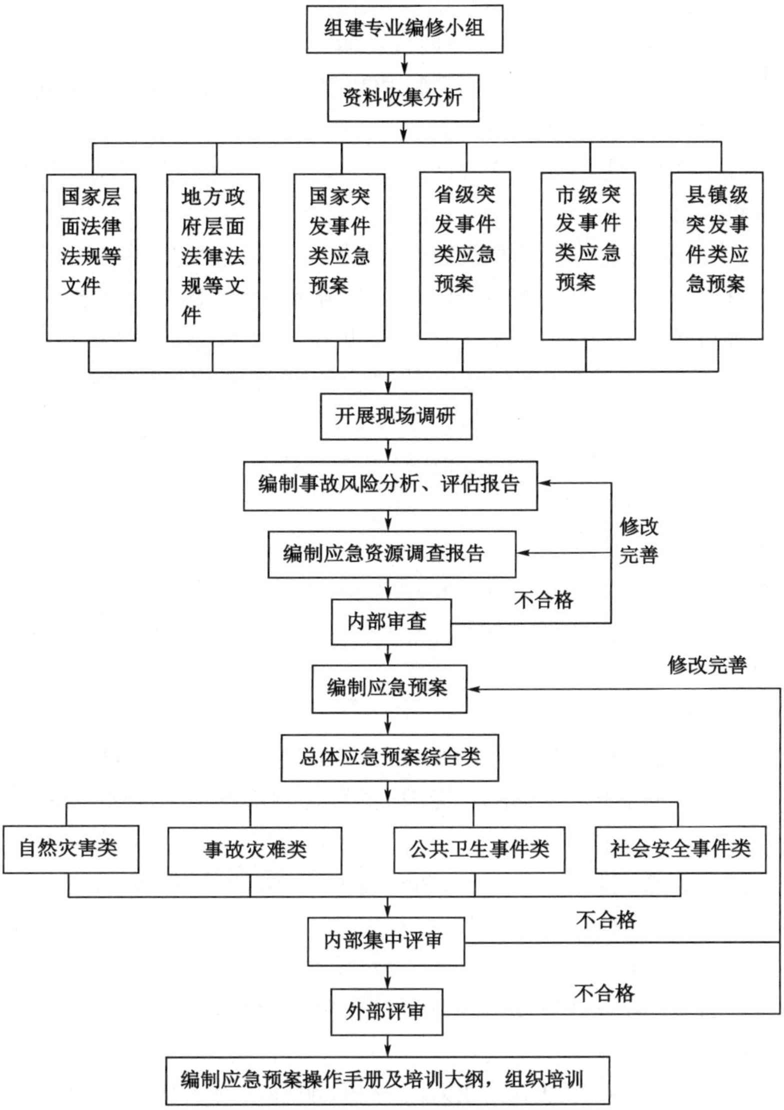

图 5-1　应急预案编审流程

(2) 访谈或会议调查

访谈的对象主要为应急管理机构成员。访谈前制定访谈表，列出具体访谈项目，便于访谈记录的汇总。对应急管理机构包含的各部门职责进行调查，确定其在各应急预案中的职责及权限。

(3) 资料分析

整理调查资料、访谈结果，根据结果开展资料初步分析。

4. 编制事故风险分析、评估报告

针对不同突发事件特点，识别存在的危险危害因素，分析可能产生的直接后果以及次生、衍生后果，评估各种后果的危害程度和影响范围，提出防范和控制事故风险措施，形成风险评估报告，为针对性地编制应急预案提供基础。

① 危害辨识。根据资料分析结果，开展危害辨识。危害辨识要全面、具体，考虑所有的突发事件。重点对地区作业活动、人员、环境、周边影响、气候、地质状况等充分辨识，以确保危害辨识结果的完整性、准确性和针对性。

② 风险评估。采用定性、定量方法，对危害辨识的结果进行逐项风险评估，确定风险接受程度及风险等级。

评价过程中，应根据行业特点选择评估因子，如某地区自然灾害的事故风险评估，应重点选择对从业人员增长率、人口密度、森林覆盖率、降水量、气候变化情况、生产安全事故率等相应影响因子进行评估。根据影响因子，建立风险评估模型，通过事故风险发生的可能性、事故造成的伤亡(经济)后果、事故造成的社会影响等方面，最终确定风险分值及风险等级。

③ 提出对策措施。根据风险评估结果，提出安全技术、管理方面的针对性措施，为应急预案编制提供应急行动基础条件。

5. 编制应急资源调查报告

全面调查本地区第一时间可以调用的应急资源状况和合作区域可以请求援助的应急资源状况。应急预案是立足现有应急资源的应对方案，通过应急资源调查，可实现应急资源调动更好、使用更高效。

(1) 应急资源调查

应急队伍调查，包括现有应急领导小组、下属各应急小组成员及职责调查。应急专家调查，包括建立应急专家组名册，包括姓名、专业、类别、工作单位、擅长处理的事故类型、联系方式等。

应急设备及物资调查，包括应急设备、物资类型、规格型号、数量、完好情况或有效期、主要功能、存放场所、负责人及联系方式等。

(2) 周边应急资源调查

包括周边医疗机构、消防机构、应急管理机构、避难场所，应建立名册。

(3) 汇总分析

根据调查结果，开展应急资源不足或差距分析，明确现有资源与应急能力的匹配情况，提出改进建议。

6. 内部审查

组织专家对《事故风险分析、评估报告》《应急资源调查报告》进行审查，并根据修改意见进行完善，审查通过后开展应急预案编修工作。

7. 编制应急预案

根据相关法律、法规及其他要求，结合现场调研收集的资料，按照《国家突发环境事件应急预案》等要求，编制各突发事件应急预案。根据紧急事件的识别结果，确定应急预案层级，首先编制《突发事件总体应急预案》，作为后期各专项应急预案的纲领性文件。具体编制过程如下：

① 确定应急预案编制大纲。

② 确定各部门应急职责。

③ 明确应急程序。

④ 确定应急响应级别。

⑤ 确定保障措施。

应急预案主体内容完成后，开展附图绘制工作。附图应根据实际需求进行绘制，但至少应包括警报系统分布及覆盖范围、重要防护目标、危险源分布图、应急指挥部位置及救援队伍行动路线、疏散路线图、警戒范围、重要地点等的标识等。

8. 评审

(1) 内部集中评审

应组织专业技术人员对应急预案进行全方位审核，编制人员根据内部集中评审意见对应急预案进行修订、完善。

(2) 外部评审

外部评审主要对突发事件应急预案的实用性、基本要素的完整性、内容格式的规范性、风险分析的科学性、预防和救援措施的针对性、应急保障措施的可行性以及与其他相关预案的衔接性等进行评估，并提出修改意见或建议。编制人员根据外部评审意见对应急预案进行修订、完善、定稿。

9. 发布

按照“谁主管、谁负责”的原则，通过评审的应急预案(综合应急预案、专项应急预案)由应急预案管理部门交本单位应急办审核、编码、会签，并经本单位应急指挥中心总指挥签发批准后，由应急预案管理部门发布。现场处置方案由编制部门负责人(或单位领导)批准发布。

10. 组织培训

编制应急预案操作手册，组织应急管理机构成员及相关人员开展专项培训，使应急人员掌握应急预案精神实质和操作流程。

5.6.2 编制要点及注意事项

1. 深化事故风险分析与评估

事故风险分析与评估是应急预案编制的基础，各地区应根据本地区的气候特性、环境特征、产业结构特性等开展针对性的风险分析。如自然灾害类，包括洪灾、旱灾、森林火灾、地震、地质灾害等通用性事件类型。根据地区不同，新疆、内蒙古等高寒地区，还应特别注意雪灾、沙尘暴等地区代表性事件。

在风险评估过程中，应掌握突发事件可能发生的过程、性质、机理、严重程度、可控性、影响范围等因素，运用预先危险性分析及作业条件危险性评价等方法，对风险逐一进行评估，做到危险辨识全面、风险分析客观。

2. 保障应急预案衔接性、针对性、可操作性

在确定应急预案编制对象的基础上，首先实现程序、操作上的有机衔接；其次，在具体的表达上，实现部门职责、内容、程序上的有机衔接，对于跨区域、跨部门联动，还应保证联动措施具体，联动过程及时、迅速、可行、有效。

必须将事故风险分析与评价得到的结果融入应急预案的内容中，使应急预案符合本地区突发事件的实际情况，提高应急预案的可操作性。在编制应急预案过程中，基于“5W+1H”理念，充分分析应急预案要解决的突发事件类型、执行应急任务的主体及职责、响应时

间、发生地点、使用何种资源、具体的应急行动、应急的标准程序等。应急预案体现到具体的工作中，是一个标准的操作程序及灵活开放的行动指南，任何参加应急的人员通过应急预案培训后，都能通过它高效、迅速地开展工作。

3. 以图表形式直观表达

应急预案中的应急响应等流程，尽量通过图表再次说明，以便于应急人员在接受应急培训时理解，同时，能够提高应急反应能力及应急效率。

4. 建立完善机制，持续改进

应急预案的建立与完善是一个动态的过程。受国家相关法律制度和行业标准的不断修订更新、突发事件的风险随着环境变化而变化、应急演练发现应急预案存在缺陷及不足等因素影响，应急预案应不断完善和修订。只有对应急预案进行维护和及时更新，做到持续改进，才能使预案在突发事件发生时真正起作用。

5.6.3 综合应急预案、专项应急预案、现场处置方案等应急预案体系构成的关系

应急预案是为有效预防和控制可能发生的事故，最大限度减少事故及其造成的损害而预先制定的工作方案。应急预案构成有综合应急预案、专项应急预案及现场处置方案。综合应急预案是应对各类突发事件的综合性方案，阐明本单位总体上对各类突发事件应急处置的共性原则和方法。专项应急预案针对各级单位较为典型的突发事件（如电网事故、设备事故、人身事故、自然灾害等），明确其应急程序和具体的应急行动方案。现场处置方案是针对各级单位具体的设备设施或办公场所、工作岗位等所制定的应急处置措施。现场处置方案简单具体，针对性和可操作性较强。应急预案的三类预案是一个整体，各有侧重，缺一不可。

5.6.4 应急预案编制和实施时的常见误区

误区一：工作中不需要应急预案，发生事故时自会去抢修处理。水来土掩，兵来将挡。在保守的安全管理文化中，员工习惯于由上级主宰自己命运。正是因为这样，员工对自己身边的危险缺少了解，只是被动地去遵守安全管理规定和制度。结果安全管理规定和制度很多很全面，却很少有员工会关注它们，事故依旧不断发生。如今，在安全管理过程中，一线员工有了更多的主动权，实现从“要我安全”向“我要安全”的安全理念的转变，树立了“写我所做，做我所写”的理念。应急预案的编制反映了风险预控的思想，随着安全风险管理体系的建设，对事故的关注点由事后的调查处理总结前移到了事前的风险辨识与防控，但由于生产过程中的种种不确定性因素，事故还是会时有发生，所以事故应急预案就成为最后一道防线，也是至关重要的一道防线。凡事预则立，不预则废。预先制定的可行的应急预案有利于最大限度地预防和减少突发事件及其造成的危害，维护正常生产秩序，保证员工生命和健康以及国家财产安全。应急预案的编制是对各种风险分析评估成果的后续应用，针对相关风险制定的应急预案有利于实现风险评估工作的闭环管理。

误区二：上级单位需要制定现场处置方案的细节，生产班组照搬即可。如果由上级部门制定现场处置方案的细节，有可能不能满足现场的实际情况；而由现场班组员工自行编制的现场处置方案更能结合实际工作，其好处在于能够让员工充分利用安全风险管理体系中的风险评估的成果，自己辨识作业环境中的危险点，通过预案的编写形成“危险因素早知道”

“意外事故有准备”的安全意识状态，并制定相应的行之有效的防控措施。因此，由熟悉现场和作业流程的班组成员根据上级部门制定的相应模板和要求来编写现场处置方案的方式最为合适。

误区三：现场处置方案是上级要求编写的，编完后就束之高阁，很少使用，甚至从未使用，只不过是为了应付检查。根据应急预案的定义，三层次的预案的处置主体不同，所关注的范围不同，各有侧重点，现场处置方案更侧重实际的处置操作。如在事故抢修时，时常存在争分夺秒的工作气氛，经常会顾此失彼，而如果制定了现场处置方案，则能使相关人员各司其职，工作开展有条不紊，处置周全。通过在抢修工作中启动方案，可进一步检验方案的可行性，为修编预案提供依据，也可使抢修工作安排得更合理更安全更周全。现场处置方案编写后需用于实际工作，使用的情况形成班组的基础数据，用于分析事故的处置过程，有利于提高班组的安全管理水平。

5.7 应急预案的培训与演练

应急预案的培训与演练是为了锻炼和提高队伍在突发事故情况下的快速抢险堵源、及时营救伤员、正确指导和帮助群众防护或撤离、有效消除危害后果、开展现场急救和伤员转送等应急救援技能和应急反应综合素质，有效降低事故危害，减少事故损失。

5.7.1 应急预案的培训

《突发事件应急预案管理办法》规定：

① 应急预案编制单位应当通过编发培训材料、举办培训班、开展工作研讨等方式，对与应急预案实施密切相关的管理人员和专业救援人员等组织开展应急预案培训。

② 各级政府及其有关部门应将应急预案培训作为应急管理培训的重要内容，纳入领导干部培训、公务员培训、应急管理干部日常培训内容。

为了保证应急救援队伍在发生生产安全事故时，能够迅速、有效、安全地进行应急救援工作，应对各部门的全体人员进行应急预案培训。

(1) 应急预案培训的原则和范围

应急预案培训的指导思想应以加强基础、突出重点、边练边战、逐步提高为原则。应急预案培训的范围应包括：

① 政府主管部门的培训。

② 社区居民的培训。

③ 企业全员的培训。

④ 专业应急救援队伍的培训。

(2) 应急预案培训的主要内容

应急预案培训的主要内容包括法规、条例和标准、安全知识、各级应急预案、抢险维修方案、本岗位专业知识、应急救护技能、风险识别与控制、基本知识、案例分析等。根据培训人员层次不同，培训的内容有不同的侧重点。在具体培训中，通常将应急者分为5种水平，即初级意识水平应急者，初级操作水平应急者，危险物质专业水平应急者，危险物质专家水平应急者，事故指挥者水平应急者。

5.7.2 应急预案的演练

《突发事件应急预案管理办法》规定：

① 应急预案编制单位应当建立应急演练制度，根据实际情况采取实战演练、桌面推演等方式，组织开展人员广泛参与、处置联动性强、形式多样、节约高效的应急演练。

② 专项应急预案、部门应急预案至少每3年进行一次应急演练。

③ 地震、台风、洪涝、滑坡、山洪泥石流等自然灾害易发区域所在地政府，重要基础设施和城市供水、供电、供气、供热等生命线工程经营管理单位，矿山、建筑施工单位和易燃易爆物品、危险化学品、放射性物品等危险物品生产、经营、储运、使用单位，公共交通工具、公共场所和医院、学校等人员密集场所的经营单位或者管理单位等，应当有针对性地经常组织开展应急演练。

④ 应急演练组织单位应当组织演练评估。评估的主要内容包括：演练的执行情况，预案的合理性与可操作性，指挥协调和应急联动情况，应急人员的处置情况，演练所用设备装备的适用性，对完善预案、应急准备、应急机制、应急措施等方面的意见和建议等。

应急演练是指针对可能发生的事故情景，依据应急预案而模拟开展的应急活动。

(1) 应急演练的作用

① 检验应急预案、装备和设施的有效性。

② 使人员明确和熟悉各自角色与职责。

③ 推动多种力量的协调、沟通与合作。

④ 发现能力不足，提供改进机会。

⑤ 提高队伍与个人的能力。

(2) 应急演练的类型

根据演练规模，可将应急演练分为桌面演练、功能演练和全面演练等三种。根据演练的基本内容，可将应急演练分为基础训练、专业训练、战术训练和自选科目训练等四种。

5.8 应急预案的启动与终止

在出现突发事件的情况下，当实际的灾害情况满足应急预案中给出的启动条件时，应急预案才可以启动。

国家的总体应急预案对于启动的规定是："突发公共事件发生后，事发地的省级人民政府或者国务院有关部门在报告特别重大、重大突发公共事件信息的同时，要根据职责和规定的权限启动相关应急预案，及时、有效地进行处置，控制事态。"该规定强调总的原则，而有些具体的预案可能会规定得非常细致。例如，"降水量超过每小时20 mm，即启动城区道路排水应急预案"，或"在24小时内的降水量超过45 mm时，启动城市排水应急预案"。

根据对以往应急预案启动情况的了解与分析，可以发现有时候尽管没有达到应急预案启动的物理条件，但事件已经造成很严重的破坏性后果；此时，如果按照应急预案启动条件的要求，是不能够启动应急预案的，但事情又非常紧急。因此，应该在应急预案中设置不同的启动条件，包括定量化的条件和很难定量化的后果条件，满足启动的条件之一，即可启动应急预案。

应急预案也应该在适当的时候予以终止。终止条件一般在应急预案中有事先规定，通常是当前的灾害发展态势已经被遏制，或者已被限制在一定的范围内，此时一般性的应对措施就足以完成对事件的控制，并有望在比较短的时间内消除事件，进入全面恢复阶段。特别重大突发公共事件应急处置工作结束，或者相关危险因素消除后，现场应急指挥机构也应该予以撤销。

5.9　应急预案实例

2021最新煤矿安全生产事故应急预案评审通过公布版（按最新标准、规范编制）的目次如下：

1　综合应急预案

1.1　总则

1.1.1　适用范围

1.1.2　响应分级

1.2　应急组织机构及职责

1.2.1　指挥部职责

1.2.2　××煤矿应急组织体系结构图

1.2.3　应急组织机构及职责

1.3　应急响应

1.3.1　信息报告

1.3.2　预警

1.3.3　响应启动

1.3.4　应急处置

1.3.5　应急支援

1.3.6　响应终止

1.4　后期处置

1.4.1　污染物处理

1.4.2　生产秩序恢复

1.5　应急保障

1.5.1　通信与信息保障

1.5.2　应急队伍保障

1.5.3　物资装备保障

1.5.4　其他保障

2　专项应急预案

2.1　矿井煤尘爆炸事故专项应急预案

2.1.1　适用范围

2.1.2　应急组织机构及职责

2.1.3　响应启动

2.1.4　处置措施

2.1.5 应急保障

2.2 矿井火灾事故专项应急预案

2.2.1 适用范围

2.2.2 应急组织机构及职责

2.2.3 响应启动

2.2.4 处置措施

2.2.5 应急保障

2.3 矿井顶板事故专项应急预案

2.3.1 适用范围

2.3.2 应急组织机构及职责

2.3.3 响应启动

2.3.4 处置措施

2.3.5 应急保障

2.4 矿井水害事故专项应急预案

2.4.1 适用范围

2.4.2 应急组织机构及职责

2.4.3 响应启动

2.4.4 处置措施

2.4.5 应急保障

2.5 矿井瓦斯事故专项应急预案

2.5.1 适用范围

2.5.2 应急组织机构及职责

2.5.3 响应启动

2.5.4 处置措施

2.5.5 应急保障

2.6 矿井供电事故专项应急预案

2.6.1 适用范围

2.6.2 应急组织机构及职责

2.6.3 响应启动

2.6.4 处置措施

2.6.5 应急保障

2.7 矿井提升运输事故专项应急预案

2.7.1 适用范围

2.7.2 应急组织机构及职责

2.7.3 响应启动

2.7.4 处置措施

2.7.5 应急保障

2.8 矿井爆炸物品事故专项应急预案

2.8.1 适用范围

2.8.2 应急组织机构及职责
2.8.3 响应启动
2.8.4 处置措施
2.8.5 应急保障
2.9 矿井主要通风机事故专项应急预案
2.9.1 适用范围
2.9.2 应急组织机构及职责
2.9.3 响应启动
2.9.4 处置措施
2.9.5 应急保障
2.10 矿井灾害性天气事故专项应急预案
2.10.1 适用范围
2.10.2 应急组织机构及职责
2.10.3 响应启动
2.10.4 处置措施
2.10.5 应急保障

3 附件

3.1 单位概况
3.2 风险描述评估
3.3 预案体系与衔接
3.4 应急物资装备清单
3.5 应急部门、机构或人员联系表
3.6 格式化文本
3.7 关键的路线、标识和图纸
3.8 有关协议或备忘录
3.9 应急预案管理

第6章 应急物资

6.1 应急物资的需求

应急物资管理是对应急物资的需求分析、需求预测、筹集、仓储、运输、配送和使用直至消耗全过程的管理。对应急物资进行妥善的管理能够最大限度地减少自然和人为因素对物资理化性质的影响，保证其价值得以充分发挥，既是实现应急物资快速保障的重要物质基础，也是衡量应急物资保障水平的显著标志。

6.1.1 应急物资需求分析

需求分析是应急物资管理的首要环节，是保证应急物资后续有效管理的前提，其主要工作是对应急物资的需求进行有效分类并对应急物资需求的特征加以分析。

1. 应急物资的含义

应急物资是指应对严重自然灾害、事故灾难、公共卫生事件、社会安全事件等突发公共事件过程中所必需的各种保障性物资。从广义上讲，凡是在突发公共事件应对的过程中所用的物资都可以称为应急物资。

2. 应急物资的分类

依据不同的分类标准，应急物资有不同的分类方法，不同的分类方法对应急物资管理有着不同的指导意义。

（1）依据引起应急物资需求的原因分类

按照引起应急物资需求的原因，可将应急物资分为自然灾害类应急物资、事故灾难类应急物资、公共卫生事件类应急物资、社会安全事件类应急物资。

① 自然灾害类应急物资主要包括洪涝灾害、干旱灾害、风雹灾害、台风灾害、低温冷冻和雪灾、高温热浪灾害、火山和地震灾害、滑坡和泥石流灾害、生物灾害、森林草原火灾等所需的应急物资。例如，雪灾中使用的棉衣、棉被，用于抑制蝗虫的农药和扑灭森林大火的灭火器材等。

② 事故灾难类应急物资主要包括工矿商贸等企业的各类安全生产事故、危险化学品事故、交通事故、公共设施和设备事故、核与辐射事故、环境污染和生态破坏事件等所需的应急物资。例如，救治伤员的担架、防止辐射的防护服装及防止化学品反应的药品等。

③ 公共卫生事件类应急物资主要包括传染病疫情、群体性不明原因疾病、重大食物中毒和职业中毒、动物疫情以及其他严重影响公众健康事件等所需的应急物资。例如，用于紧急治疗的抗生素，用于解毒的药品及防止疫情传播的口罩等。

④ 社会安全事件类应急物资主要包括重大刑事案件、恐怖袭击事件、重特大火灾事件、

金融安全事件、民族宗教突发群体事件、涉外突发事件和规模较大群体性事件等所需的应急物资。例如，用于安置灾民的帐篷、防爆使用的盾牌及用于灭火的消防设备等。

(2) 依据应急物资的使用范围分类

按照应急物资的使用范围，可将应急物资分为通用类应急物资和专用类应急物资。在进行应急物资储备时，一定要考虑好通用类应急物资和专用类应急物资的比例和数量。

① 通用类应急物资是指适合一般情况下救灾工作普遍需要的物资，也是比较重要的物资。这类应急物资几乎在各种突发事件中都需要用到，具有通用的特征，像食品、饮用水、衣物、药品等几乎在每次应急救灾时都是必需品。这些物资应该作为常备储备物资。

② 专用类应急物资是指仅在特定的突发事件中有需求的物资，其具有特殊性，应当视应急灾害情况而定。例如，发生疫情后所需要的专门的疫苗、药品，发生地震灾害后所需要的探测仪器、破拆工具，发生洪灾后所需要的救生艇、救生衣等。这些物资并非集中储备的重点，需要根据本地灾害发生情况灵活储备。

(3) 依据应急物资使用的优先级分类

按照应急物资使用的优先级，可将应急物资分为紧急级物资、严重级物资和一般级物资三类。

① 紧急级物资是指在突发事件发生后，能够有效保障人民群众生命安全的物资。该类物资对于稳定局势具有重要作用，应当第一时间送达应急救援现场，如食品、饮用水、生命探测仪等物资。

② 严重级物资是指对应急救援的展开具有支持作用、能保障救援工作继续展开的物资，如垃圾袋、消毒车、吸油毡等物资。

③ 一般级物资是指用于减少灾害损失，恢复社会正常秩序所需的物资，如挖掘机械、水泥、运输车辆等物资。

(4) 依据应急物资的重要性以及供应市场复杂性的程度分类

按照应急物资的重要性以及供应市场复杂性的程度，可以将应急物资分为关键物资、瓶颈物资、重要物资、普通物资四种类型。

① 关键物资是指应急物资的重要性和供应市场复杂性都较高的物资。其特点是需求量相对较大，本身价值昂贵，质量和数量都对突发事件的应急处置产生重要影响；同时，能够提供这种物资的合格供应商不多。

② 瓶颈物资是指应急物资的重要性较低但是供应市场复杂性较高的物资。其特点是获取有一定难度，如难以找到合格的供应商；与供应商的距离较远且缺乏可靠的运输保障；属于专利产品，供应商占优势地位等。

③ 重要物资是指应急物资的重要性较高但是供应市场复杂性较低的物资。其特点是供应市场比较充足，但价格昂贵、库存占用资金量大。

④ 普通物资是指物资的重要性和供应市场复杂性都较低的物资。该类物资一般为小件物资，本身价值不高，市场上也容易获得，且在应急处置中重要性不是很高，但这种物资往往种类繁多，很多时候占到企业全部采购库存种类的一半以上。

(5) 依据应急物资的用途分类

按照《应急物资分类及产品目录》，应急物资按用途可分为以下十三大类。

① 防护用品类，是指保护灾民或者救援人员的人身安全与健康所必备的防御性装备，

具体包括：

a. 卫生防疫(防护服、测温计)；

b. 化学放射污染(防毒面具)；

c. 消防(防火服、头盔、手套、面具、消防靴)；

d. 海难(潜水服、水下呼吸器)；

e. 爆炸(防爆服)；

f. 防暴(盾牌、盔甲)；

g. 通用(安全帽、安全鞋、水靴、呼吸面具)。

② 生命救助类，是指搜寻或者保护灾民生命的设备或工具，具体包括：

a. 外伤(止血绷带、骨折固定托架)；

b. 海难(救捞船、救生圈、救生衣、救生艇、救生缆索、减压舱)；

c. 高空坠落(保护气垫、防护网、充气滑梯、云梯)；

d. 掩埋(红外探测器、生物传感器)；

e. 通用(担架、保温毯、氧气机、直升机救生吊具、生命探测仪)。

③ 生命支持类，是指保持伤者生命体征的药品或器材，具体包括：

a. 窒息(便携呼吸机)；

b. 呼吸中毒(高压氧舱)；

c. 食物中毒(洗胃设备)；

d. 通用(输液设备、输氧设备、急救药品、防疫药品)。

④ 救援运载类，是指通过水陆空进行救援行动的设备，具体包括：

a. 防疫(隔离救护车、隔离担架)；

b. 海难(医疗救生船)；

c. 空投(降落伞、缓冲底盘)；

d. 通用(救护车、救生飞机)。

⑤ 临时食宿类，是指临时解决灾民温饱问题的物资和设备，具体包括：

a. 饮食(炊事车、炊具、餐具)；

b. 饮用水(供水车、水箱、瓶装水、过滤净化机、海水淡化机)；

c. 食品(压缩食品、罐头、真空包装食品)；

d. 住宿(帐篷、宿营车、移动房屋、棉衣、棉被)；

e. 卫生(简易厕所、简易淋浴设备)。

⑥ 污染清理类，是指清除各种污染所使用的药品或装备，具体包括：

a. 防疫(消毒车、喷雾器、垃圾焚烧炉)；

b. 垃圾清理(垃圾箱、垃圾袋)；

c. 核辐射(消毒车)；

d. 通用(杀菌灯、消毒杀菌药品、凝油剂、吸油毡、隔油浮漂)。

⑦ 动力燃料类，是指能够产生动力的各种物料或设备，具体包括：

a. 发电(发电车、燃油发电机组)；

b. 配电(防爆防水电缆、配电箱、电线杆)；

c. 气源(移动式空气压缩机、乙炔发生器、工业氧气瓶)；

d. 燃料(煤油、柴油、汽油、液化气);

e. 通用(干电池、蓄电池、充电设备)。

⑧ 工程设备类,是指进行应急工程建设所使用的机械或装备,具体包括:

a. 岩土(推土机、挖掘机、铲运机、压路机、破碎机、打桩机、工程钻机、凿岩机、平整机、翻土机);

b. 水工(抽水机、潜水泵、深水泵、吹雪机、铲雪机);

c. 通风(通风机、强力风扇、鼓风机);

d. 起重(吊车、叉车);

e. 机械(电焊机、切割机);

f. 气象(灭雹高射炮、气象雷达);

g. 牵引(牵引车、拖船、拖车、拖拉机);

h. 消防(消防车、消防船、灭火飞机)。

⑨ 器材工具类,是指用于应急救灾的器材或工具,具体包括:

a. 起重(葫芦、索具、浮桶、绞盘、撬棍、滚杠、千斤顶);

b. 破碎紧固(手锤、钢钎、电钻、电锯、油锯、断线钳、张紧器、液压剪);

c. 消防(灭火器、灭火弹、风力灭火机);

d. 声光报警(警报器、照明弹、信号弹、烟幕弹、警报灯、发光标记);

e. 观察(防水望远镜、工业内窥镜、潜水镜);

f. 通用(普通五金工具、绳索)。

⑩ 照明设备类,是指用于不同场合的灯具,具体包括:

a. 工作照明(手电、矿灯、风灯、潜水灯);

b. 场地照明(探照灯、应急灯、防水灯)。

⑪ 通信广播类,是指各种有线或无线通信器材,具体包括:

a. 无线通信(海事卫星电话、电台、移动电话、对讲机);

b. 广播(有线广播器材、广播车、扩音器、电视转发台)。

⑫ 交通运输类,是指运输工具和设备,具体包括:

a. 桥梁(舟桥、吊桥、钢梁桥、吊索桥);

b. 陆地(越野车、沙漠车、摩托雪橇);

c. 水上(气垫船、沼泽水橇、汽车轮渡、登陆艇);

d. 空中(货运、空投飞机或直升机、临时跑道)。

⑬ 工程材料类,是指工程建设中使用的物料,具体包括:

a. 防水防雨抢修(帆布、苫布、防水卷材、快凝快硬水泥);

b. 临时建筑构筑物(型钢、薄钢板、厚钢板、钢丝、钢丝绳、桩、上下水管道、混凝土建筑构件、纸面石膏板、纤维水泥板、硅酸钙板、水泥、砂石料);

c. 防洪(编织袋、防渗布料涂料、土工布、铁丝网、铁丝、钉子、铁锹、排水管件、抽水机组)。

3. 应急物资需求的含义

应急物资需求是指国家有效应对突发事件对于群众的伤害而产生的最低物资要求。所谓"有效",是指应对突发事件的效益要高,亦指应急物资的使用效率要高;"最低"是指成功应对突发事件条件下需求的数量最少，即指在给定突发事件类型与强度等条件下，成功应对突发事件的最少应急物资需求量。应急物资的需求主要从三个方面进行表述和衡量，分别为物资的种类需求、物资的数量需求和物资的质量需求。

(1) 物资的种类需求

物资的种类需求，是指在不同的突发事件造成的灾害差别下，受灾群众和救援部门所需应急物资的种类数。每一种灾害都有其独特性，这就要求政府应急部门在应急物资的储备过程中，除了要储备常用的被褥、药品等外，还要根据当地以往的灾害记录储备相应的应急救援物资。例如，旱灾多发的地区要多储备发电机组和水泵等物资，而经常发生洪涝灾害的地区要多储备舟船和编织袋等物资。

(2) 物资的数量需求

物资的数量需求，是指突发事件发生后，为有效应对突发事件所必需的最少物资数量。这种需求与受灾人口数量、受伤人员数量以及灾区人口年龄、性别比例等指标密切相关。政府应急部门要第一时间对灾区进行勘察，及时反馈信息，及时调配相应数量的应急物资，保证灾区群众的生命财产安全。例如，玉树地震的初期，为了安置灾民，首要的物资除了食物和饮用水之外，还包括大量的帐篷。

(3) 物资的质量需求

物资的质量需求，是指对应急物资的可靠性、准时性和成本等方面的要求。政府应急部门要加强对应急物资的监管，对于保质期较短的应急物资，如食品、饮用水和药品等要保证在保质期内使用，否则就会影响救灾质量。同时，政府应急部门要提高配送能力，保证灾区民众基本生活。应急救援虽然不把成本问题作为第一要务来考量，但是合理降低成本有助于减少应急管理的浪费，提升应急管理的可持续性。

4. 应急物资需求的特征

应急物资需求不同于日常普通物资需求，它直接受突发事件自身特性的影响，主要表现出以下特征。

(1) 突发性

很多时候，在人们完全没有任何心理和物质准备的情况下，突发事件在很短的时间内对人类造成巨大的破坏，救灾物资的需求随之急剧膨胀，由平时的正常需求转变为应急需要，出现了生活物资的相对短缺；同时，这种状况会随着国家储备机构的不断完善和社会救灾力量的动员逐渐回归到相对均衡的状态。例如，甲型 H1N1 流感发生后，很多医院的达菲储备远远不足。因此，这类物资是应急物资保障的难点。

(2) 时效性

在突发事件发生后，必须以最快的速度把应急物资运送到需求现场，以缓解受灾群众迫切的生存和生活需求。如果不能在限定的时间内发挥作用，应急物资就失去了“应急”的意义。应急物资的及时到达对应急工作的后续展开是至关重要的，如果在最佳时机不能保障需求，则可能引发连锁反应，给后续应急救灾工作带来更大的困难。例如，救援界认为，灾难发生之后存在一个“救难黄金 72 h”，在此时间段内，灾民的存活率较高。地震等地质灾害发生后的 72 h 期间，灾民的存活率随时间的流逝呈递减趋势。在第一天(即 24 h 内)，被救出的人员存活率为 90%左右；第二天(即 48 h 内)，存活率为 50%～60%；第三天(即 72 h 内)，存活率为 20%～30%；而 72 h 以后的存活率不到 10%。因此，地震发生的初期以救援为主，需要相应的救援设备和车辆能够及时到位。

(3) 不确定性

突发事件发生的时间、地点、规模和影响范围难以预测，而应急物资是在突发事件发生后发挥作用的，因此，应急物资的需求具有不确定性特征，具体表现为需求时间、需求量、需求种类及调运方式的不确定。当灾害事故发生后，救灾指挥中心往往不能及时了解受灾区域实际情况（如受灾程度、伤员人数、居民自救情况等）；同时，无法用常规方法对灾情加以判断，信息传递不充分、不及时、不全面或不准确，人们无法在第一时间准确地预测出所有可能的物资需求。突发事件发生时间的不可预测性决定应急物资需求时间的不确定性；突发事件规模和影响范围的不可预测性决定应急物资需求量的不确定性；不同类型的突发事件决定不同种类的应急物资需求，如公共卫生事件和自然灾害事件需求的应急物资种类有着很大的差别；突发事件发生地和影响范围的不确定性决定应急物资调运方式的不确定性。

(4) 社会公益性

突发事件的应急物资管理是以国家政府为主导的，全社会公众共同参与的社会活动。政府储备和使用应急物资的目的是保障人民群众的生命财产安全，不以经济效益为目的。目前，全国已经建立 113 个中央级应急物资储备库，突发事件一旦发生，应急物资可在全国范围内免费调拨。社会捐赠也是应急物资的重要筹措方式之一，如 2008 年汶川大地震发生后，全国共接受国内外社会各界捐赠款物 760 多亿元人民币。这都体现了应急物资的社会公益性。

(5) 复杂性

应急物资需求的数量、种类与很多因素有关，不同的自然灾害，或相同的自然灾害在不同的季节、不同的地区发生，对“衣、食、住、行”等方面的需求是不同的。例如，洪涝灾害会增加对衣物的需求，旱灾会增加对发电器材的需求，雪灾会增加对保暖物资的需求，比较落后的地区救助需求较大。同时，很多灾害发生后都会对通信系统产生重大危害，使得受灾地区的灾情不能在第一时间被外部救援方面所获知，导致应急物资需求无法准确预测。因此，应急物资需求很复杂，难以建立统一的计算模型。如果相关部门不能进行科学决策，就会使救灾行动事倍功半。例如，气温较高的南方某地区发生了台风灾害，灾民迫切需求的物资除了食品外，还有发电器材等自救物资，而某些救灾机构却发放了大量的被褥给灾民，使得这些物资在潮热的地区无法有效使用，浪费了救灾资源。又如，很多地方发生灾害后，应急部门往往集中保障食品（如饼干、方便面、矿泉水等）和保暖居住等生活物资，对于一些需求不太大的物资则重视不够。而这其中可能包含一些非常紧缺的物资，如婴幼儿的奶粉、妇女的个人卫生用品等。

(6) 动态性

突发事件发生后，灾区情况一直处于动态变化之中，这使得救助需求也不断变化。不同阶段的应急物资在结果和数量上存在一定差异。例如，在汶川大地震的应急物资保障中，初始阶段重点是受灾群众的救援和安置，应急物资的需求主要集中在食物、衣物、帐篷、搜索器材、营救设备、医疗器材等方面；随着救援阶段的结束，防疫成为重点内容，应急物资的需求种类也发生了根本性变化，变成了对消毒设备、医疗药品等物资的重点需求。因此，应急物资需求预测时应考虑应急物资的供给是一个阶段性过程，且各阶段存在差异。

6.1.2 应急物资需求预测

预测是决策的依据，是对尚未发生或目前还不明确的事物进行预先的估计和推测。应急物资需求预测是指在突发事件发生之前或者发生之后，应急管理部门对应急物资的需求种类、数量等方面预先的估计，以保证应急物资能够不断满足突发事件所在地的需求。

1. 预测的基本原理

(1) 连续性原理

客观事物的发展具有合乎规律的连续性，未来可能处在过去和现在的“延长线”上。依照该原理预测事物的未来，必须建立在了解事物的过去和现状的基础上，从大量历史的和现实的信息中找出发展变化的规律性，才能据此推断未来。基于连续性原理，可以采用时间序列方法进行预测。

(2) 相关原理

事物的发展不是孤立的，而是在其他事件的相互影响下进行的，事物之间的相互影响主要表现为相关关系或因果关系。重视对影响预测目标的关系的分析，可以把握影响预测目标诸因素的不同作用，由因推果，预测出市场的必然趋势和偶然因素可能产生的干扰。基于相关原理，可以采用统计预测的方法进行预测。

(3) 类推原理

许多客观事物之间存在某种类似的结构和发展模式，人们可以根据已知事物的某种类似的结构和发展模式，类推某个预测目标未来的结构和发展模式。通过对经验进行总结，可采用人工智能技术进行预测。

(4) 质量互变原理

事物的发展变化是从量变开始的，当量变积累到一定的程度后，必然会发生质的根本改变，而质的变化又会带来新的量变。在预测中，预测者应根据事物的数量变化探寻事物质的变化，分析现象在不同发展阶段有何本质区别，未来的发展与现在相比是否会发生质的改变，而不能简单地利用预测模型进行外推预测，否则，就会得出错误的预测结果，产生质的预测误差。

2. 应急物资需求的预测步骤

① 明确预测对象和目标。包括预测结果的用途和预测的时间跨度等。据此可确定预测所用信息及需要做的投入。

② 选择合适的预测方法和预测模型。要充分考虑预测的目标、时间的跨度、需求的特征等因素对预测方法的影响。

③ 收集、分析相关的资料数据。收集资料进行初步分析，观察资料结构及性质，并以此作为选择预测方法的反馈。

④ 预测。以预测目标为导向，不仅靠某一理论模型，还要综合考虑各种复杂状况和影响因素，借助经验判断、逻辑推理、统计分析进行预测。

⑤ 预测结果评价，分析预测精度和误差。将预测结果进行应用，根据实际发生的需求对预测进行监控。必要时，还需要对某些环节作出调整后重新进行预测。

3. 应急物资需求的预测方法

应急物资需求预测有多种方法，可以按照不同的原则进行归类。总体而言，应急物资需求的预测方法可以分为定性预测和定量预测两类。按照预测工具的不同,其又可以分为统计预测、专家预测和人工智能预测等类别。

统计预测是根据统计资料或相关的定性资料,通过统计分析,应用统计模型,对未来不确定事件的数量或数量方面的未来前景所作的预测。常用的统计预测法有时间序列分析法和回归分析法等。

专家预测法是以专家为索取信息的对象,运用专家的知识与经验,考虑预测对象的社会环境,直接分析研究和寻求其特征规律,并推测未来的一种预测方法。专家预测法主要包括专家会议法、头脑风暴法、个人判断法和集体判断法等。

人工智能预测技术是指用计算机来模拟人的某些思维过程和智能行为(如学习、推理、思考、规划等)而进行预测的技术,现在被越来越频繁地应用在预测当中。人工智能预测有多种方法,还有新的方法在不断开发当中,有 BP 神经网络预测和案例推理预测技术等。

6.2 应急物资的筹集

应急物资的筹集是指在紧急状态下依法对突发事件所需物资进行的紧急筹措活动。一切与突发事件相关的生产资料和生活资料都属于筹集的内容,如食品、衣被、药品、设备等。应急物资的筹集是应急物资管理顺利运行的物质基础,直接关系到突发事件应急物资保障水平和应急物资管理目标的实现,而且是检验应急组织指挥机构运作效率的重要标准。面对突发事件,一旦不能及时快速、品种齐全地收集到所需要的应急救援物资,应急救援工作就很难开展。如果失去强有力的物资保障,任何应急救援工作都只能是纸上谈兵。

6.2.1 应急物资筹集的渠道

应急物资筹集作为突发事件应急管理的一项重要内容,具有一定的强制性和社会性。为确保在紧急状态下筹集到所需要的应急物资,必须建立高效、规范、安全的应急物资筹集渠道。

1. 动用国家储备物资

国家储备物资是指国家直接掌握动用的,同国计民生和国家安全有重大关系的生活资料和生产资料的储备物资,如粮食、棉花、燃料、钢铁、医药器材等储备物资。国家储备是长期性储备,用以满足严重自然灾害、疫情、战争等突发事件需要,国民经济计划执行中的特殊需要以及援外任务中的特殊需要等。动用国家储备物资是应急物资筹集的首选方式,不仅可以缩短应急物资筹集的时间,而且可避免对人民群众的正常生活和经济秩序造成过大的负面影响,是满足救灾需要、缩短应急物资供应时间的最佳途径。

2. 直接征用

当国家储备物资不能有效满足所有灾区人口需求时,依照相关法律,在事先未履行物资筹集程序的情况下,对一些物资生产流通企业所生产和经销的物资进行紧急征收征用,以满足救灾需要,事后根据所征用物资的品种、规格、数量和征用时间及市场均价等与供应商进行结算和补偿。

3. 应急捐赠

严重的突发灾害发生后,由政府部门或社会团体等机构有组织地向海内外各界募集资金和物资，帮助解决灾区及灾民的困难。捐赠款物来自海内外各界，包括友好国家和地区政府，国际组织，外国民间团体、企业及个人，海外华人华侨组织及个人，国内社会各界机关、团体、企事业单位、军队、学校和个人。建立经常性社会捐助体制，开辟除国家财政投入以外的另一条救援资金和物资的重要来源，能为需要救助的人群提供大量的帮助，同时可极大地促进国家的精神文明建设。例如，汶川地震发生后，国内外个人、组织纷纷伸出援助之手，截至2009年4月30日，汶川地震全国共接受国内外捐款659.96亿元人民币，捐赠物资折合人民币107.16亿元。

4. 应急采购

物资应急采购，是指为应对突发事件的紧急需要，采用不同于常规采购程序和方式组织而进行的物资采购行为。由于突发事件的特殊性，《中华人民共和国招标投标法》第六十六条规定："涉及国家安全、国家秘密、抢险救灾或者属于利用扶贫资金实行以工代赈、需要使用农民工等特殊情况，不适宜进行招标的项目，按照国家有关规定可以不进行招标。"《中华人民共和国政府采购法》第八十五条规定："对因严重自然灾害和其他不可抗力事件所实施的紧急采购和涉及国家安全和秘密的采购，不适用本法。"可见，"二法"都将应急采购作为适用例外。2008年5月29日，《财政部关于加强汶川地震救灾采购管理的紧急通知》对于应急采购的适用范围、执行方法、开展宗旨、实施原则、监督管理、负责制度、验收方法、责任承担等作出了一些规定，为加强汶川地震中的应急采购管理提供了依据。

5. 应急生产

某些自然灾害远远超过了人们已有的认知，具有较大的不确定性和未知性，在这种情况下，对一些应急物资有必要进行突击研制和生产。平时应建立救灾科研与生产的相关机制，从而确保在紧急状态下能够尽快转化为实际保障与支援能力，最大限度地满足救灾对物资的需求。以汶川地震的帐篷应急生产为例，江苏、浙江等省市的企业通过突击招工、挖掘企业生产潜力，克服各种困难，千方百计增加产量，按期完成了中央下达的应急生产任务。

6.2.2 应急物资采购管理

应急物资是减轻灾害损失、进行紧急救援、安排群众生产生活的重要救灾资源，而应急物资采购是救灾物资筹措管理的基础和重要环节。应急物资的采购量一般相当大，时间上要求比较急，在进行应急物资采购时，应当开辟多种渠道，主要面向国内渠道，必要时通过海外市场采购，保证应急物资的数量和质量。在应急物资采购活动中对应急物资的供应商进行了解、评价、开发、使用和控制是保证应急物资采购质量的必要工作。

1. 应急物资采购的原则

(1) 及时高效原则

及时高效原则是应急物资采购最重要的原则。要满足应急物资的时效性要求，应急物资的采购工作必须及时高效。应急物资的及时供应是保障人民群众生命财产安全的前提，因此，必须高效率地进行应急物资的采购，必要时甚至可以以行政命令的方式进行采购。

(2) 保证质量原则

在保证应急物资采购及时高效的前提下，还要坚持采购的应急物资具有较高质量的原则，这就要求采购部门深入了解应急物资的生产企业，在采购过程中慎重选择供应商。

(3) 多种采购方式相结合原则

应急物资种类繁多，在一次突发事件中并非每种应急物资都被需求，也并非所有的应急物资都适合提前采购，有些生产周期短、不易保存、库存条件要求高的应急物资可以使用合同采购或期权采购的方式采购。在应急物资采购工作中，应该根据每种应急物资的特性，灵活选择采购方式。

（4）非营利性原则

应急物资的采购具有公益性特点，采购的应急物资是为公众服务的，采购资金来源于公众，因此，应急物资的采购应该坚持非营利性原则。

2. 应急物资采购的方式

（1）公开招标采购

应急物资公开招标采购，是指应急物资采购部门依据需要，为获得所需的应急物资，在有关部门的监督下，由专门的招标机构按照法定的程序，从国内外市场上通过公开招标竞争的方式为应急部门采购物资的活动。公开招标采购是应急采购的一种主要方式，有如下特点：

① 招标程序的公开性。指整个采购程序都在公开的情况下进行，公开发布投标邀请、公开开标、公布中标结果，投标商资格审查标准和最佳投标商评选标准要事先公布。

② 招标程序的竞争性。招标是一种引发竞争的采购程序，是竞争的一种具体方式。招标的竞争性充分体现了现代竞争的平等、信誉、正当和合法等基本原则。招标作为一种规范的、有约束的竞争，有一套严格的程序和实施办法。通过招标程序，可最大限度地吸引和扩大投标人的竞争，从而使招标方有可能以更低的价格采购到所需的应急物资。

③ 招标程序的公正性。招标人不得歧视任何投标人，不得向他人透露已获取招标文件的潜在投标人的名称、数量以及与招投标有关的其他情况；招标人设有标底的，标底必须保密；评选中标商应按事先公布的标准进行；投标人不得相互串通投标报价、不得排挤其他投标人的公平竞争而损害招标人或其他投标人的合法权益；投标人不得与招标人串通投标而损害国家利益、社会公共利益或他人的合法权益。所有这些措施既可保证招标程序的完整，又可以吸引优秀的供应商参与竞争投标。

（2）邀请招标采购

邀请招标，是指招标人以投标邀请书的方式邀请特定的法人或其他组织投标。与公开招标相比，邀请招标的投标人范围仅限于招标机构确定的有限的几家供应商，信息不一定通过公告发布，而是根据已有的信息个别邀请。这种方式既可以减少对投标者资格预审及投标书审查的工作量，节省采购时间和费用，又可以节省投标者费用，提高投标者中标的概率。但其运作方式对应急物资采购部门要求高，要求应急物资采购部门对供应商市场的竞争状况有充分的了解，同时会限制投标竞争的范围，有可能排除一些具有优势的竞争者。通常情况下，邀请招标适用于潜在的应急物资供应商数量不多，或采购的应急物资具有技术上复杂性或专门性特质，只能从有限范围的供应商中采购的情况；采购合同的价值较低，研究和评审大量投标书所需的时间和费用与拟采购应急物资的价值不成比例，限制投标人数比较合理的情况；公开招标未能产生中标单位的情况；限于保密及其他特殊要求不宜公开招标的情况。

（3）竞争性谈判采购

竞争性谈判采购是指应急物资采购部门通过与多家供应商进行谈判，从中选择确定应急物资供应商的一种应急物资筹集方法，是非招标采购方式中的主要采购方法，与招标采购方式具有同等重要地位。竞争性谈判采购适用于以下几种情况：

① 招标失败。已采用公开招标或邀请招标，但没有投标人中标，或应急物资采购部门根据法律规定拒绝了全部投标，且认为再进行新的招标也不可能达到预期效果。

② 采购标的无法事先确定。对于特殊货物，应急物资采购部门对合同标的中的货物的详细规格及标准等无法事先进行精确描述。

③ 紧急特殊采购。应对突发紧急事件、涉及国防或国家安全的采购。

（4）询价采购

询价采购是指应急物资采购部门向三家及以上的潜在供应商发出询价单或其他形式的报价邀请让其报价，然后对其报价进行比较并确定合格供应商的一种应急物资筹集方法，是非招标采购的一种方式。应急物资供应商报价的形式，可以是口头、电话、电传或其他形式。询价采购的适用条件：合同价值较低的标准化应急物资的采购。其特点：

① 采购范围有一定限制，限于采购估计价值低于采购条例规定的数额和标准化的现成货物。

② 只允许应急物资供应商提供一个报价，而且不允许改变报价，应急物资采购部门不得同某一供应商就其报价进行谈判。

③ 采购合同应授予符合应急物资采购部门要求的最低报价的供应商。

（5）单一来源采购

单一来源采购是应急物资采购部门在适当的条件下向单一的应急物资供应商、承包商直接采购应急物资的方法，亦称直接采购。例如，应急物资采购部门的采购涉及国防或国家安全，单一来源为最适当的采购方法；设计上有特别要求从某供应商采购，并以此作为性能保证的条件等。单一来源采购的优点：由于应急物资供应商的唯一性，应急物资采购部门能相对节省谈判时间、费用，提高采购效率。其缺点：缺乏应急物资供应商之间的竞争，应急物资采购方处于不利的地位，有可能增加采购成本；易滋生串通舞弊现象。

6.3 应急物资的储备

如何科学合理地储备应急物资，以降低储备成本并发挥最大的社会效益，成为应急物资储备面临的关键问题。应急物资可分为食品药品类、应急救援类、灾民安置类、基础保障类、大型设备类等。由于每一大类应急物资的有效使用期限、发挥的作用、价值、市场拥有情况等并不相同，科学选择应急物资的储备方式，对各类物资进行有效储备，既能降低储备成本，又能有效利用社会资源。

6.3.1 分析方法

层次分析法（AHP）是美国运筹学家萨蒂（T.L.Saaty）教授于 20 世纪 70 年代提出的一种多目标、多准则的决策分析方法，是一种定量与定性相结合的有效方法。它的核心是把复杂的问题分解成若干不同的因素，按照因素之间的相互关系建立层次递阶结构模型，形成目标层、准则层和方案层等，并通过两两比较的方法构造判断矩阵，求得每一层次的各元素对上一层次某元素的优先权重，最后采用加权和的方法递阶归并各备选方案对总目标的最终权重,最终权重最大者即最优方案。所谓“优先权重”是一种相对的量度,表明各备选方案在某一评估准则或子目标下的优越程度的相对量度以及各子目标对上一层目标而言重要程度的相对量度。层次分析法的主要步骤如下。

① 在对系统深刻认识的基础上,根据目标和主要问题的性质,确定主要目标要素和主要判断要素,建立层次结构模型。该模型包括最高层、中间层和最底层。最高层也称为目标层,只有一个元素,是分析问题的预定目标或理想结果。中间层也称为准则层,包括为实现目标所涉及的中间环节,可由若干层次组成,包括所需考虑的准则、子准则。最底层也称为措施层或方案层,这一层次包括为实现目标可供选择的各种措施、决策方案等。AHP 层次结构示意见图 6-1。

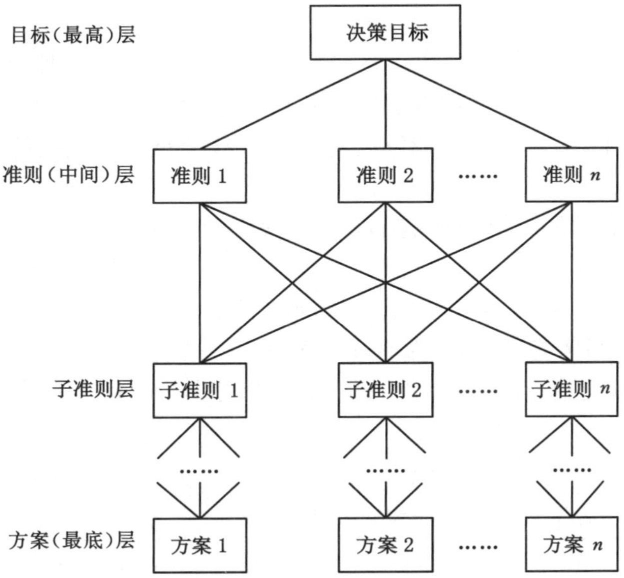

图 6-1 AHP 层次结构示意

② 构造各层次判断矩阵,计算各因素的权重。在构造判断矩阵时,需要根据突发事件处置案例、专家意见和研究者对事物的认识,给出判断矩阵的数值。构造判断矩阵的形式如表 6-1 所示。

表 6-1 判断矩阵

	C_1	C_2	…	C_n
C_1	b_{11}	b_{12}	…	b_{1n}
C_2	b_{21}	b_{22}	…	b_{2n}
…	…	…	…	…
C_n	b_{n1}	b_{n2}	…	b_{nn}

在判断矩阵中,元素 C_i 和 C_j 哪一个更重要,重要的程度如何,通常按 1～9 标度对重要性程度进行赋值。表 6-2 列出了 1～9 标度的含义。

表 6-2 标度的含义

标度	含义
1	表示两个元素相比，具有相同重要性
3	表示两个元素相比，前者比后者稍重要
5	表示两个元素相比，前者比后者明显重要
7	表示两个元素相比，前者比后者强烈重要
9	表示两个元素相比，前者比后者极端重要
2,4,6,8	表示上述相邻判断的中间值

注：若因素 i 与因素 j 的重要性之比为 a_{ij}，那么因素 j 与因素 i 的重要性之比为 $1/a_{ij}$。

③ 计算判断矩阵的特征值和特征向量，并对判断矩阵进行一致性检验。在实际中要求判断矩阵大体上满足一致性，这就需要进行一致性检验。只有进行一致性检验，才能说明构造的判断矩阵在逻辑上是合理的，才能继续对结果进行分析。对判断矩阵的一致性检验步骤如下。

第一步：计算一致性指标 CI(consistency index)。

$$\mathrm{CI}=\frac{\lambda_{\max}-n}{n-1}$$

其中，$\lambda_{\max}$是矩阵 $\boldsymbol{A}$ 的最大特征值；n 为矩阵的阶数。

第二步：查找检验比较矩阵 $\boldsymbol{A}$ 一致性的指标 RI，见表 6-3，称为平均随机一致性指标，它只与矩阵阶数 n 有关。

表 6-3 RI 的值

矩阵阶数	1	2	3	4	5	6	7	8	9	10	11	12	13	14	15
RI	0	0	0.52	0.89	1.12	1.26	1.36	1.41	1.46	1.49	1.52	1.54	1.56	1.58	1.59

第三步：计算一致性比率 CR。

$$\mathrm{CR}=\frac{\mathrm{CI}}{\mathrm{RI}}$$

当 $\mathrm{CR}<0.1$ 时，认为构造的判断矩阵的一致性是可以接受的；当 $\mathrm{CR}\geqslant 0.1$ 时，则认为判断矩阵不能满足一致性检验，应对判断矩阵作适当修正，调整判断矩阵中的值，直到 $\mathrm{CR}<0.1$。

④ 决策。计算出各个构造矩阵最大值的特征向量，然后根据总决策评分$=\boldsymbol{U}\times\boldsymbol{W}$，计算各个方案的权重，其中 $\boldsymbol{U}$ 为准则层所构造比较矩阵的最大值的特征向量(权向量)；$\boldsymbol{W}$ 为决策层各个最大特征值对应的特征向量(权向量)。

6.3.2 应急物资储备方式

分析应急物资储备时要考虑两个因素：一是将应急物资分为几类；二是应急物资的储备方式有哪些。将应急物资划分为 5 类，即食品药品类、应急救援类、灾民安置类、基础保障类和大型设备类。将应急物资储备方式分为 4 种，即实物储备、企业代储、合同储备以及生产能力储备。下面对应急物资的储备方式作简单介绍。

1. 储备方式

不同种类应急物资的有效使用期限并不相同,如面包的保质期短而帐篷的有效使用期限长;有些物资可以反复使用,如帐篷、救援装备等,而有些物资是消耗品,即一次性物品,如药品、食品等;另外,各类应急物资在突发事件应急处置过程中发挥的作用、急需程度、供给的连续性等方面亦不相同。因此,需要对各类应急物资分别采用不同的储备方式。

① 实物储备。实物储备,简单地说就是以实物的形式储存在仓库中,当突发事件发生后随时可调用的物资储备。实物储备对于生命的拯救及灾情的控制具有重要意义。由于突发事件的不确定性以及物资具有有效使用期限等,如果全部或过多依靠实物储备,往往会造成社会财富巨大的浪费和大量资产的长期闲置等。

② 企业代储。企业代储也称为委托储备。为了节约成本、提高社会资源的利用率,政府通过补贴等方式委托企业代储应急物资,要求企业保持一定量的应急物资储备。这样既能克服实物储备中资源利用效率低甚至浪费的现象,又能发挥资金的放大效应、提高资源的使用效能。但市场上流通性较差的物资不适于企业代储,另外,企业代储的灵活性也较差。

③ 合同储备。合同储备是指政府与那些拥有的物资可作为应急物资的企事业单位、个人签订合同,保证在突发事件发生后按照合同约定,能够优先租用或调用这些单位或个人的物资进行救灾。可采用合同储备的应急物资很多,如建筑企业的铲车、挖掘机、大货车等设备,当突发事件发生后按照合同约定优先调用这些物资进行救灾。但是,由于灾害发生时间具有不确定性,合同储备没有办法对应急物资的具体需求时间作出约定。因此,要防止在突发事件发生后,合同储备的应急物资已报废或者正在维修而影响突发事件的处置。

④ 生产能力储备。生产能力储备是指对那些能够生产、转产或研制应急物资的企业或其他单位,通过签订有关协议或合同,保证突发事件发生后能够按照合同要求迅速生产、转产或研制应急物资。生产能力储备也是一种协议储备,它虽然没有现成的应急物资直接供救灾使用,但作为一种生产能力储备,当突发事件发生后可以按照要求生产或研制相应的应急物资。这种储备对大规模突发事件的长期救灾起到了非常重要的作用,但生产能力储备转化为应急物资需要一定的时间。如果过多地依靠生产能力储备,则会影响突发事件的处置尤其是前期的处置工作。

2. 储备方式分析的层次结构

在分析应急物资储备方式的层次结构时,将其分为两个层次:第一层次是应急物资的分类层,对应急物资进行科学分类是进行应急物资储备的前提,因为不同种类的应急物资储备方式存在较大差别。第二层次是应急物资的储备方案层,每个种类应急物资的储备方案可能有 4 种:实物储备、企业代储(委托储备)、合同储备和生产能力储备。因此,应急物资储备方式的层次结构如图 6-2 所示。

6.3.3 各类应急物资的储备方式

在确定各类应急物资储备方式时需要注意的几个方面:

① 应急物资的用途和急需程度。各类应急物资用途和急需程度不同,其储备方式亦不相同。如用于防疫的物资,其急需程度不高,更适合合同储备和生产能力储备等储备方式。

② 应急物资有效使用期限和市场拥有量。如有效使用期限比较长且市场拥有量比较

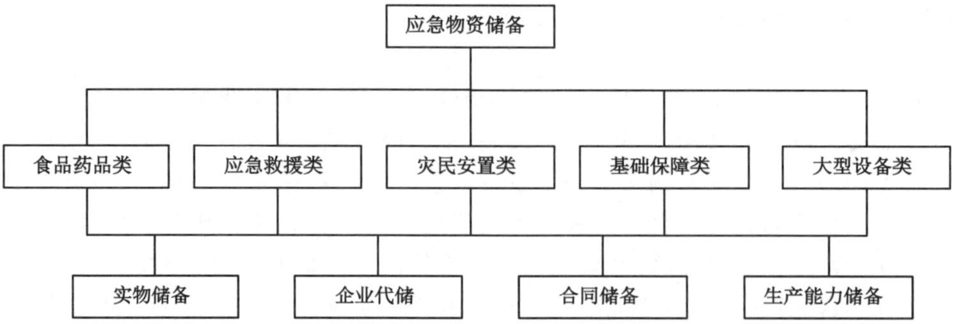

图 6-2 应急物资储备方式的层次结构

大的物资，如挖掘机等，则适合合同储备方式。

③ 应急物资对持续救灾的贡献和作用。在救灾过程中持续使用的物资，如食品、药品，则适合实物储备、委托储备和生产能力储备相结合的储备方式。

④ 应急物资在救灾过程中的使用频率以及物资本身价值。

⑤ 以最小的投入获取最大的社会效益，不能造成大量社会财产的闲置和浪费。

1. 食品药品类物资的储备方式

对食品药品类物资的储备方式所构造的判断矩阵为：

$$\boldsymbol{R}_1=\begin{bmatrix}1 & 1/4 & 1/7 & 1/9\\ 4 & 1 & 1/2 & 1/4\\ 7 & 2 & 1 & 1/2\\ 9 & 4 & 2 & 1\end{bmatrix}$$

对上述判断矩阵进行一致性检验，其一致性比率 CR 为 0.018，通过一致性检验。可求得食品药品类物资实物储备、委托储备、合同储备和生产能力储备的权重：

$$\boldsymbol{W}_1=(0.045,0.149,0.289,0.517)$$

在食品药品类应急物资的储备方式中，生产能力储备方式的权重最大，其次是合同储备和委托储备，实物储备方式的权重最小。这表明对于食品药品类物资，由于其需求量大且具有持续性，首先应该选择生产能力储备，其次是合同储备。同时，由于突发事件发生后对食品药品需求比较急，需要第一时间到达灾区，应该适当地进行实物储备。

2. 应急救援类物资的储备方式

对应急救援类物资的储备方式所构造的判断矩阵为：

$$\boldsymbol{R}_2=\begin{bmatrix}1 & 5 & 7 & 9\\ 1/5 & 1 & 3 & 5\\ 1/7 & 1/3 & 1 & 2\\ 1/9 & 1/5 & 1/2 & 1\end{bmatrix}$$

计算上述判断矩阵的一致性比率 CR，为 0.043，通过一致性检验。可以计算出应急救援类物资各类储备方式的权重：

$$\boldsymbol{W}_2=(0.657,0.205,0.087,0.051)$$

在应急救援类物资的储备方式中，实物储备的权重最大，为 0.657，其次是委托储备，其权重为 0.205,合同储备和生产能力储备的权重较小,都不足 0.1。这表明应急救援类物资的储备方式应该以实物储备为主,辅助委托储备。由于应急救援类物资是应急处置过程中最急需的物资之一,需要在突发事件发生后的第一时间调运这类物资进行应急救援,所以实物储备是该类物资储备的最佳方式。不能较多地依靠委托储备和合同储备,因为应急救援类物资尤其是专业救援类物资,社会需求量小,任何企事业单位和个人都不可能有大量的现货供应或储备。应急救援类物资也不能依靠生产能力储备,这是因为从生产能力储备转化为应急救援物资需要时间,往往会错过最佳救援时机,也就失去了应急的实际意义。

3. 灾民安置类物资的储备方式

对灾民安置类物资的储备方式所构造的判断矩阵为:

$$\boldsymbol{R}_3=\begin{bmatrix}1 & 3 & 6 & 3\\ 1/3 & 1 & 4 & 2\\ 1/6 & 1/4 & 1 & 1/2\\ 1/3 & 1/2 & 2 & 1\end{bmatrix}$$

对该判断矩阵进行一致性检验,其一致性比率 CR 为 0.017,通过一致性检验。可求得灾民安置类物资的 4 类储备方式的权重:

$$\boldsymbol{W}_3=(0.551,0.242,0.072,0.134)$$

可以看出,灾民安置类物资的储备方式首先是采用实物储备,其次是委托储备和生产能力储备。灾民安置类物资对于灾区社会稳定具有重要意义。我国政府高度重视灾民安置类物资,如民政部规定,在灾害发生后的 24 h 内将救灾物资发放到灾民手中。另外,救灾物资库所存储的物资主要是这类物资,如帐篷、棉衣等,因此,这类物资首选是实物储备和委托储备。灾民安置类物资的生产能力储备对于受灾人口众多的大规模突发事件具有重要意义,因为救灾物资储备不可能也不必要针对巨灾而存储数量巨大的应急物资,所以灾民安置类物资还要大量依靠生产能力储备,当特大灾害发生后,生产能力储备显得尤为重要,它能够持续地为灾区提供大量灾民安置类物资。

4. 基础保障类物资的储备方式

对基础保障类物资的储备方式所构造的判断矩阵为:

$$\boldsymbol{R}_4=\begin{bmatrix}1 & 3 & 2 & 6\\ 1/3 & 1 & 2 & 3\\ 1/2 & 1/2 & 1 & 2\\ 1/6 & 1/3 & 1/2 & 1\end{bmatrix}$$

该判断矩阵的一致性比率 CR 为 0.038,通过一致性检验。可以求出基础保障类物资的 4 类储备方式的权重:

$$\boldsymbol{W}_4=(0.501,0.243,0.172,0.084)$$

在基础保障类物资的储备方式中,实物储备方式的权重最大,其次是委托储备和合同储备,生产能力储备的权重最小。因此,基础保障类物资的储备可采用实物储备和委托储备相结合的储备方式,即政府部门可以进行实物储备,但是由于储备场所等限制,可以采取一定量的委托储备。同时,由于一些应急物资是生产物资,集中在各个企业,也可以采取适量的合同储备。另外,由于基础保障类物资往往是常用的物资,在市场流通环节可能大量存在,通过应急采购可以获得。但基础保障类物资不适宜进行大量生产能力储备。

5. 大型设备类物资的储备方式

对大型设备类物资的储备方式所构造的判断矩阵为：

$$\boldsymbol{R}_5=\begin{bmatrix}1 & 1/2 & 1/9 & 1\\ 2 & 1 & 1/8 & 1/2\\ 9 & 8 & 1 & 7\\ 1 & 2 & 1/7 & 1\end{bmatrix}$$

该判断矩阵的一致性比率 CR 为 0.012，通过一致性检验。可以求出大型设备类物资的各类储备方式权重：

$$\boldsymbol{W}_5=(0.074,0.128,0.719,0.077)$$

大型设备在救灾中往往发挥着重要作用，如在地震和洪水应急救援过程中所需要的挖掘机、铲车等。这类物资的特点是价格昂贵、使用频率低，如果过量购置则会造成资产的闲置以及许多不必要的浪费。另外，这类物资生产周期长，通过生产能力储备的方式保障应急供给也不现实，而工程公司或施工队等单位却拥有大量的这类设备。因此，这类应急物资最好采用合同储备，与拥有大型设备的各单位和个人签订合同，以保障在突发事件发生后能够优先调用这类物资进行救灾。然而，由于这类设备救灾使用率低，而合同储备的法律效力又较小，当应急调用时可能出现设备已经坏掉或者正在维修等情况。因此，对于大型设备还可以进行部分的委托储备，政府出资委托企业储备一些相应的物资。

6.3.4 应急物资的综合储备方式

1. 各类应急物资的权重分析

无论哪类应急物资，都是应急资源的重要组成部分，都是突发事件应急救援过程中不可缺少的组成部分，因此，不存在某类物资比另一类物资更重要的问题。然而，在突发事件应急处置过程中，各类应急物资的需求数量和紧迫程度并不一样，并且各类应急物资在救灾过程中发挥的作用和功能也不一样，有些是拯救生命的，如救援设备和医疗物资，有些是延续生命的，如食品。应急需求特征直接影响应急物资的储备方式，因此，为了更好地确定各类应急物资的储备方式，在大量突发事件应急救援案例的基础上，结合应急专家的意见，综合考虑各类应急物资需求及在突发事件应急处置中的作用，构造应急物资的判断矩阵：

$$\boldsymbol{R}=\begin{bmatrix}1 & 5 & 3 & 7 & 8\\ 1/5 & 1 & 1/3 & 4 & 6\\ 1/3 & 3 & 1 & 5 & 7\\ 1/7 & 1/4 & 1/5 & 1 & 2\\ 1/8 & 1/6 & 1/7 & 1/2 & 1\end{bmatrix}$$

该判断矩阵的一致性比率 CR 为 0.004，通过一致性检验。可求出食品药品类、应急救援类、灾民安置类、基础保障类、大型设备类应急物资的权重：

$$\boldsymbol{W}=(0.369,0.187,0.257,0.106,0.081)$$

可以看出，在突发事件应急处置过程中，对食品药品类、灾民安置类物资的需求量大，其权重较大。一方面，食品药品类的应急物资是消耗品，在突发事件应急处置中需要持续不断供给；另一方面，这类物资是受灾民众维持生命所需要的基本物资。其次为应急救援类物资，应急救援类物资在应急救援过程中发挥着重要作用。突发事件发生后的第一时间，拯救生命、控制灾情成为应急处置的根本任务，因此，在突发事件应急处置过程中应急救援类物资的需求权重也较大。最后是基础设施类和大型设备类物资，这类物资在突发事件应急处置过程中亦发挥着重要作用，但这类物资的使用频率低、需求数量少，只有在重大灾害应对过程中才常用到，所以需求权重相对较小。

2. 各类应急物资储备方式的权重分析

在4类应急物资的储备方式中，实物储备是应对突发事件最有效的储备方式，但是所有应急物资都通过实物的方式储备起来显然不现实，因为应急物资都是有使用期限的，尤其是食品药品类物资使用期限非常短，再加上突发事件尤其是大规模突发事件发生的时间具有不确定性，大量实物储备容易造成社会财富的巨大浪费。因此，要合理安排各类物资的储备方式，确定哪些应急物资需要实物储备、哪些需要合同储备以及哪些需要委托储备等，做到在突发事件发生后既能够及时向灾区提供必要的应急物资，最大限度地挽救人民的生命和保护财产安全，又能够降低投入和运行成本，还不会造成大量资产闲置或浪费。

3. 综合储备方式

根据上述各类应急物资的权重以及每类应急物资的储备方式的权重，可以通过式(6-1)求出应急物资综合储备方式的权重：

$$\boldsymbol{U}=\begin{bmatrix}U_1\\U_2\\U_3\\U_4\end{bmatrix}=\boldsymbol{W}\times\begin{bmatrix}\boldsymbol{W}_1\\\boldsymbol{W}_2\\\boldsymbol{W}_3\\\boldsymbol{W}_4\\\boldsymbol{W}_5\end{bmatrix} \tag{6-1}$$

其中，$\boldsymbol{W}$ 为食品药品类、应急救援类、灾民安置类、基础保障类、大型设备类5类应急物资的权重，$\boldsymbol{W}=(0.369,0.187,0.257,0.106,0.081)$；$\boldsymbol{W}_1$—$\boldsymbol{W}_5$ 分别为各类应急物资的储备方式的权重，如食品药品类物资的储备方式权重 $\boldsymbol{W}_1=(0.045,0.149,0.289,0.517)$。将上述各权重数据代入式(6-1)进行计算：

$$\boldsymbol{U}=[0.369\quad 0.187\quad 0.257\quad 0.106\quad 0.081]\times\begin{bmatrix}0.045 & 0.149 & 0.289 & 0.517\\0.657 & 0.205 & 0.087 & 0.051\\0.551 & 0.242 & 0.072 & 0.134\\0.501 & 0.243 & 0.172 & 0.084\\0.074 & 0.128 & 0.719 & 0.077\end{bmatrix}$$

经过计算可以得出各类储备方式的权重：

$$\boldsymbol{U}=\begin{bmatrix}U_1\\U_2\\U_3\\U_4\end{bmatrix}=\begin{bmatrix}0.340\\0.192\\0.219\\0.249\end{bmatrix}$$

在应急物资的综合储备中，实物储备的权重最大，为0.340，其次是生产能力储备和合同储备，其权重分别为0.249和0.219，委托储备的权重最小。上述分析表明，从总体上来说，需要采取综合措施进行应急物资储备，既要注重应急物资实物储备，也要重视生产能力储备和合同储备，同时要进行必要的委托储备。

6.3.5 政府应急物资的储备模式

大量突发事件应对表明，应急物资储备不足已成为制约应急管理的重要因素。《突发事件应对法》规定了“统一领导、综合协调、分类管理、分级负责、属地管理为主”的应急管理体制，这就要求各级政府作为主责部门，分别应对不同级别的突发事件，并根据突发事件的级别储备相应的应急物资。

1. 突发事件的规模

我国地域辽阔、地理环境复杂，突发事件种类多、随机性大。因此，需要根据“分级负责”的原则，建立与政府级别相对应的突发事件的风险级别，即什么级别的突发事件由哪级政府为主负责应对。

我国已经对突发事件进行分级，如《国家突发公共事件总体应急预案》按突发事件的性质、严重程度、可控性和影响范围等因素将其分成四级：特别重大（Ⅰ级）、重大（Ⅱ级）、较大（Ⅲ级）和一般（Ⅳ级）。然而，突发事件的级别和需要负责应对的政府级别之间缺乏必然联系，如胶济铁路火车相撞事件导致 72 人死亡、416 人受伤，属于造成特别重大人员伤亡的突发事件，但只需要当地政府就能够应对。这就需要明确与政府级别相对应的突发事件规模。根据突发事件影响范围、受灾人口数量和应急物资需求量和种类等要素，将突发事件规模分为 3 类，即大规模突发事件、较大规模突发事件和一般规模突发事件。

（1）大规模突发事件

大规模突发事件，是指造成的受灾面积广、受灾人口多、经济损失大、应急物资需求量大、应急物资需求点多及持续时间较长的突发事件。这类突发事件需要国家和全社会的共同努力才能确保迅速控制灾情、安置灾民、最大限度地减少损失，如 2003 年的“非典”、2008 年的雨雪冰冻灾害和 2020 年的新型冠状病毒感染疫情等。这类突发事件发生的概率极低，但是影响极大，甚至需要国家动员去应对。

（2）较大规模突发事件

较大规模突发事件，一般指受灾面积较大、受灾人口较多、有较大的经济损失和社会影响、需要较多应急物资的突发事件。这类突发事件超过了突发事件所在地政府的应对能力，需要省级政府为主才能有效应对。这类突发事件发生的概率较小。

（3）一般规模突发事件

一般规模突发事件，是指超出当地政府的日常工作范围，但受灾面积较小、有一定的人口受到灾害影响，同时具有一定的破坏性、需要一定数量的应急物资的突发事件。这类突发事件只需要市（县）级政府就可以有效应对。

2. 突发事件的规模对应急物资储备的影响

（1）突发事件规模决定应急物资的储备数量和结构

政府应急物资储备的数量取决于需要应对的突发事件风险级别，突发事件的风险级别越高，需要储备的应急物资就越多。例如，大规模突发事件影响范围广、受灾人口多、应急物资需求量大，因此就需要国家储备较多的应急物资；一般规模突发事件，由于影响范围小、受灾人数少、应急物资的需求量相对较小，因此需要地方政府尤其是市（县）级政府储备数量较少的应急物资即可。

突发事件的风险级别对应急物资的储备结构也有很大影响。一方面，不同级别的突发事件对应急物资的需求结构有所不同,如巨灾不仅需要应急救援类物资,而且需要灾民安置类物资,而一般性灾害则更需要应急救援类物资;另一方面,大规模突发事件如洪水和地震容易产生衍生、次生灾害,在应急物资储备中,不仅要储备突发事件本身所需的应急物资,还要储备次生灾害所需的应急物资。

(2) 突发事件规模影响应急物资的储备方式

突发事件规模对应急物资储备方式的影响也非常显著。大规模突发事件要求国家不仅要做好实物储备,而且要做好合同储备和生产能力储备。这是因为大规模突发事件往往持续时间长,仅仅靠实物储备远远不够,而合同储备和生产能力储备可为长期救灾提供应急物资。对于较大规模突发事件,需要采用实物储备、委托储备和合同储备并重的储备方式,生产能力储备一般较少采用,因为较大规模突发事件不需要长期救灾。对于一般规模突发事件,则主要需要以实物的形式储备一些急需的且市场上不常见的应急物资,常见物资则不需要进行太多储备或者不进行储备。这主要是由于一般规模突发事件影响范围不大、造成的损失较小,对应急物资的需求量较少,通过应急采购完全可以满足应急需求。

3. 政府应急物资储备模式的构建

政府是突发事件的主要应对者,也是应急物资的主要储备者。除此之外,家庭、企业和市场等也都需要储备一定量的应急物资,因为家庭和企业不仅是主要受灾者,而且是灾害的第一应对者,当灾害发生后需要受灾人员马上进行紧急避险以及自救互救,这就需要家庭和企业储备一些基本的应急物资;另外,当灾害发生后,政府筹集和调度应急物资以及调遣救援队伍需要时间,把应急物资运输到灾区并发放到灾民手中也需要时间,救灾队伍奔赴灾区救灾亦需要时间。也就是说,在政府救灾物资和救灾队伍到达之前,家庭和企业首先要应对灾害。因此,企业、家庭都是对政府应急物资储备的必要补充,虽然数量较小,但是对于拯救生命以及控制灾情往往发挥着重要作用。国家物资储备和国家粮食储备不仅具有维护国家安全、调节市场的功能,而且具有巨灾应急的功能。军需物资储备除了备战需要外,还具有巨灾应急功能。因此,整个应急物资储备形成了以政府储备为主、其他储备为辅的应急物资储备体系。图 6-3 给出了各类应急物资储备与突发事件应对之间的关系。

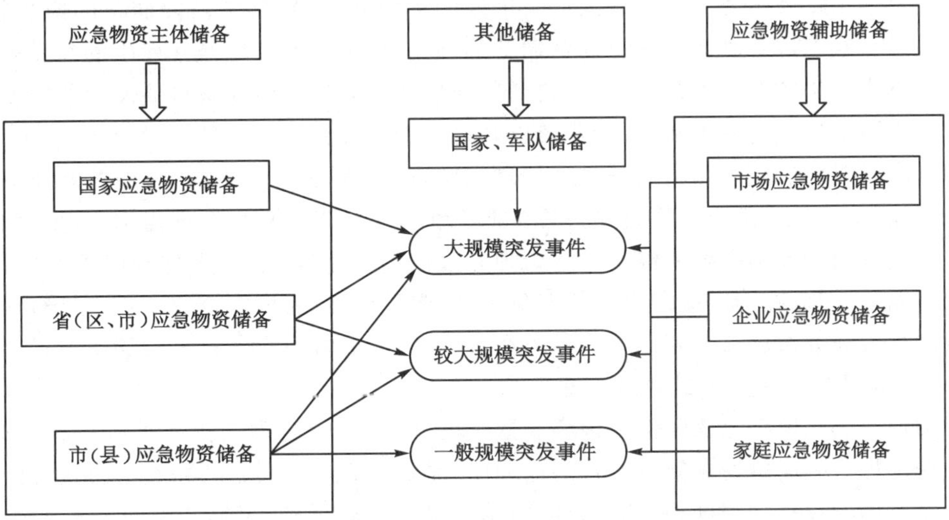

图 6-3 应急物资储备与突发事件应对之间的关系

以风险级别为基础的政府应急物资储备包括 4 个阶段：首先根据突发事件“分级负责”的原则，确定各级政府主要负责应对的突发事件的风险级别；其次以各级政府需要负责应对的突发事件的风险级别为基础，确定各级政府需要储备的应急物资的种类和数量；再次确定各类应急物资的储备方式；最后对应急物资的保障能力进行评估，优化应急物资储备种类、数量和方式，提高应急物资的储备质量。图 6-4 为政府应急物资储备的模型。

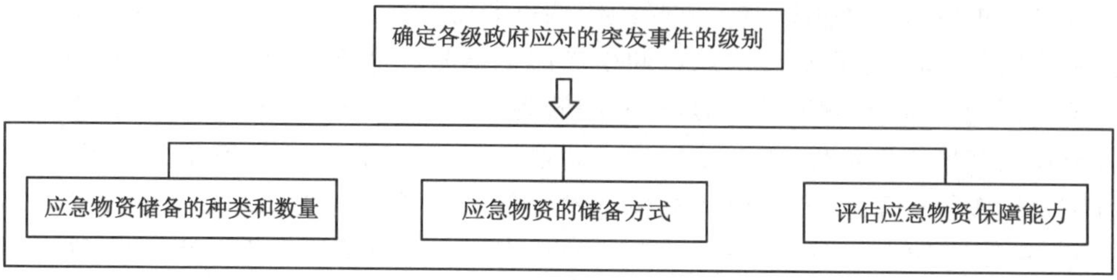

图 6-4 政府应急物资储备的模型

（1）确定各级政府应对的突发事件的级别

确定各级政府需要应对的突发事件的风险级别，是各级政府应急物资储备的主要依据和前提条件。国家应急物资储备主要针对大规模突发事件。大规模突发事件，如汶川大地震这类的巨灾，应急资源需求量十分巨大，如果按照这种百年一遇或者更小概率事件的风险标准来储备应急物资，显然是不现实的，因为应急物资都是有使用期限的，而巨灾发生的概率特别小，什么时候发生具有不确定性，过多的应急物资实物储备往往会造成社会财富的巨大浪费。因此，需要科学确定各级政府主要负责应对的突发事件的风险级别。

在对各类突发事件进行风险分析的基础上，结合各级政府的经济实力，确定国家、省（区、市）级政府、市（县）级政府需要应对灾害的规模。市（县）级政府主要负责应对一般规模突发事件，省（区、市）级政府主要负责应对较大规模突发事件，国家主要负责应对大规模突发事件。或者根据风险概率确定各级政府需要应对的突发事件的级别。

（2）确定各级政府应急物资储备的种类和数量

各级政府根据其主要负责应对的突发事件的种类和规模，确定需要储备的应急物资的种类和数量。在确定各级政府应急物资储备的种类时，不仅要考虑经常发生的突发事件，而且要考虑不常发生的突发事件，甚至还要考虑历史上没有出现而未来可能发生的突发事件，如新建水库可能出现的溃坝事件，新建核电站可能带来的核泄漏事件等。

在确定各级政府应急物资储备数量的过程中，既要考虑社会效益，也要考虑经济效益，做到规模适度，既要避免应急物资储备过少而无法满足突发事件应对的需求，又要避免应急物资储备过多而造成不必要的浪费。各个地方政府财力不同，在应急物资储备方面投入的资金也有差异，因而在确定应急物资的储备种类、数量时，还要考虑资金的投入，确定优先储备物资的种类和数量以及规划储备的种类和数量，同时要考虑应急物资的储备方式。

（3）确定政府应急物资的储备方式

在确定各级政府应急物资储备种类和数量的基础上，应合理安排各类应急物资的储备方式。在选择各类应急物资储备方式的过程中，需要注意几个问题：第一，应急资源的用途、急需程度、有效使用期限等因素；第二，实物储备是应急救援的关键，当突发事件发生后，可以立即调运这些物资；第三，储备重要应急物资，尤其是对生命救助和灾情控制起重要作用的应急物资；第四，以最小的投入获取最大的社会效益；第五，也是最重要的，即政府的财政投入，政府对应急物资储备的投入直接影响应急物资储备方式的选择。

合理安排各类物资的储备方式，确定哪些应急物资需要实物储备和委托储备、哪些需要合同储备以及哪些需要生产能力储备、哪些需要多种储备方式相结合，做到在突发事件发生后既能够及时向灾区提供必要的应急物资，确保最大限度地挽救灾民的生命和财产，又能够使投入和维护成本最低。

由于大规模突发事件的应急物资需求量大，国家在应急物资储备的过程中不仅要注重实物储备，还要注重委托储备、合同储备和生产能力储备。对于急需性强的物资，全部或者部分采用实物储备，如一些灾民安置类物资适合做适当的实物储备。对于一些急需性不是非常强的应急物资，可采用委托储备，因为它类似企业的业务外包，能节省大量的仓库空间和费用。对于需求量特别大的物资，还要采用合同储备和生产能力储备。实物储备和委托储备一般要满足 3 d 的基本救灾需求，其原因一方面是生产能力储备、大规模的社会采购、社会捐赠等都很难在第一时间发挥作用，另一方面可为从其他方式获得应急物资争取时间。

对于较大规模突发事件，省（区、市）级政府应急物资的实物储备一般需要满足 1～2 d 的救灾需求，同时要进行一定比例的合同储备和生产能力储备。由于各个省（区、市）的灾害类型、经济特征、人文因素差别很大，应急物资储备的数量、种类和方式也不尽相同。经济发达的省（区、市）可以提高实物储备的比例；经济欠发达的省（区、市）除了以实物的形式储备最急需的应急物资外，更需要注重合同储备和生产能力储备。

一般规模突发事件所需应急物资较少，市（县）级政府只需要以实物的形式储备突发事件应急处置最急需的应急物资，以及市场上不容易采购或市场上数量较少而突发事件又急需的应急物资，其他应急物资完全可以通过市场采购获得。

(4) 评估应急物资保障能力

应急物资保障能力评估是发现应急物资储备中存在的问题和不足、调整应急物资的储备结构、改善应急物资的储备质量、提高突发事件应急物资保障能力的有效手段。应急物资保障能力评估可依据不同的需求选择不同的方案，如评估应急物资在应急处置的各个阶段如搜寻救援、医疗救护、灾民安置、恢复重建等阶段的保障能力；或按照总体应急预案的要求，评估应急物资在应对各个方面如医疗卫生、交通运输、通信等的保障能力。通过评估，及时发现应急物资储备存在的问题与不足，调整应急物资储备的种类和数量，优化应急物资的储备方式，提高应急物资的储备质量，以最小的成本获取最大的社会效益。

根据政府应急物资储备资金的预算，做好应急物资的储备规划和动态调整。在应急物资储备资金预算较少时，实物储备可以偏重一些应急救援急需的物资，增加一些企业委托储备，因为委托储备能节省仓储的征地费用和建设费用，提高资金的利用率；同时，加强合同储备和生产能力储备，做好应急物资的近期规划和远期规划。随着经济的发展以及对应急管理工作的重视程度不断提高，应急物资储备资金可能会逐渐增多，这之后就需要不断加大应急物资的实物储备和委托储备，并持续提高应急物资实物储备和委托储备的管理水平。

6.3.6 应急物资储备库选址的基本原则与影响因素

1. 应急物资储备库选址的基本原则

① 安全性原则。应急物资作为突发事件应急处置最基本的物质保障，安全问题自然就

成了应急物资储备库选址的首要问题，如应急物资储备库不能建在地质灾害、洪水灾害及火灾等灾害频发的地点，而应建在地势较高、市政条件较好、工程地质和水文地质条件较好的地点，而且所建的建筑物要达到8级以上的抗震能力。

② 及时性原则。突发事件发生后，应急物资供给若能及时有效，则能使应急响应与处置事半功倍，从而最大限度地降低突发事件带来的损失。突发事件发生时应急物资供给的及时性，对控制突发事件的发展态势具有非常重要的作用，其损失函数是由物资提供的区域、时间及提供量决定的。因此，应急物资储备库选址必须考虑储备库到达潜在突发事件发生地的距离以及道路交通等综合因素，以确保突发事件发生后应急物资供应的及时性。

③ 社会效益原则。以人为本是应急物资储备库选址时重点考虑的理念，故应急物资储备库选址时既要考虑本区域的覆盖率，也要考虑对周边地区突发事件的救助，发挥一方有难八方支援的精神。

④ 资源互补性原则。中央、省级、地市级和县级等各级应急物资储备库在资源配置上要考虑互补性原则，如中央应急物资储备库主要储备棉被、帐篷等常规性物资，而地方应急物资储备库可以有针对性地储备一些符合地方典型灾害救灾需求的应急物资，从而实现中央与地方应急物资储备库应急物资的互补，保障突发事件应急物资的有效供应。

⑤ 经济性原则。应急物资储备库选址在满足以上4个原则的基础上，应尽量节约应急物资储备库的建设、运行和管理成本。

2. 应急物资储备库选址的影响因素

将应急物资储备在合适的位置，不仅能保证应急救援的时效性，对及时控制事态发展、减少人员伤亡具有重要作用，而且能降低运输成本。对于应急物资储备库的选址，通常考虑以下几个方面的因素。

(1) 时间

对于救灾来说，时间就是生命，救灾时间越短，灾害造成的损失越小，受灾人员的成活率越高。以唐山大地震为例，抢救时间与救活率的关系为：半小时救活率为95%，第1天救活率为81%，第2天救活率为53%，第3天救活率为36.7%，第4天救活率为19%，第5天救活率为7.4%。因此，在应急物资布局时要充分考虑救灾物资到达的时间，保证救灾物资的时效性。如民政部规定，救灾物资要在24 h内到位；《城市消防规划建设管理规定》要求，消防站的布局，应当以接到报警5 min内消防队可以到达责任区边缘为原则。因此，应急物资储备库选址要考虑运输时间，以保证救灾物资及时到位。

(2) 灾害类型与级别

灾害的类型与级别是影响应急物资储备库选址的重要因素。我国处在环太平洋板块和欧亚板块的交汇处，地震灾害频发；地形地貌复杂多样，2/3的国土面积为山地，山地灾害多发；另外，我国是典型的季风区国家，受东亚季风影响，干旱和洪涝灾害亦成为影响我国的主要自然灾害。针对我国频繁发生的自然灾害，1998年之后，民政部、财政部建立了救灾物资储备制度，并先后在沈阳、天津等10个城市建立了中央级救灾物资储备库，这10个中央级救灾物资储备库是针对我国自然灾害特点而布局的，如东北地区有干旱、洪涝、低温冻害以及森林火灾等，华北地区有暴雨、洪涝、地震等灾害，民政部分别在沈阳、天津以及郑州设立了中央级救灾物资储备库。2008年汶川大地震发生之后，中央级救灾物资储备库由原来的10个增加到24个，并扩建改建了原来的救灾物资储备库，如在成都新建了目前我国最大的中央级应急物资储备库，针对地震、洪灾等灾害储备了相应的应急物资，承担着面向四川、辐射西南的应急物资储备功能。目前，中央级应急物资储备库已增加到113个，存放中央应急物资的省份已经做到了全覆盖，并且进一步优化了中央应急物资的储备布局。

防汛物资储备是适应抗洪抢险应急需要、减少洪灾损失的重要措施，防汛物资储备仓库需要尽可能靠近历史上洪水险情易出现的河段以及需要防洪的人口密集、工业发达的城市，靠近防汛物资需求地应为第一原则。《城市消防规划建设管理规定》指出，高层建筑、地下工程、易燃易爆化学物品企业、古建筑比较多的城市，应当建设特种消防站，原因是这些区域易发生火灾。再如，对于一个只有几万人的小城镇而言，往往需要1～2所一级医院；而对于拥有几百万人口的大城市，至少需要1～2所三级医院。这是因为小城镇人口少，所接触的危险病情较少，对医疗设备的需求也较少；而大城市人口多，各种危险病情数量多，对医院的数量和级别要求也较高。

(3) 服务范围

应急物资储备库的服务范围是影响其选址的重要因素。一方面，应急物资储备库的服务范围不能太大，否则会出现两种情况：一是难以满足服务辖区内的救灾需求；二是影响救灾物资的到达时间，从而失去其应有的救灾意义。另一方面，服务范围也不能太小，这样容易因储备点过多而造成人力和物力的浪费。

2003年新疆巴楚发生了6.8级地震，民政部先后从武汉和郑州中央级救灾物资储备库调运6 000顶、7 000顶帐篷，经过几十小时的长途运输才到达灾区。这就说明，2008年汶川大地震之前我国在中东部地区布局的10个中央级救灾物资储备库覆盖范围小，满足不了24 h救灾物资到位的要求。2008年汶川大地震之后，民政部开始在新疆乌鲁木齐建立中央级救灾物资储备库，可满足新疆及周边地区救灾基本需求。对城市消防而言，《城市消防规划建设管理规定》规定，城市消防站责任区的面积应取4～7 km^2，即一个消防站的服务范围为4～7 km^2。

(4) 通达能力

通达能力也是影响应急物资快速、高效运送的主要因素。故应急物资储备库应布局在重要的交通枢纽，并且具有水路、公路、铁路和航空的优势。如中央级救灾物资储备库通常布局在省会城市，就是考虑省会城市具备四通八达便利的交通条件，有利于应急物资的快速调运。如防汛物资储备仓库需要具有便利的交通条件，对于防汛物资而言，其储备仓库是防汛物资的集散地，既可利用便捷的交通条件迅速地将防汛物资运抵抗洪前线，又可使防汛物资得以迅速补充。

6.3.7 应急物资储备库选址方法

针对我国现有应急物资储备库按照属地管理布局的不足，如当受灾点发生重大灾害时，各应急物资储备库实行均匀配置，导致应急系统救援效率低以及资源的浪费，本书引入集合覆盖选址模型和"覆盖满意度"思想，将应急联动区域内的服务需求分为第一时间救援服务需求和后续救援服务需求，以应急服务成本最小和覆盖满意度最大为目标，建立应急联动下区域应急物资储备库选址分配协同优化模型。

1. 现有布局决策方案

为了简化管理流程，提高管理效率，我国现阶段应急物资储备库大多实行属地管理的方式。这种方式在应对属地内的中小型灾害时,具有责任明确、灵活性大、专业性强等特点,但在应对重大灾害时,往往显得处境窘迫。如图6-5所示,A、B、C三地按照属地管理方式建立了3个应急物资储备库。当A、B、C三地中任意地发生中小型灾害时,属地应急物资储备库的物资能够应对;当某地如C地发生重大灾害,其应急需求超出自身储备能力时,需要从A、B两地调运物资到C地,而由于缺少全局应急能动性、资源配置效率低,C地等待救援时间较长,后续救援力度较弱,从而造成严重损失。

究其原因,在于我国现有布局缺少跨区域或者职能的沟通和协调,还存在以下不足:一是应急资源的分布是局部优化,而非全局优化;二是当前应急资源配置是被动防御,而非主动进行预先设计;三是应对灾害时,资源共享困难,且容易造成供需错配的现象。

2. 应急联动下布局决策方案

在现有布局决策中引入应急联动的概念,体现在以下两个方面:

① 资源的联动,体现在各个应急物资储备库选址建设、物资的储备和配送的联动,区域的资源能物尽其用。

② 决策的联动,表现在区域的一体化,优化现有属地管理的决策方式,对受灾点进行多次覆盖,从而满足受灾点的需求。

如图6-6所示,A、B、C三地实现了区域应急联动。假设在B、C两地建立了应急物资储备库,B地可以为A、B两地提供第一时间救援应急覆盖服务(假设第一时间救援覆盖半径为4);当C地发生重大灾害时,首先由C地应急物资储备库为C地提供第一时间救援应急覆盖服务,然后由B地为C地提供后续救援服务。由于B、C两地距离小于A、C两地距离,将应急物资储备库建在B地,C地被救援效率较高。

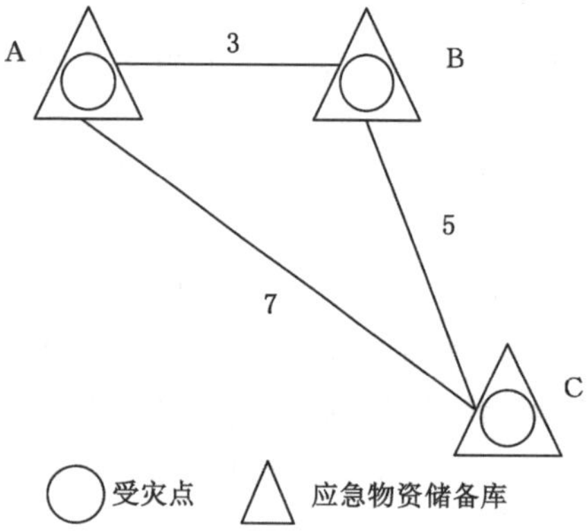

图6-5 现有布局示意

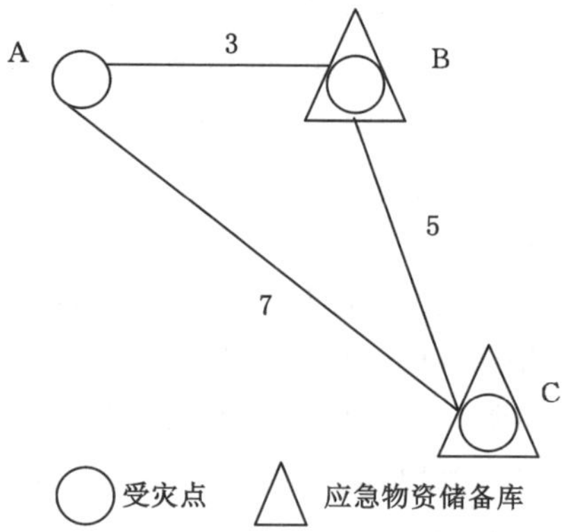

图6-6 应急联动布局示意

3. 模型构建

(1) 问题描述

考虑由多个行政区域构成的应急联动区域,当某点发生了突发事件时,先由负责该受灾点救援的应急物资储备库在第一时间提供应急物资进行救援;当灾情比较严重,如继续扩大,或者发生重大突发灾情时,不仅需要第一时间的应急救援,而且需要整个区域系统内其他应急物资储备库提供后续应急物资进行救援。模型需要解决的问题是:在应急联动区域,从给定备选点中选取若干点建立应急物资储备库,并配置适量的应急资源,满足区域系统内每个受灾点对于第一时间的应急救援需求和可能的后续救援需求，达到减小应急服务成本，提高应急救援物资保障能力的目标。

(2) 符号说明

$N=\{1,2,\cdots,n\}$：为受灾点的集合，也是应急物资储备库的备选点的集合；

f_j：在备选点 j 设置一个应急物资储备库的固定建设成本；

Q_j：应急物资储备库的最大储备量；

d_{ij}：备选点 j 到受灾点 i 的距离，当 $i=j$ 时，$d_{ij}=0$，即应急物资储备库备选点也是受灾点；

D_i：受灾点 i 的第一时间应急物资需求量；

d_0：应急物资储备库能够提供的第一时间救援覆盖半径；

d_u：应急物资储备库能够提供的最大救援覆盖半径；

a_{ij}：第一时间覆盖系数，$d_{ij}>d_0$ 时 $a_{ij}=0$，否则 $a_{ij}=1$；

c_{ij}：第一时间救援分配成本系数，即分配单位应急物资从备选点 j 到受灾点 i 的成本，包括运输、存储等成本；

ω_i：受灾点 i 的权重，通过评价受灾点 i 的灾害脆弱性得到；

M：表示无穷大的正数；

y_i：应急物资储备库的选址决策变量，如果确定在备选点 j 建立应急物资储备库，则 $y_i=1$，否则，$y_i=0(j\in \mathbf{N})$；

z_{ij}：表示受灾点 i 从备选点 j 分配得到的应急物资数量。

传统的最大化覆盖选址模型是0-1型的，但是现实生活中，在应对所有的自然灾害时，区域内所有的应急设施都可以为受灾点提供救援服务。当受灾点与应急物资储备库在同一个区县时，覆盖满意度为1；否则，覆盖满意度随距离的增加而减小。给出覆盖满意度函数：

$$S(d_{ij})=(d_u-d_{ij})/d_u \tag{6-2}$$

(3) 数学模型

建立应急联动下的跨区域选址-分配优化模型：

$$F_1=\min\sum_i\sum_j c_{ij}z_{ij}+\sum_j f_j y_j \tag{6-3}$$

$$F_2=\max\sum_i\sum_j w_i S(d_{ij})y_j \tag{6-4}$$

$$z_{ij}\leqslant Ma_{ij},\forall i,\forall j \tag{6-5}$$

$$z_{ij}\leqslant My_j,\forall i,\forall j \tag{6-6}$$

$$\sum_j z_{ij}\geqslant D_i,\forall i \tag{6-7}$$

$$\sum_i z_{ij}\leqslant Q_j,\forall j \tag{6-8}$$

$$y_j\in\{0,1\},\forall j \tag{6-9}$$

$$z_{ij}\geqslant 0,\forall i,\forall j \tag{6-10}$$

假设由各个配送中心到受灾点的应急物资无差异，决策者综合考虑受灾点服务满意度和成本因素进行理性决策。所以，目标函数式(6-3)表示应急联动跨区域系统的总成本最低，其中多项式的第1项表示第一时间应急救援成本，第2项表示应急物资储备库的建设成本；目标函数式(6-4)表示应急联动跨区域系统的覆盖满意度之和最大；约束条件式(6-5)表示只有备选点 j 在受灾点 i 的第一时间救援覆盖半径内，才能为受灾点 i 提供第一时间救援物资服务；式(6-6)表示只有当备选点 j 建立了应急物资储备库，才能为受灾点 i 分配物资；式(6-7)表示受灾点 i 的第一时间应急物资需求量必须被满足；式(6-8)表示被分配的应急物资数量不能超过应急物资储备库容量；式(6-9)表示决策变量 y_i 的取值范围，是0-1约束；式(6-10)表示备选点 j 分配给受灾点 i 的应急物资数量，是非负约束。

4. 模型求解

(1) 受灾点灾害脆弱性评价

该模型中 ω_i 是一个重要的参数，它表示在区域应急联动资源预先配置中各地区的权重。由于灾害发生时各地区可能受到灾害的影响程度不同，在进行统一的资源配置时需要考虑各地区对应急资源需求存在的差异。通过统计年鉴和政府公开信息等渠道获取数据，用 TOPSIS(逼近于理想解的排序方法)进行评价，得出了各县区灾害脆弱性排序，进而得到 ω_i 值。

TOPSIS 的基本思想是对归一化后的原始数据矩阵确定出理想的最佳方案和最差方案，然后通过求各被评价方案与最佳方案和最差方案之间的距离，得出该方案与最佳方案的接近程度，并以此作为评价各被评价对象优劣的依据，其基本步骤如下。

① 设有 m 个目标(有限目标)，n 个属性，专家对其中第 i 个目标的第 j 个属性的评估值为 x_{ij}，则初始判断矩阵 $\mathbf{V}$ 为：

$$\mathbf{V}=\begin{bmatrix} x_{11} & x_{12} & \cdots & x_{1n} \\ x_{21} & x_{22} & \cdots & x_{2n} \\ \vdots & \vdots & & \vdots \\ x_{i1} & x_{i2} & \cdots & x_{in} \\ \vdots & \vdots & & \vdots \\ x_{m1} & x_{m2} & \cdots & x_{mn} \end{bmatrix} \tag{6-11}$$

② 由于各个指标的量纲可能不同，需要对初始判断矩阵进行归一化处理：

$$\mathbf{V}'=\begin{bmatrix} x'_{11} & x'_{12} & \cdots & x'_{1n} \\ x'_{21} & x'_{22} & \cdots & x'_{2n} \\ \vdots & \vdots & & \vdots \\ x'_{i1} & x'_{i2} & \cdots & x'_{in} \\ \vdots & \vdots & & \vdots \\ x'_{m1} & x'_{m2} & \cdots & x'_{mn} \end{bmatrix} \tag{6-12}$$

$$x'_{ij}=x_{ij}\Big/\sqrt{\sum_{j=1}^{n}x_{ij}^2} \quad (i=1,\cdots,m;j=1,\cdots,n) \tag{6-13}$$

③ 根据德尔菲法获取属性的信息权重矩阵 $\boldsymbol{B}$，形成加权判断矩阵：

$$\boldsymbol{Z}=\boldsymbol{V}'\boldsymbol{B}=\begin{vmatrix} x'_{11} & x'_{12} & \cdots & x'_{1n} \\ x'_{21} & x'_{22} & \cdots & x'_{2n} \\ \vdots & \vdots & & \vdots \\ x'_{i1} & x'_{i2} & \cdots & x'_{in} \\ \vdots & \vdots & & \vdots \\ x'_{m1} & x'_{m2} & \cdots & x'_{mn} \end{vmatrix} \begin{bmatrix} w_1 & 0 & \cdots & 0 \\ 0 & w_2 & \cdots & 0 \\ \vdots & \vdots & & \vdots \\ 0 & 0 & \cdots & 0 \\ \vdots & \vdots & & \vdots \\ 0 & 0 & \cdots & w_n \end{bmatrix} = \begin{bmatrix} f_{11} & f_{12} & \cdots & f_{1n} \\ f_{21} & f_{22} & \cdots & f_{2n} \\ \vdots & \vdots & & \vdots \\ f_{i1} & f_{i2} & \cdots & f_{in} \\ \vdots & \vdots & & \vdots \\ f_{m1} & f_{m2} & \cdots & f_{mn} \end{bmatrix} \tag{6-14}$$

④ 根据加权判断矩阵获取评价目标的正负理想解。

正理想解：

$$f_j^* = \begin{cases} \max(f_{ij}), j \in J^* \\ \min(f_{ij}), j \in J' \end{cases} \quad (j=1,2,\cdots,n) \tag{6-15}$$

负理想解：

$$f_j' = \begin{cases} \min(f_{ij}), j \in J^* \\ \max(f_{ij}), j \in J' \end{cases} \quad (j=1,2,\cdots,n) \tag{6-16}$$

式中，J^* 为效益型指标；J' 为成本型指标。

⑤ 计算各目标值与理想值之间的欧氏距离。

$$S_i^* = \sqrt{\sum_{i=1}^{m} (f_{ij} - f_j^*)^2} \quad (j=1,2,\cdots,n) \tag{6-17}$$

$$S_i' = \sqrt{\sum_{i=1}^{m} (f_{ij} - f_j')^2} \quad (j=1,2,\cdots,n) \tag{6-18}$$

⑥ 计算各个目标的权重。

$$C_i^* = S_i'/(S_i^* + S_i') \quad (i=1,2,\cdots,m) \tag{6-19}$$

⑦ 依照相对贴近度的大小对目标进行排序，形成决策依据。

(2) 模型求解算法

基于多重覆盖且有空间和容量限制的选址决策模型，需要同时解决连续空间问题，解的空间结构复杂，维度较大，一般启发式算法难以处理。多目标遗传算法NSGA-Ⅱ(又称带精英策略的非支配排序遗传算法)是 N.Srinivas 和 K.Deb 于 2000 年在 NSGA 的基础上提出的。作为目前流行的多目标遗传算法之一，它降低了非劣排序遗传算法的复杂性，具有运行速度快、解集的收敛性好的优点，成为其他多目标优化算法性能的基准。其算法流程如图 6-7所示。

可利用 Matlab 软件编程实现 NSGA-Ⅱ，核心算法如下：

① 由于模型的决策变量有 0-1 整数变量和实数变量，采用二进制与实数混合编码。染色体上前段 N 个元素取值 1 或 0，代表是否建立应急物资储备库；后段 N 个元素表示用户需求量在 N 个应急物资储备库之间的分配，即用户的需求分配方案，采用 $1\times N$ 的数组表示，但要保证数组各元素之和小于库存量。

② 交叉变异。将初始化种群大小设为 100，随机生成初始种群。采用多点交叉，设交叉概率为 0.7，变异概率为 0.05。得到新的种群大小为 100，将此种群与父代种群结合成大小为 200 的种群。

③ 非支配排序选择。对于本算例，种群中每个个体包含两个目标函数的解，计算对应

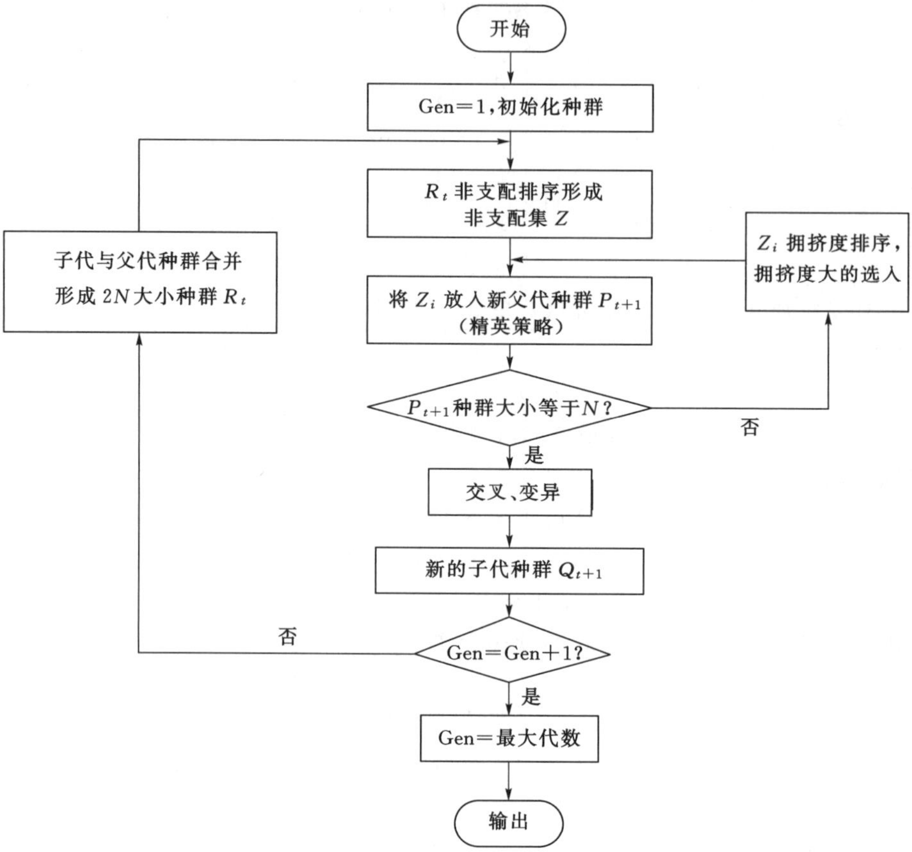

图 6-7　NSGA-Ⅱ算法流程

的目标函数值。在约束条件下,如果某一个体对应的两个目标函数值均优于另一个个体,则该个体不被其他个体支配,记为非支配解,并从种群中排除。找出所有同类个体,记为非支配层 F_1,即帕累托前沿。同理,寻找非支配层 F_2、F_3…在进行快速非支配排列的同时,根据每个个体的两个目标函数值计算拥挤距离,计算相近的解间的相对目标函数差值,求出拥挤度(群中某个解与附近的解集密度),根据拥挤度排序,优先选择非支配层低的个体和同一分层的具有高拥挤度的个体,形成新的大小为 100 的子代种群。

④ 对子代种群进行交叉、变异产生新的种群,并且与父代种群结合成大小为 200 的种群;进行步骤③开始新一轮非支配排序选择、交叉和变异,直至迭代到 200 代,得到最优的非劣解集。

6.3.8　应急物资储备库的建设标准

根据《救灾物资储备库建设标准》(建标 121—2009),应急物资储备库分为中央级(区域性)、省级、市级和县级 4 类,并对应急物资储备库的建设作了规定(表 6-4)。根据应急物资的储备管理需求,在对应急物资储备库规划时要注意:

表 6-4 应急物资储备库规模分类

规模分类		紧急转移安置人口数/万人	总建筑面积/m^2
中央级（区域性）	大	72～86	21 800～25 700
	中	54～65	16 700～19 800
	小	36～43	11 500～13 500
省级		12～20	5 000～7 800
市级		4～6	2 900～4 100
县级		0.5～0.7	630～800

① 应急物资储备库房屋建筑包括库房、生产辅助用房、管理用房和附属用房。

② 应急物资储备库场地包括室外货场(货场罩棚)、观察场、晾晒场、停车场等，其中，省级及省级以上应急物资储备库的观察场应满足紧急情况下直升机的起降要求。

③ 应急物资储备库建筑设备包括电气、给排水、采暖通风、安保、通信、消防、网络等设备，其中，省级及省级以上应急物资储备库有条件时可设置铁路专用线。

在对应急物资储备库设计和建设时要满足以下几个条件：

① 应急物资储备库应设置实体围墙，高度宜为 3.0 m。

② 应急物资储备库库房最好为单层(受条件限制不得不采用多层库房时，最多不超过 3 层)，其库房净高不应低于 6 m。

③ 应急物资储备库库房结构形式的确定应满足仓储功能的需要和结构安全的相关规定，并充分考虑当地的施工条件及用材状况。

④ 应急物资储备库的抗震标准应符合《建筑工程抗震设防分类标准》(GB 50223—2008)和《建筑抗震设计规范(附条文说明)(2016 年版)》(GB 50011—2010)的相关规定。

⑤ 应急物资储备库的库房地坪荷载应满足货物堆放及装卸机械运输和通行的要求。

⑥ 应急物资储备库库房的屋面防水等级和要求应符合《屋面工程质量验收规范》(GB 50207—2012)的相关规定。

⑦ 应急物资储备库建筑耐火等级不应低于二级，其消防给水和灭火设施、防烟与排烟设施、火灾自动报警系统、消防车道等应符合《建筑设计防火规范(2018 年版)》(GB 50016—2014)的相关规定。

⑧ 应急物资储备库库房首层地面应做防潮处理，库房室内地坪应高于室外地坪，且不小于 0.3 m。

⑨ 应急物资储备库库房出入口应方便运输、装卸设备的出入，并设置防鼠板，高度宜为 0.5 m。

应急物资储备库应根据物资储备、业务管理等功能要求配置建筑及相关设备：

① 应急物资储备库供电应满足照明和设备运行的需要。

② 应急物资储备库应有给排水系统，其防洪、防涝、排水应根据库址地形及城市防洪、防涝规划确定流向，宜采用排水沟或排水管道等有组织排水方式。

③ 应急物资储备库库房、室外货场、货场罩棚应按照第三类建筑物、构筑物采取防雷措施。

④ 应急物资储备库库房应具备良好的通风条件，自然通风不能满足要求时，应配备相

应的机械通风设施。

⑤ 应急物资储备库的多层库房应设置载重不低于 2 t 的货运电梯等垂直货运设备。

⑥ 应急物资储备库应配置计算机信息管理系统和网络系统。

⑦ 应急物资储备库应配置装卸、物资保管维护、技防及必要的交通工具等相关设备。

6.3.9 应急物资储备的仓储管理

应急物资储备的仓储管理是指对应急物资的储备仓库及仓库内的应急物资所进行的管理，其目的是在适宜的时间和地点获得适当数量的物资，以满足突发事件应急处置需求。应急物资的仓储不仅是保管，更重要的是当突发事件发生后能够迅速从应急物资储备库中调用这些物资，因此在应急物资仓储管理中不仅仅要着眼于物资保管的安全性，还要运用现代信息技术和自动化技术来提高仓储运作的速度和储备质量，通过采用大型的储货设备如高位货架、搬运械具如托盘、叉车和升降机以及自动传输轨道和信息管理系统，实现仓储企业的自动化，提高应急物资的仓储水平。

仓储管理系统随着作业方式不同，经历了 4 个阶段：人工仓储阶段、机械化仓储阶段、自动化仓储阶段和智能化仓储阶段。

① 人工仓储阶段。在该阶段，物资的运输、存储、管理以及控制主要依靠人力，如由人工手写的表格、卡片、账册等，依靠管理人员的工作经验来管理库存量；各项事务管理均由经营管理者按其迫切需求而产生，各种管理表单并无固定格式，也无固定的作业流程。

人工仓储阶段的特点：人工制表，以人工做数据汇总工作，人工抄录库存账册，有简单的管理功能。

② 机械化仓储阶段。在该阶段，采用各种机械设备如传送带、工业运输车、机械手、吊车、堆垛机以及升降机来移动和搬运物资，仓储管理的水平得到了很大提升，逐渐克服了人工仓储的经验性、随意性和数据不准确等问题，满足了对速度、精度、高度、质量、搬运等方面的要求。同时，表单有了固定的格式，各项事务管理有了一定的规范。

机械化仓储阶段的特点：报表单据合理化、标准化，用打字机打印表单，用打孔机做库存记录工具，有一定的管理功能。

③ 自动化仓储阶段。在该阶段，以计算机为记录工具，使用自动输送设备、自动仓储、自动旋转料架等，采用自动分类、自动识别等方式并结合计算机来做库存管理。随着计算机技术的发展，仓储管理的工作重点转向物资的控制和管理，要求实时、协调和一体化。计算机之间、数据采集点之间、机械设备的控制器之间以及它们与主计算机之间的通信可以及时地汇总信息，仓库计算机及时地记录订货和到货时间，显示库存量，计划人员可以方便地作出供货决策，管理人员随时掌握货源及需求。

自动化仓储阶段的特征：自动化设备提供给计算机原始的库存数据，计算机制表、汇总统计、提供各种管理报表，计算机系统相互独立、有各自的数据库。

④ 智能化仓储阶段。在自动化仓储的基础上，逐渐将仓储管理的自动化信息技术与其他信息决策系统集成，朝着智能和模糊控制的方向发展；人工智能推动了仓储技术的发展，即智能化仓储。现在智能化仓储技术还处于初级发展阶段。在智能化仓储阶段，计算机不仅仅是记录工具，还具有决策支持和战略部署的功能，同时是系统的输入、输出工具；对仓储活动的各种要素，包括人员、技术、工具等进行管理，实现资源的合理配置以及物流和信息流

的统一。

智能化仓储阶段的特征：程序化、规范化、交互式，强调整个仓储管理的效率性、集成性以及与配送中心系统的无缝链接，与供应链上其他环节的信息共享；具有资源优化配置以及决策支持和战略部署等功能。

6.4　应急物资的调度

6.4.1　多目标应急物资调度模型的建立

1. 不确定性应急物资调度

应急救援时经常呈现出信息的不确定及受灾人数、路况等条件不断变化的状况，因而，救灾物资所需多少时常无法确定。而且由于动态的环境条件，救援人员也无法断定物资从其储备点到达需求点的总时间。可将应急物资表示为一个区间范围的数，以此建立可行性好、可适用性强的应急救援模型，并运用区间数理论建立约束条件。

2. 问题描述

如图 6-8 所示，储备点有 s_1—s_n，需求点有 d_1—d_m，设储备点 s_i 的现实供应量为 s_i，最大供应量为 s_i'；设需求点 d_j 的现实需求量为 d_j。当突发事件发生后，应急物资从储备点 s_i 到需求点 d_j 的时间记作 t_{ij}，应急物资需求点 d_j 的目标期望时间值(即决策者希望物资从储备点到需求点的标准时间)为 t_j。从储备点 s_i 到需求点 d_j 的应急物资数量记作 x_{ij}，设其单位成本为 c_{ij}，则应急物资调度成本表示为 $c_{ij}x_{ij}$，将物资顺利运输到需求点的概率为 p_{ij}，目标期望为 p_0；其中，d_j、t_{ij} 均为不确定区间数。

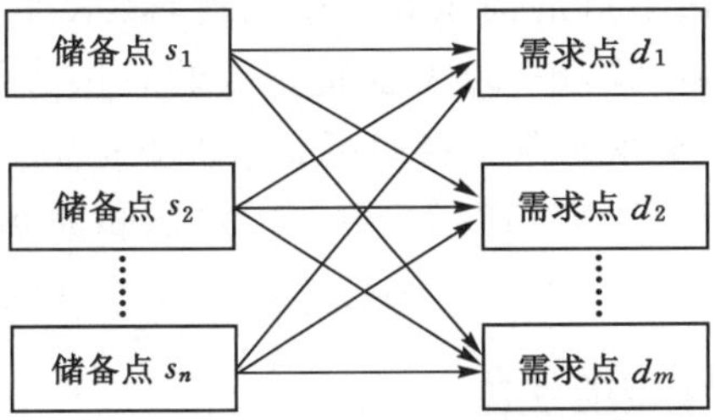

图 6-8　储备点到需求点的配送路线图

3. 模型建立

基本假设：

① 储备点的应急物资储存充分。

② 一辆车可载运多种应急物资。

③ 只研究道路运输的送达。

④ 应急物资需求量是区间数。

⑤ 应急物资运输时间是区间数。

4. 目标函数

$$\min \sum_{i=1}^{n} \sum_{j=1}^{m} x_{ij} (\tilde{t}_{ij} - t_j) \tag{6-20}$$

$$\min \sum_{i=1}^{n} \sum_{j=1}^{m} \tilde{c}_{ij} x_{ij} \tag{6-21}$$

$$\max \sum_{i=1}^{n} \sum_{j=1}^{m} p_{ij} x_{ij} \tag{6-22}$$

其中,式(6-20)为以应急物资总延误时间最短为目的的目标函数;式(6-21)为以应急物资调度成本最低为目的的目标函数;式(6-22)为以应急物资顺利运输到需求点的最大期望为目的的目标函数。

5. 约束条件

$$\sum s_i = \sum d_j \tag{6-23}$$

$$\sum_{i=1}^{n} x_{ij} = \tilde{d}_j \tag{6-24}$$

$$\sum_{j=1}^{m} x_{ij} = s_i \tag{6-25}$$

$$0 \leqslant s_i \leqslant s_i' \tag{6-26}$$

$$p_{ij} \geqslant p_0 \tag{6-27}$$

$$x_{ij} \geqslant 0 \tag{6-28}$$

$$\tilde{d}_j = [d_{j1}, d_{j2}] \tag{6-29}$$

$$t_{ij} = [t_{ij1}, t_{ij2}] \tag{6-30}$$

其中,式(6-23)表示储备点总供应量与需求点总需求量相等;式(6-24)表示每个需求点得到的应急物资的数量等于需求点的需求量;式(6-25)表示每个储备点到需求点的应急物资数量等于储备点实际供应量;式(6-26)表示储备点的总供应量不多于储备点的最大供应量;式(6-27)表示应急物资调度保证在一定的可靠条件下运行;式(6-28)表示从储备点 s_i 到需求点 d_j 的应急物资数量不小于零;式(6-29)表示需求量是区间数;式(6-30)表示运输时间是区间数。

6.4.2 多目标应急物资调度模型的求解

多目标规划即探究大于一个目标的目标函数在满足给定约束条件下的最优化。用于解决多目标规划问题的方法有分层序列法、线性加权法、理想点法、目标规划法等。模型求解方法采用分层序列法。

分层序列法的具体算法是将多目标规划问题中的 q 个目标函数排序,依据 q 个目标的重要相关度,设 $f_1(X)$ 在问题的求解中重要程度排第一,$f_2(X)$ 排第二,$f_3(X)$ 排第三,……,最后一个目标为 $f_q(X)$。

先求出第一个目标函数 $f_1(X)$,在原模型中的约束条件不变的情况下求解问题 P_1:

$$\min f_1(X) \quad \text{s.t. } X \in D$$

得到最优解 X_1 和最优值 f_1^*。再求解问题 P_2:

$$\min f_2(X) \quad \text{s.t.} \begin{cases} f_1(X) \leqslant f_1^* \\ X \in D \end{cases}$$

得到最优解 X_2 和最优值 f_2^*。再求解问题 P_3：

$$\min f_3(X) \quad \text{s.t.} \begin{cases} f_1(X) \leqslant f_1^* \\ f_2(X) \leqslant f_2^* \\ X \in D \end{cases}$$

得到最优解 X_3 和最优值 f_3^*。按照这种方法循环求解，直到求解第 q 个问题 P_q：

$$\min f_q(X) \quad \text{s.t.} \begin{cases} f_1(X) \leqslant f_1^* \\ f_2(X) \leqslant f_2^* \\ \cdots \\ f_{q-1}(X) \leqslant f_{q-1}^* \\ X \in D \end{cases}$$

得到最优解 X_q 和最优值 f_q^*。此时 $X^* = X_q$ 就是原多目标规划模型在分层序列意义下求得的最优解，$F^* = [f_1(X^*), f_2(X^*), \cdots, f_q(X^*)]$ 为最优值。

第7章　公共安全的应急管理

7.1　公共安全

7.1.1　公共安全基本概念

公共安全是指社会和公民个人从事和进行正常的生活、工作、学习、娱乐和交往所需要的稳定的外部环境和秩序。公共安全管理则是指国家行政机关为了维护社会的公共安全和秩序,保障公民的合法权益,以及社会各项活动的正常进行而做出的各种行政活动的总和。

公共安全应急管理是公共管理的重要组成内容,长期以来是我国公共管理领域研究不可或缺的部分。当今社会,服务型政府的理念已经深入人心,重视公共突发事件应急能力建设、科学有效地应对突发公共事件也是建设服务型政府的必然要求,对维护社会各层面的稳定意义重大,对提升政府在人民心目中的形象具有举足轻重的作用。而且受到全球气候变化等自然因素和人为因素耦合影响,极端天气气候事件及其次生衍生灾害呈现增加趋势,相关风险形势严峻。因此,研究公共安全管理机制,构建合理、有效的公共安全应急能力体系以及对地方政府应急能力开展评价,以提升政府公共安全应急管理水平,显得极为重要。

7.1.2　公共安全体系的问题导向和要素剖析

从国际实践来看,危害生命财产安全的事故或事件映射出公共安全体系面临着危态频突发、常态易脱管、未态屡无感的三大共性挑战,在本质上反映出公共安全体系的根源性问题:公共安全体系的使命、工具、结构、功能、属性、路径的六要素,在全球普遍存在着深层次的"顽疾"。

1. 危态频突发

全球公共安全体系的系统性亟待固化。危态频突发的公共安全事件,本质上是公共安全体系应对危机爆发的六要素存在欠缺。一是致灾因素的识别不全,仅识别致灾因素本身而未识别相互之间的关联反应机理;二是救灾手段的效率不高,救灾方式的单一化,不匹配多灾种,导致救灾低效甚至无效;三是响应结构的短板顽固,响应处突的结构偏差导致的救灾资源未能正常发挥作用;四是应急处突的失误屡现,处突的方式方法不当,未能处置灾害,反而引发恶劣后果;五是应急属性的配置错乱,应急属性的需求未能满足,错乱搭配了非应急属性的资源;六是业务路径的结果不佳,应急业务未能直接服务应急属性,业务层面导致结果不良。

2. 常态易脱管

全球公共安全体系的稳健性亟待强化。常态脱离监管的公共安全局面,本质上是公共安全体系处置安全风险治理的六要素未达要求。一是应灾主体的准备不足，应灾的保障准备和物资储备存在数量不够、质量不够、结构不合理等多方面的问题；二是治灾主体的专业欠缺，缺乏专业化的意识、知识、技能、素养等“软实力”和技术、设施、设备等“硬实力”；三是共治结构的利益失衡，利益分配出现未能保障绝大多数的公共利益或未能维护极少数的弱势群体利益等问题；四是安全监管的规范欠缺，部分行业领域安全监管责任仍不明晰、标准仍不健全，易形成“无人管、不会管、管不好”的监管漏洞并演变为事故高发因素；五是管理属性的机制粗放，安全管理的精细水平难以满足工业生产和市场经营的细分程度和细化速度要求；六是制度路径的规则不明，安全管理多凭个体的直觉感知、知识储备、经验教训甚至本能反应，尚未形成统一化、操作化、专业化的制度规范。

3. 未态屡无感

全球公共安全体系的前瞻性亟待优化。未态感知不到风险且未做安全发展战略，本质上是公共安全体系部署安全发展的六要素尚未到位。一是承灾环境的安全不足，传统风险和非传统风险相互交织，突发事件呈现多样性、多领域、高频率发生态势；二是御灾方式的风控欠佳，风险意识不足而导致“重发展、轻安全”的误区，前瞻性不够而易现“重应急、轻预防”的错误；三是迭代结构的设计不周，缺乏系统性思维，易犯“头疼医头、脚痛医脚”的失误，只顾眼下成效而缺乏长效考量；四是安全发展的部署混乱，安全规划或滞后经济发展规划，导致源头治理等机制并未施行；五是社会属性的格局混沌，社会安全“交叉点”“结合部”等问题导致部分安全隐患久拖未治；六是战略路径的导向不妥，战略规划存在重处突轻风控、重技术轻管理、重形式轻本质等共性问题。

7.1.3　公共安全体系的目标导向和系统构建

为了应对上述问题，公共安全体系的构建要吸取全球的经验教训，直面危态频突发、常态易脱管、未态屡无感的三重问题，以实现危态安全、常态安全、未态安全为目标，以体系六要素的组合为重点，搭建基础型架构（使命-工具）、支撑型架构（结构-功能）、拓展型架构（属性-路径），形成要素完备、设计科学的公共安全体系。以下详细介绍公共安全体系基础型架构和支撑型架构。

1. 公共安全体系基础型架构：使命和工具夯实“地基”

公共安全体系的构建要形成基础型架构：通过公共安全的使命和工具，来夯实体系的“地基”。

① 公共安全体系承担着致灾因素的科学处置的使命，通过救灾手段的全面部署，达成危态安全。一是致灾因素的科学评定体系，以分类分级为基础工具，根据具体情形选择精细化的定量定性方法手段，并形成“识别—分析—定级”的递进流程和动态更新；二是致灾因素的风险准则设置，单一场景中的风险准则以技术标准考量为主，复杂环境中的风险准则则需要综合考虑决策主体的目标、价值观、偏好、对风险的容忍度、承受力以及风险环境因素等进行综合评估；三是致灾因素的现场快速处置，部署快速高效的救灾方案，需要设置人员死伤最小化、连锁反应最短化、声誉影响最轻化等多元靶向，调适精细的应急过程中的组织结构、职责分工、执行程序以及规范化的标准操作。

② 公共安全体系承载着应灾主体的负责履职的使命，通过治灾主体的专业集成，实现常态安全。一是全员安全责任化的精细化制度设计，明确党政领导、部门监管、属地管理、企

业主体、岗位行为责任，精细到应急管理与风险治理的“最后一米”；二是安全责任的无缝衔接，处理好“统”与“分”、“防”与“救”、“上”与“下”、“破”与“立”的四组关系，促进安全责任全链条、无缝化落实；三是治灾主体的专业集成，加强企事业单位、村（社区）等基层单位对能力范围内公共安全隐患的自查自治和风控应急能力的自建自强，加大市场主体、专家团队、志愿力量、社会机构的作用发挥，加快应急产业的发展及其对社会风险的对冲作用。

③ 公共安全体系肩负着承灾环境的优化改造的使命，通过御灾方式的协同风控，争取未态安全。一是微观环境的改造优化，围绕关乎每一个体生命财产安全、关联生产生活的微观环境，切实加强相关安全管理与服务工作。例如，企业生产车间等场景中的规范精细安全生产规程，全面涵盖健康（health）、安全（safety）和环境（environment）的三位一体管理体系。二是宏观环境的改造优化，从战略规划到部署实施，均应牢固树立安全红线，以安全发展为基本准则，构建确保人民群众安康幸福、共享改革发展和社会文明进步成果的良好环境。

2. 公共安全体系支撑型架构：结构和功能搭建“支柱”

公共安全体系的构建要形成支撑型架构；借助公共安全的结构和功能，来搭建体系的“支柱”。

① 公共安全体系要构建“就绪—响应”结构，强化应急处突功能，支撑危态安全。公共安全体系发轫于应急，具备危态安全的功能，在突发状态和紧急情况下，实施应急处置、科学救援及其相应管理工作。这对“就绪—响应”的结构部署提出以下要求：一方面，通过各方面的应急准备和能力建设，达到可抵御灾害和应对危机的就绪状态；另一方面，通过快速响应、专业处置、救援成链、逆转复原等板块构建，实施科学高效的应急响应。“就绪—响应”结构优化，要通过公共安全体系的行政结构（管理维度）和业务结构（专业维度）的优化，以危机管理 4R 模型（缩减力 reduction、预备力 readiness、反应力 response、恢复力 recovery）等为理论支撑，实现两方面的目标：既要针对单一突发事件或简单突发场景，通过标准化、快速化的操作，达成快速救援死伤、处置现场、恢复秩序等低层次和短时期的危态安全功能；也要针对多灾种、复合型的“灾害链式反应”，通过“灾害断链＋救援成链”达到人员低损，并实现保障体系稳健性、维护业务连续性等高层次和中长期的危态安全功能。

② 公共安全体系要构建“共治—抗逆”结构，固化安全监管功能，支撑常态安全。公共安全体系具备常态安全的功能，所有涉及公共安全的行业领域和责任主体均应依法依规开展系统性的安全工作，并在安全管理中形成多方互动与融合的局面。这对“共治—抗逆”的结构部署提出以下要求：一方面，安全职能所涉部门主管主责，政府、社会、群众等多元主体在各负其责的基础上安全共治、风险共担；另一方面，具备事发抗灾应灾与事后恢复逆转的抗逆水平，以及合格的安全韧性和风险承受能力。“共治—抗逆”的结构优化，应以安全监管为抓手，针对公共危机实施前置化的风险治理，具体包括：构建“可能性—后果”人财损失风控模型，建立分类防控和分级应急系统，专项整改易导致群死群伤的高危风险；构建“社会责任—负面影响”负面舆论风控模型，加强社会稳定风险评估机制等社会综合风险防范；本质安全建设从“外挂式安全”向“内嵌式安全”转变，在法律规范约束和专业指导的外部作用基础上，加强内部的人员、制度、设施、环境等的安全建设管理，将安全工作嵌入生产生活的每个环节，将安全意识融入日常的意识和行为。

③ 公共安全体系要构建“迭代—换境”结构，优化安全发展功能，支撑未态安全。公共

安全体系具备未来安全的功能，面向未来状态中可能影响公共安全的风险因素，都应预先部署和实施相应的安全措施。这对“迭代—换境”的结构部署提出以下要求：一方面，通过生产力和生产关系的迭代发展和转型升级，形成保障公共安全的内生机制；另一方面，针对公共危机开展战略规划和社会综合治理，实现环境安全。“迭代—换境”的结构优化，在总体国家安全观等顶层架构的引导下，立足现在、着眼未来，形成经济社会发展和公共安全的协同进步。具体而言，既需要科技支撑下的单项突破，在安全生产等领域，加快企业转型升级，淘汰落后产能，鼓励和支持企业采用新技术、新工艺、新装备实施技术改造，研发“数字工厂”等智能化安全系统；也需要制度完善下的协同发展，以城市安全发展等为抓手，加强规划、设计、建设、运行等各个环节的安全管理，促进建立以安全生产为基础的综合性、全方位、系统化的安全发展体系，达成全体负责、安全自觉、主动防御的安全共治格局；还需要国家安全的顶层战略设计，针对保障国家安全、综合防灾减灾、安全生产改革、防范化解重大风险等关键议题，部署安全战略、实施安全治理、开展安全整改，消除综合社会危机，形成“总体安全”。

7.2　公共安全的特点

7.2.1　公共安全的特点

基于公共安全概念的多样性和复杂性，应从多角度审视公共安全的特征。

(1) 从公共安全本身来看，公关安全的特征主要表现为状态的秩序性和涉及领域的广泛性。

状态的秩序性是指公共安全的存在状态，表征为一种良好的秩序状态。公共安全是社会上不特定多数人的生命、健康和公私财物没有受损之虞。其中“不特定”的多数是其主要特征。即“危险”“威胁”的指向不是“特定”的，不是专门针对某一个人或某几个人、某一项或者某几项财产的，而是涉及社会公众中的不特定的对象。这种秩序状态构成群体生活的外部环境，因此公共安全状态的好坏多通过分析影响公共安全的变异因素作为考量标准，所以分析公共安全问题，必须联系到风险、危机、灾难等相关变异量。

现阶段，我国公共安全所涉及的领域主要包括信息安全、食品安全、公共卫生安全、公众出行规律安全、避难者行为安全、人员疏散的场地安全、建筑安全、城市生命线安全、恶意和非恶意的人身安全等。公共安全事件包括自然灾害、事故灾难、公共卫生事件、社会安全事件。

(2) 从公共安全相对性来看，公共安全具有突发性、损害性、广泛性、关联性、复杂性等特征。

① 突发性。突发性是指公共安全的发生特点具有不确定性和偶然性。突发性给公共安全的管理带来了障碍和复杂性。突发性具体表现在两个方面：一是发生时间、地点的不确定性，随时随地都有发生的可能性；二是发生前征兆的模糊性，一般情况之下，不能准确预测。

② 损害性。损害性是指公共安全事故的结果具有损害的事实。损害的对象一般包括两个方面：财产的损失和人身的损害。这种损害的程度可大可小，大而言之，可以带来毁灭

性的灾难，而且这种损失是刚性的，具有不可逆转的特点。

③ 广泛性。广泛性反映公共安全事故发生的领域特点和空间特点。一是可能发生公共安全事故的领域极其广泛，凡是公共安全所涉及的领域如政治、经济、社会、文化、环境等领域都有可能发生公共安全事故；二是公共安全事故发生后所影响的区域相对比较广泛。如 2008 年初发生的雨雪冰冻灾害，危及的区域有湖南、广东、四川、广西等，如果从广义的安全理解则波及了全国；2008 年 5 月发生的汶川大地震，其危害区域之广和损害之大，为中华人民共和国成立以来安全事故引发的损害之最。

④ 关联性。关联性是指公共安全事故发生后会影响和波及社会多个部门、多个方面。任何一次公共安全事故，所牵涉的部门都是比较多的，需要众多相关部门相互协调，共同应对。

⑤ 复杂性。复杂性是指公共安全事故的发生原因很复杂，不以人的意志为转移，它由多种原因、多种因素、多种条件构成，而且这些原因、因素和条件往往相互联系、相互影响甚至相互转化。因此，既要进行科学分类管理，又要加强相互协调和沟通，采取科学、系统、综合的措施应对。

(3) 从公共安全的管理来看，主要表现为公共安全管理主体、内容、技术与方法的复杂性。

公共安全管理的主体在我国经历了一个转变的过程。传统观念认为，公共安全管理的主体是政府，政府承担公共安全问题的一切。随着社会的发展，这种观点在我国越来越不适应发展的需要，普遍认为公共安全管理的主体不单是政府，还包括社会组织、企业等，是政府组织、非政府组织与企业综合而成的一个管理主体体系；然而，这一体系在我国实践中的协作还不够娴熟，三者之间就公共安全问题如何进行合理的分工还需要进一步研究。由于三者本身涵盖一个自身的复杂子系统，因而在管理公共安全问题时也显露出复杂性。

公共安全管理的内容复杂多变，从宏观来说主要包括经济安全、政治安全、社会安全、文化安全、环境安全等方面。但随着经济、社会的发展，影响公共安全的因素越来越多，自然灾害、人与自然共因灾害和人因事故对公共安全危害日趋严重，人类公共安全面临越来越大的威胁，网络安全、信息安全、生物安全等是新形势下公共安全领域的新内容，这一公共安全问题的动态变化性为公共安全管理带来了新的挑战和新的内容，使公共安全变得更加复杂。

公共安全管理的技术与方法也具有复杂性。针对公共安全管理的宏观方法，我国政府建立了一套从公共安全预警到公共安全事故过程处理到公共安全事故后处理的机制，对公共安全起到了一定的保障作用。同时，科学技术的发展为公共安全保障提供了有效的手段。计算机功能日益增强，地理信息系统、全球定位系统、互联网、卫星遥控、卫星通信和高精度观测技术的发展，使得政府部门有可能迅速获得灾害信息，并启动灾害预防管理程序，对灾害进行跟踪，通过预定措施防止或控制灾害的发生、发展，降低灾害的损害度。这些方法和技术本身具有一定的复杂性，而且由于公共安全的内容复杂多变，任何具体的方法和技术都有其适应性，并不是万能的，因此公共安全管理的方法与技术要不断适应新的公共安全威胁而创新，从而进一步显示其复杂性。

7.2.2　公共安全事件的特点

1. 突发性

公共安全事件是否会发生，什么时间、什么地点以什么方式爆发及其程度等都是始料未及的，难以对其准确把握。公共安全事件的突发性来源于三方面因素：有些突发事件由难以控制的客观因素引发；有些爆发于人们的知觉盲区；有些爆发于熟视无睹的细微之处。

2. 复杂性

公共安全事件往往是各种矛盾激化的结果，总是呈现一果多因、相互关联、环环相扣的复杂状态。若处置不当可加大损失，扩大范围。公共安全事件防治的组织系统也较复杂，至少包括中央、省市及有关职能部门、社区三个层次。

3. 破坏性

公共安全事件的破坏性以人员伤亡、财产损失为标志，包括直接损害和间接损害，还体现在对社会心理和个人心理造成的破坏性冲击，进而渗透到社会生活的各个层面。

4. 持续性

在整个人类文明进程中，公共安全事件从未停止过。只有通过共同努力，才能最大限度降低公共安全事件发生的频率，减轻其危害程度及对人类造成的负面影响。无数次公共安全事件使人类反思人与自然的关系，变得更加成熟，行为更加理性。公共安全事件一旦爆发，总会持续一个过程，表现为潜伏期、爆发期、高潮期、缓解期、消退期。持续性还表现为蔓延性和传导性，一个公共安全事件经常导致另一个公共安全事件的发生。

5. 可控性

可控性是指控制公共安全事件使之不超出范围，从系统论来看就是对公共安全事件进行调节以克服其不确定性，使之达到所需要状态。公共安全事件的可控性是人类改造自然、利用自然的重要内容和社会进步的重要标志。

6. 机遇性

公共安全事件存在机遇或机会，但不会凭空掉下来，需要付出代价。机遇的出现有客观原因，偶然性之后有必然性和规律性。只有充分发挥人的主观能动性，通过人自身的努力或变革，才能抓住机遇。但公共安全事件毕竟是人们不愿看到的，不应过分强调其机遇性；是机遇，更需要有忧患意识。

7.2.3　城市公共安全的特点

构建城市公共安全体系的目的在于，通过预防、控制及处理危及城市生存和发展的各类公共安全问题，提升城市应对危害的能力，改善城市公共安全状况，提升城市生存和可持续发展的安全性，使城市与广大公众在公共安全事件及灾害面前尽可能做到有效应对。公共安全事件发生的突然性、范围的广泛性、危害的灾难性等特征，使城市公共安全体系有以下主要特点：

1. 公共性

城市公共安全的最大特性就是公共性，公共性是社会的最为本质的特征。城市公共安全管理超出了单一部门的能力，因此政府起核心和关键的作用。政府的决策和行动会对利益攸关方产生社会性的影响。

2. 长期性

改革开放以来，我国垂直贯通的行政层级序列逐步被横向发展的扁平化系统所取代，社会趋向价值多元化。这必然会打破计划经济体制下的旧有平衡，经历大幅度调整和相对无序的阶段后，再达到市场经济体制下的新平衡。经济体制与社会结构转型在时间上的延续，决定了较为严峻的公共安全形势长期存在。公共安全事件的出现往往并非偶然和孤立的，其发生有着深刻的、内在的政治、社会、经济、文化背景，并且某一安全事件的发生极可能导致连锁反应，某一安全事件的解决也并不意味着潜在的安全威胁被完全解除。因此，建设城市公共安全体系既不会是“权宜之计”，也不会毕其功于一役。城市公共安全体系不是着眼于消极地解决某一安全事件，而是主动积极地采取一系列长期的、系统化的应对策略。

3. 权变性

公共安全事件发生的原因多样，变化多样，安全形势也随着各种环境因素的变化而变化，因此很难有一成不变的适用法则。即使已有解决问题的一些原则，这些原则也并不一定能保证全部问题的解决。公共安全管理是权变管理，城市公共安全体系建设要随着安全形势的变化而变化。

4. 整体协同性

城市公共安全体系不是各系统要素的简单机械叠加，而是各要素按照一定的关系和规则的有机结合，构成互相联系、互相制约的多元化统一整体。城市公共安全体系是多方资源的力量整合，强调“整体大于部分之和”的系统优势，并基于正确划分层次且不断优化系统，达到权责的平衡和统一，体现整体的效益。同时，公共安全形势的复杂性决定城市公共安全体系各要素和职能的多样性，各要素应保持相对的独立与自主，否则就丧失了主动性与创造性。但绝不是政出多门、各自为战，否则会失去协同优势。整体协同强调一元指挥、整体联动。一元指挥是指精干高效的常设领导机构，在公共安全事件发生时，行使紧急处置的权力，进行统一指挥，协调各方的应急行动。整体联动是指不同的部门或机构进入应急状态后必须保持紧密的联络与协调，最直接的体现是快捷、高效的信息共享和指挥调度机制，及时调整决策和部署，形成协作配合、信息灵敏、指挥有力、处置得当的快速反应机制。

5. 规范性

制定规范进行引领、约束，城市公共安全体系才具有稳定性，才能形成公共安全的长效体系。各项规范一经确定，必须保持权威性和严肃性，不能朝令夕改、随意变动。规范性的外在形式是一整套严密的规制、耦合联动的规章制度。当然，体系的规范性是相对的，当公共安全形势发生变化，原有体系的结构、规范已不能适应形势的发展时，体系应根据需要进行调整。无论是继续完善，还是自我更新，都必须是权威性的变更，是规范性的一种提升，而不是对规范性的减损。

6. 心理约束性

公共安全事件引发的危机是一种逆境，利益攸关方和决策管理者均会处于高度紧张的心理状态，往往表现为焦虑、激动、恐惧，甚至有内心冲突和心理挫折。这些心理因素会影响城市公共安全体系中有关人员的分析及判断能力。

7.2.4 新时期我国公共安全面临的挑战

自人类诞生以来，灾害与人类共生共存。但传统文明中的自然灾害，如干旱、洪涝、风灾、虫灾、瘟疫、火灾等，与现代文明的环境灾害是不可同日而语的。前者造成的影响是短暂的、小范围的，只涉及有限的人群。

在同样的灾害源作用下，在无人区与人口稠密区或者在农村与城市所造成的损失有天壤之别。人类生产力水平发展到今天，世界城市化的脚步走到现在，人们越来越感到大家生活在一个越来越精密、越来越渴求协作的世界，某一个环节的协调一旦遭到破坏将会招致更多环节、涉及更多人的大灾难。

和以往相比，人类的抗灾救灾能力在目前有了很大的提高，这主要归功于经济发展、科技进步和政府组织能力的加强。尽管如此，人们对环境灾害，尤其是对瘟疫的担心反而比以前更多，人类的生存环境从整体上看比以前更趋恶化也是不争的事实。人口的快速增长和物质消费的不断升级，对有限自然资源的压力将越来越大，资源损耗将更趋严重；传统的自然灾害有增无减，与此同时，人类又面临新的困境——第二次世界大战后的八大公害事件令世界震惊；各种形式的环境污染（如工业三废、农药污染、核尘埃和核废料污染）层出不穷；酸雨、荒漠化、全球气候变暖、臭氧层空洞和生物多样性减少已经成为区域性或全球的环境问题。和传统的灾害相比，人们很难预见工业发展和科技滥用将带来的长期后果。许多难以预见的和不易确定的公共安全危机时刻威胁着人类的安全。

7.2.5　风险社会中我国公共安全的特点

当代中国经济发展奇迹造就了社会形态的急剧转型，这种转型有的发生在成熟形态之上，但也有的落在未成熟形态之中，转型范围之广、过程之曲折、结果之迥异世所罕见，造就了传统与现代，农业社会、工业社会与信息社会并存，构成了多元、混合、共生的社会形态结构。这一结构中，社会所面临的风险更加复杂多样，也更容易从可能转化为现实，成为危害社会的公共安全问题。我国公共安全问题有三个主要特点。

1. 公共安全问题的集中爆发性

多元、混合、共生的社会形态结构，导致传统和非传统的风险集中爆发，而且传统社会频发的自然灾害在现代社会并未减少或减轻，相反，会随着人类干预自然行为的扩大而分布更广、损失更大，一些传统疾病还在一定范围内发生而成为公共卫生事件。以工业化、城市化为标志的现代社会，各类安全事故数量居高不下，生态环境恶化，群体性公共安全事件持续增多，这种同时集中爆发的公共安全问题在世界发展史上是极其罕见的，这对积极应对和有效治理是极大的挑战。

2. 公共安全问题的复杂广泛性

多元、混合、共生的社会形态结构决定了我国公共安全问题产生的领域广泛，在政治、经济、文化、社会、生态等各个领域都有涉及；地区分布广泛，东、中、西部都有发生；问题种类繁多，随之带来的是问题性质的复杂，既有传统社会外部的公共安全问题，也有现代社会被制造出来的公共安全问题，而且这些问题相互交叉，共振频率强，扩散速度快，放大效应高，给治理的有效性、稳定性和准确性增加了巨大难度。

3. 公共安全问题的危害严重性

公共安全问题的集中爆发性、复杂广泛性势必造成危害的严重性。公共安全事件造成人民生命财产和国家经济损失严重。为此，国家的公共安全支出迅速增长，已成为国家财政的重要支出项。即便如此，我国的公共安全形势依然严峻。民众对公共安全不断增长的需要与现实公共安全问题的矛盾，使得公共安全日益成为影响社会稳定和发展的重要因素。

7.3 公共安全应急管理

7.3.1 公共安全应急管理的概念

公共安全应急管理主要指公共安全突发事件爆发地相关政府等管理主体，根据事先制定的各项应急预案，在突发事件发生后及时采取措施，或者在突发事件出现苗头或征兆后采取措施，将其扼杀在萌芽阶段，保障人民的生命、财产安全，并将危机带来的损失尽可能地降到最低。应急管理的目标从普遍意义上来说包含两个方面：尽快消除危机和把损失控制在最小范围，使得人民群众的利益尽量不被侵犯或少被侵犯。

7.3.2 公共安全应急管理的特征

公共安全事件具有突发性、复杂性、破坏性、持续性、可控性和机遇性的特点，传统和非传统的公共安全事件处于频发态势。公共安全应急管理是政府管理职能的体现，具有政府主导性。政府掌管着城市的人力资源和行政资源，拥有社会动员能力。

公共安全应急管理具有显性与隐性并存的特征。显性特征体现在公共安全突发事件出现，应急管理及时有效，其作用被肯定。隐性特征体现在常态下的公共安全应急管理更重视危机的预防和应急准备工作，如果危机未发生，其应急准备工作的效果就无法得以显现。

公共安全应急管理还具有阶段性的特征。公共安全问题的产生伴随着孕育、产生、发展、衰退、消失的过程，每个阶段都有其特征。在应急管理工作中，要根据不同阶段的实际情况采取相应的措施。

7.3.3 公共安全应急管理的结构

突发事件的产生过程，以及政府部门采取措施将其解除都不是一步到位的。与产生过程相应，公共安全突发事件的解决过程也是有步骤的，主要包含三个阶段的内容：第一，预警阶段，该阶段可以视为事前阶段；第二，处置阶段，该阶段可以视为事中阶段；第三，善后阶段，该阶段可以视为事后阶段。这三个阶段形成了事件发展的一个整体过程。在这一过程中，管理者要能够根据事件发展的不同阶段采取相应的应急管理策略和方法，通过对形势的准确评估，尽可能把事态控制在某一个特定的阶段，避免进一步恶化。

应急预警主要是指借助各项先进的信息技术以及相关平台，通过预测和仿真等手段，对突发事件开展及时和有效的监测，并以此为基础，作出相应的事件分析和预测，评估各种危险可能会导致的风险和影响程度，从而给出相关的应对策略，提升管理部门的应急效率。应急预警的关键：一是要制定相应突发事件的分类、分级标准，一旦捕捉到相关的危机征兆便可根据既定标准开展分析判断；二是要做到信息高度共享，从而提高对信息分析、管理和传递的科学性和效率。

应急处置主要是指突发事件爆发地的人民政府在突发事件爆发后，在极短的时间内，通过快速和科学判断，合理配置人力和物力，从而使得公共安全突发事件能够得到合理的处理。一般而言，应急处置需要具备以下几个要素：第一，作出的判断需要果断，要能够紧急应对；第二，应对者很多时候需要在可以利用的信息少的情况下，依靠个人素质和经验立即作出应对；第三，事件出现危及面广，危害性大，作出的判断后果难以预测，所以要对判断人作出的判断开展事后评估。对于先期处置未能有效控制事态的特别重大公共安全突发事件，要及时启动相关预案，由国务院相关应急指挥机构或国务院工作组统一指挥或指导有关地区和部门开展处置工作。现场应急指挥机构负责现场的应急处置工作，需要多个国务院相关部门共同参与处置的公共安全突发事件，由该类公共安全突发事件的业务主管部门牵头，其他部门予以协助。

善后作为应急管理的最后一个步骤，主要是为了尽快使突发事件爆发地公共秩序以及人民的正常生活得以恢复。一是总结经验教训，分析公共安全突发事件的得失，梳理应急管理中存在的主要问题及主要矛盾，举一反三；二是消除公共安全突发事件产生的原因，避免再次出现。

7.3.4　公共安全应急管理的体系

健全公共安全应急管理体系，提高整体公共安全应急管理能力，建立安全保障型社会是国家目前的主要任务。以下是建立健全公共安全应急管理体系的五个重点方面。

1. 全周期和全方位的风险评估与预防

开发多灾害、多视角的系统风险评价技术，发展多灾害融合致灾过程仿真演示和场景重现技术，研究可以发现潜在未知风险的预防技术，实现定量、标准、系统的风险预警。

2. 多灾种和多领域共同监测预警

开发既兼顾大气、海洋、生物等自然环境的相互作用，又考虑多种灾害交叉融合的公共安全仿真预警技术，发展多行业多组织共同协作的监测预警技术，实现信息共享、自动化预测、精确化预警以及一体化监测预警。

3. 跨区域、跨组织、跨部门高度融合应急处置行动

现场应急处置核心技术向多功能、一体化方向发展，发展人群快速疏散和安置技术、多维度信息及时整合技术、具有深度的舆情分析技术、虚拟场景及仿真技术、人员智能化搜救技术、人体受伤检测技术、人-机-物高度融合的应急传感技术、应急处置机器人技术等。加强多部门之间的协作，提高极端环境下的应急处置能力，实现高能与高效的应急处置。

4. 标准化的公共安全应急装备体系

重点关注公共安全应急响应的关键设备和应急需求，以应对人员救援和应急响应现场处理不力的问题，深入研究基础理论问题、具有共性的核心技术、标准化和产业化技术，开发出一整套标准、规范、系统、智能的应急装备，全面提高应急管理能力。

5. 公共安全应急管理平台建设

面对公共安全应急管理的客观需求，建立并完善公共安全预警与处置一体化平台，实现风险评价与预防、监测预警、应急处置等多方面的全方位保障，深度融合交通安全、危险物品管制、舆论监控、防恐反恐等领域，提升公共安全的综合管理能力。

7.3.5　公共安全应急管理的原则

公共安全应急管理应遵循以下原则。

1. 快速响应

公共安全事件的发生有着不确定性与突发性。因此,公共安全应急管理的核心要求是具备快速响应能力,在事件发生后,及时高效地进行应急处置,以最快的速度把事件造成的损失降到最低。

2. 有效处置

公共安全事件的起因及演变过程具有复杂性,事件产生的后果具有未知性;事件发生后,对广大人民群众的生命财产安全、社会经济发展以及周围生态环境会造成不可估量的影响。因此,公共安全应急管理需要追寻事件的原因,有针对性地作出有效应急处置,协调各应急响应部门有序开展应急工作,做到快速响应和有效处置相结合,遏制事件的影响范围和减轻事件的损失程度。

3. 协调统一

公共安全应急管理不仅需要公安系统的力量,还需要消防、卫生等其他系统的协助,因此需要在应急响应指挥中心的统一指挥下,组织各应急响应部门开展应急工作,实现统一指挥、共同参与、协调开展、高效处置。

4. 理论和实践相结合

公共安全应急管理涉及多个领域,是一项综合性的行为;制定应急预案需要在专业的应急管理理论和救援知识的基础上,结合应急处置实际案例的经验与教训,实现理论和实践的统一。

7.3.6 公共安全应急管理的流程

对公共安全应急管理流程进行建模是一个非常复杂的过程,其复杂性主要体现在以下两个方面:应急管理涉及多方面内容,包括组织机构、部门合作、预案制定、人员物资分配等,对其流程进行分析具有一定难度;针对不同的公共安全事件,可能要作出不同的应急反应与处置,更增加其复杂性。

因此,为了方便建模并突出重点,提炼出公共安全应急管理流程的共性内容,只从信息处理的角度对公共安全应急管理流程进行分析,并把公共安全应急管理流程划分为四个子流程,分别为预警流程、分析决策流程、应急处置流程和事后恢复流程。

1. 预警流程

预警流程主要包括警情的上报和发布,作为流程的起始,预警流程直接决定着后继流程的进行。

(1) 报警

当公共安全事件发生时,警情接收主要有两种形式:一种是人民群众通过拨打“110”专线电话进行报警;另一种是指挥中心通过观察实时监控视频得知事件的发生。

(2) 接警

当接到报警信息后,接警人员把与公共安全事件相关的信息录入系统,包括事件发生的时间、地点、周围环境情况以及伤亡情况等,为事件的后期处置提供数据支持。

(3) 先期处理

为了保障国家和人民的安全,在采取应急措施之前应进行一些适当的先期处理工作,避免事件的扩大化,如通知周边警力紧急增援等行动。这样可以减少财产损失和人员伤亡。

(4) 信息发布

在公安内部系统中发布事件信息，启动应急警报，随时通知上级领导及应急管理相关部门事件的发展情况；并向社会和公众发布事件的有关信息，避免造成社会恐慌和舆论哗然。

2. 分析决策流程

分析决策流程主要包括事件信息的分析以及应急预案的匹配和调用，直接影响应急处置流程的效率，是公共安全应急管理流程中十分重要的一环。

(1) 监控视频处理

根据事件信息，调用事发地点附近的监控视频，观察事件发展形势并对人群运动轨迹进行分析，为人群疏散的路线规划和方案制定提供决策支持。

(2) 现场信息分析

根据视频监控信息和接警情况对事件作初步分析，判断事件的发展态势，为后续的信息处理和应急工作提供信息指导。

(3) 初步警情判断

根据对事件信息的初步分析判断公共安全事件是否真实发生，如果是误报，则取消应急警报，进入事后恢复流程；如果确认事件真实发生，则进入后续流程。

(4) 专家决策

确认公共安全事件的真实性后，组织专家会议对所发生的事件进行讨论，对信息进行详细、精确的分析，给出合理的应急方案。

(5) 事件级别判断

根据事先制定好的公共安全事件分级准则，参考专家对事件的分析结果，对公共安全事件进行分级，为之后应急方案的实施提供依据。

(6) 预案匹配

根据已经判断出的事件级别，从预案库或方法库中调出相应的应急预案，与发生的公共安全事件进行匹配。

(7) 预案修正

事先制定好的应急预案并不一定完全适用于此次发生的公共安全事件，如有需要，可以对匹配到的应急预案作出适当修改，这样可以提高应急处置效率。

(8) 预案生成

从预案库中匹配预案，并且作出适当修改后就得到针对此次公共安全事件的应急预案，为之后的应急处置流程提供支持。

3. 应急处置流程

应急处置流程是公共安全应急管理流程的主体内容，包括人员、物资的调配和应急处置措施等。

(1) 成立应急指挥中心

应急处置工作开始后，先成立应急指挥中心统一指挥所有应急处置活动，并视情况建立现场指挥中心，在事发现场统一指挥救援处置工作。

(2) 启动应急预案

启动应急预案，根据应急预案所制定的一系列应急处置措施实施应急处置工作，快速平息事件并保障国家和人民安全。

(3) 统一指挥

由应急指挥中心协调指挥各部门工作，统一指挥所有警力，由此提高整个应急处置流程的工作效率。

(4) 对外协调

公共安全事件的处理不仅需要公安部门，还需要其他有关部门的协助，如发生火灾时就需要消防部门的协助，这就需要应急指挥中心与其他机构及时沟通，协调应急处置工作，共同合作处理突发状况。

(5) 调配警力

人员是应急处置过程的主体。应急指挥中心根据事件信息迅速调动警力向事件发生地运动，处理现场各种可能发生的状况，开展应急处置工作。

(6) 疏散人群

事件发生地极有可能是人群密集聚集区，需要尽快根据事发现场的情况制定人员疏散方案并规划疏散路线，指挥现场人群向安全的安置点转移。

(7) 其他应急资源分配

统一调配应急处置工作所需的各种物资，并尽快运抵现场，为应急处置工作提供物资保障。

(8) 事态评估

在一系列应急处置措施实施之后，根据现场的实时状况对事件的发展态势进行评估和预判，确认事件是否得到控制。如果现场状况已经得到控制，就转向事后恢复流程；如果状况未能得到控制，就升级应急响应级别，作出进一步处置。

(9) 应急响应升级

当已经采取的应急措施未能有效控制事态的发展时，就需要重新判定事件响应级别，升级应急预案，采取更多的有效措施，十分严重的情况下更要寻求政府援助。

4. 事后恢复流程

事后恢复流程是公共安全应急管理的最终环节，主要是做一些善后处理工作，并对公共安全事件整体情况进行建档和归档工作，为以后的应急管理工作提供经验。

(1) 善后处理

在公共安全事件已经得到控制后，进行一些善后处理工作，包括人员安置、物资归还等。

(2) 事件调查

对公共安全事件的起因进行调查，了解事件发生的原因，并对事件发展的整个过程作出总结，形成事件调查报告。

(3) 应急处置情况反馈

把应急处置情况反馈到应急指挥中心，便于应急指挥中心掌握情况。

(4) 应急处置情况总结

对整个公共安全应急管理流程的工作情况进行总结，归纳经验教训，为提高应急处置效率提供支持。

(5) 舆情分析

公共安全事件的发生必然会引起网络舆情，事后应对舆情给予重要关注，包括民众对事件的认知、事件对公安部门形象的影响等。对舆情进行分析，为后期舆情处理提供支持。

（6）舆情处理

对于事件所造成的舆情，要加强与民众的沟通，公布事件的真实发展信息，确保新闻的一致性与权威性；对于小道消息与虚假消息要作出及时处理，正确引导舆论走向。

（7）生成事件报告

从发生到结束，对整个事件的情况进行总结，并建立相关事件档案，为以后的应急管理工作或应急演练提供经验。

（8）信息公布

调查清楚事件的前因后果后，对事件信息进行汇总与整理，并及时向公众和社会公布。

7.3.7　城市公共安全应急管理相关理论

1. 城市公共安全应急管理的概念

城市公共安全应急管理是针对城市面临的各种突发公共事件，通过建立全面整合的城市公共安全应急体系，以有效预防、处理和消除突发公共事件为目标，以城市管理者为核心所进行的一种有组织、有计划、持续动态的管理活动。其目的是保障城市公共安全，减少各种危害，维持城市正常发展。

城市公共安全应急管理的内容包括法制建设、应急规划、组织建设、机制建设、平台建设、资源管理、信息管理、宣传教育。

突发公共事件在造成巨大危害的同时，还会引发社会公众的恐惧心理，形成不安定的社会因素。此外，突发公共事件造成的影响会从发生点扩展到其他区域，形成更大范围的社会不稳定，给社会的各个方面带来巨大的影响。如果应急管理得当，就会大大减少突发公共事件发生的数量，减轻突发公共事件产生的危害，将危害的影响限定在一定的局部区域，避免对社会其他区域形成冲击，从而保障社会的稳定。

城市经济发展需要一个稳定、团结、和谐的社会环境，城市公共安全保障是保持城市经济可持续发展的先决条件。众所周知，突发公共事件不仅会造成巨大的、显性的生命和财产损失，而且会造成整个社会的心理失衡，影响社会的正常行进节奏，延缓城市经济的发展。由此可见，城市公共安全应急管理是城市管理重要的内容之一，应列入城市发展的战略规划。应以战略的眼光考虑、规划、实施城市公共安全应急管理工作。

2. 城市公共安全应急管理的构成要素

城市公共安全应急管理可理解为政府在城市公共安全应急管理中所涉及的权责分配、组织设计、人员安排、法规运用和指挥、保障、信息沟通、合作、交流的整合体系。它包含静态和动态两个层面：

（1）静态层面

一座城市的公共安全应急管理是否可以得到顺利的开展和良性运作取决于它的静态层面，主要包括：① 责任和权利层面。即建立公共安全突发事件紧急状态下的权利与责任体系，力求在公共安全事件突发时，政府的权利和责任彰显其弹性和活力；不断使政府的权利与责任的运行模式得到升级，使政府部门在处理突发事件中的应急能力得到提升。② 法律层面。指规定和赋予政府履行公共安全应急管理职责的法律权限，同时这些法律可以指导政府部门开展具体的工作，并且在突发事件发生以后，还可以控制事件造成的威胁以及导致的不利影响，防止事态的恶性发展。③ 制度层面。制度体系无疑是任何管理体系的根本保障。好的制度设定可以将不良因素扼杀在萌芽阶段,在公共安全突发事件出现时,稳定的制度体系有利于政府部门积极地调动各方力量。④ 领导组织和工作人员方面。领导组织和工作人员是城市公共安全事件能否顺利处理的重要影响因素,政府部门组织能力是否专业化决定了其能否及时准确地识别安全威胁并进行有效处理。

(2) 动态层面

城市公共安全应急管理的方向本质上是城市公共安全应急管理的实践方面,也可以称之为具体运行方面。它主要包括政府部门对紧急发生的公共安全事件进行预防、监督、领导、指挥、合作、交流、处理、调查、评测和学习等众多流程。城市公共安全应急管理动态层面主要包括:① 公共安全事件中的信息沟通、领导指挥、后续保障以及有相关力量参与的体系层次。政府在公共安全应急管理中的决定、领导能力都和政府管理的信息体系、决策系统与支持系统相辅相成。② 公共安全突发事件发生之前进行的评测以及预测方面。如果要实现对公共安全突发事件的可操作性管理,政府部门就必须未雨绸缪,即做好防护准备工作,做到兵来将挡,水来土掩。③ 公共安全突发事件发生之后进行沟通、学习方面。自全球一体化以来,公共安全突发事件有时波及的范围更加广阔,因此,城市公共安全应急管理需要政府部门与国际组织相关部门进行联合,拓展交流与合作。

3. 城市公共安全应急管理的特点

(1) 长期性

公共安全事件的发生在一般情况下不是偶然的。它的发生存在深刻多元化的发展趋向,涉及政治、经济文化和社会发展水平等多方面,而且在很大程度上会导致一系列安全事件的发生发展,也就是说某一个安全事件解决了,但是潜在的安全隐患可能依然存在。所以,健康的城市公共安全应急管理不能着眼于一时一事,而需要长期长挥作用。

(2) 规范性

健康稳定的、安全的城市公共安全应急管理体系需要正确的、合理的规章制度进行引导,只有在正确引导之下,城市公共安全应急管理才能完成长效性和稳定性的质变。有关城市公共安全应急管理体系的各项规章制度正式确定以后,就必须保证制度的权威性、完整性以及长效性,不能进行任意的更改和推翻。一整套有效的规章制度需要形式和内在内容的规范性以及整体性。绝对规范严整的规章制度是不存在的。公共领域的安全状况在本质上发生具体情形的改变,原有的规章制度已经不能完全适应时,这时就需要进行微调。不管是进行原则上的提升还是内容上的充实,都必须是规范性的改变,而不是对城市公共安全应急管理的减少和损害。

(3) 整体性

城市公共安全应急管理是各要素按照一定的规则和关系有机结合起来的,并不是各系统要素单纯的简单叠加,各个要素之间互相制约、互相联系形成多元化的一个整体。城市公共安全应急管理是很多方面有效性资源的集约化发展,其主要关注的是"系统力量大于每个部分相加"的整体性优势,而且必须进行各级层次的正确整合以及不停的升级,从而达到权利和义务的整体统一规划,这样可以体现出整体性的优势。另外,城市公共安全应急管理现阶段是多元发展的,它成为城市应急管理体制中各个部门职能多元化的关键要素,而且每个部门之间必须有相对的自由性和独立性,否则,会失去各个部门之间的连续性和整体性。整体性主要是指强化统一行动和整体指挥。

4. 城市公共安全应急管理的原则

(1) 预防为主,救治配合

做任何事情都应具有计划性。针对公共安全事件,也应该有计划地预防,预防为主,救治配合。在应对紧急突发事件时,不要过分地依赖政府的救援行动,因为仅仅依靠外部力量解决公共安全事件会对整体性的公共事件造成不良影响。现阶段我国的法律条文明确规定,在紧急突发事件处理过程中,一定要坚持预防为主、预防和应急相结合的方式。

(2) 人文关怀,生命第一

公共安全应急管理一定要坚持人文关怀的原则,秉持重视生命的重要理念,在处理紧急突发事件时,要在人民的生命得到保护的基础上进行财产的救助。一定要认识到生命是无价的,生命是不能重生的。

(3) 相信科学,敏锐反应

制定公共安全应急管理措施时,一定要坚持科学的理念,相信科学,在先进科学知识的指导下进行多方面综合性的了解,坚持让科学提供强有力的支撑,并且在突发事件发生时采取灵动的处理方式和科学准确的决策。

(4) 社会动员,全民参与

在处理公共安全突发事件时,国家相关部门的领导地位是十分突出的。国家相关部门动员群众,有效地对全社会人员进行号召,同时充分调动社会上人力和物力资源,及时对突发事件采取有效措施。同时,提升全民的公共安全意识,在全社会范围内加强全民安全意识的培养。

(5) 信息透明,引导舆论

在突发事件处理过程中,一定要将相关信息公开化和透明化,只有将信息公开才能实现信息的有效流通,才不会引起公众的恐慌情绪。但是信息的公开不包括对国家级的重要机密以及商业性秘密和个人的隐私内容进行公开。另外,城市公共安全应急管理还应该注意舆论的引导和控制,及时了解社会公众对事件的态度以及观点,这样才能起到舆论监督的作用。

7.4 突发事件的公共安全处置

7.4.1 突发公共安全事件相关概念

公共安全关系多数人的生命、健康和财产安全,与人们的生活息息相关。本小节将从突发公共安全事件本身入手,概括和梳理突发公共安全事件及其应急处置的相关理论。

突发公共安全事件是指突然发生,造成或者可能造成重大人员伤亡、财产损失、生态环境破坏和严重社会危害,危及公共安全的紧急事件。下面主要从分类分级、特点和发展阶段三个方面进行分析。

1. 突发公共安全事件的分类

根据突发公共安全事件的发生过程、性质和机理,突发公共安全事件主要分为以下四类。

自然灾害类:主要包括水旱灾害、气象灾害、地震灾害、地质灾害、海洋灾害、生物灾害和森林草原火灾等。

事故灾难类：主要包括工矿商贸等企业的各类安全事故、交通运输事故、公共设施和设备事故、环境污染和生态破坏事件等。

公共卫生事件类：主要包括传染病疫情、群体性不明原因疾病、食品安全和职业危害、动物疫情以及其他可能严重影响公众健康和生命安全的事件。

社会安全事件类：主要包括经济安全事件、恐怖袭击事件和涉外突发事件等。

突发公共安全事件的分类及举例如表 7-1 所示。

表 7-1　突发公共安全事件的分类及举例

类　别	表　现	举　例
自然灾害类	包括水旱灾害、气象灾害、地震灾害、地质灾害、海洋灾害、生物灾害和森林草原火灾等	“5・12”汶川地震、2008 年南方雨雪冰冻灾害、“利奇马”台风、澳大利亚山火灾害
事故灾难类	如设备事故、交通运输事故、生态破坏事件等	2015 年天津港“8・12”特别重大火灾爆炸事故、矿难事故、城市水源地污染事故
公共卫生事件类	如食品安全和职业危害、传染病疫情、严重影响公众健康和生命安全的事件等	“非典”事件、新型冠状病毒感染疫情、集体食物中毒事件、伪劣药品损害事件
社会安全事件类	如恐怖袭击、涉外突发事件等	2014 年云南昆明火车站暴力恐怖袭击事件、2014 年“12・31”上海外滩踩踏事件

2. 突发公共安全事件的分级

各类突发公共安全事件按照其性质、严重程度和影响范围等因素，一般分为四级：一级（特别重大）、二级（重大）、三级（较大）和四级（一般）。

一级（特别重大）突发公共安全事件由国务院负责组织处置；

二级（重大）突发公共安全事件由省级人民政府负责组织处置；

三级（较大）突发公共安全事件由市级人民政府负责组织处置；

四级（一般）突发公共安全事件由县级人民政府负责组织处置。

分级标准中最重要一条共性标准是人员伤亡数量。

3. 突发公共安全事件的发展阶段

突发公共安全事件从产生到消退有一个发展过程，一般包括五个阶段。

潜伏期：事件产生的起始阶段，矛盾积累进行量变的过程，或质变已产生但不明显，事件的征兆相继出现，但没有造成损害或者损害很小。在这一时期，人们通常缺乏警惕性，对逐步产生的变化渐渐适应，很难区分事件的征兆。

爆发期：这一阶段时间最短而感觉最长，事件迅速发展，严峻态势相继出现。事态逐渐升级，引起媒体注意；事态影响不断扩大，社会冲击加剧，引起普遍关注，产生很强震撼力。

高潮期：从人们可感知到事件造成的人员、物力损失持续到事件无法继续造成明显损失的阶段，损失程度达到最高，突发公共安全事件的六大特点表现明显。

缓解期：这一阶段时间长短不一，损失慢慢减小，有形损失易较快恢复，无形损失恢复则需要很长时间，事态得到初步控制，但未彻底解决。

消退期：事态得到完全控制，人们开始恢复生产、重建家园，同时加强各种预防知识的宣传。

7.4.2　突发公共安全事件应急处置相关理论

突发公共安全事件的应急处置应遵循事件本身所具有的特性和发展规律，从事件产生、发展的各个环节入手，按照预防、预备、反应、恢复四个阶段组织开展，其理论基础根源于对事件起因的深入研究，最具代表性的当属事故致因理论和事故预防理论。

1. 事故致因理论

事故致因理论用来阐明事故的成因、过程和后果，以便对事故的发生、发展进行明确分析。已知的事故致因理论前后经历了早期事故致因理论、第二次世界大战后事故致因理论以及现代系统安全理论 3 个发展阶段。

早期事故致因理论：以海因里希因果连锁论和事故频发倾向论为代表。1931 年，海因里希在《工业事故预防》一书中论述了事故发生的因果连锁论，他把工业事故的发展过程描述为具有因果关系事件的连锁反应，认为人员伤亡只是事故的结果，事故的原因是人的缺点造成的物的不安全状态或者人的不安全行为，而人的缺点又是先天的遗传因素或者不良环境诱发的。由此可知，管理是事故因果连锁反应中一个非常重要的因素。大多数企业要想有效地防止事故，不仅要改进工程技术，还需要进一步完善安全管理。如果管理上出现缺失，同样会导致事故的发生。事故频发倾向论于 1939 年由查姆勃和法默等提出，他们认为个别容易发生事故的稳定的个人内在倾向是事故频发倾向，而少数具有事故频发倾向的工人的存在是工业事故发生的主要原因。企业如果能够减少具有事故频发倾向的工人，就可以相应减少工业事故的发生。

第二次世界大战后事故致因理论：以能量意外释放论为主要代表。1961 年，吉布森指出事故是一种不希望的或不正常的能量释放，而形式各样的能量是构成伤害的直接原因。在吉布森的研究基础上，1966 年哈登进一步完善了能量意外释放论，提出“人受伤害的原因只能是某种能量的转移”。能量意外释放论认为：在一定的条件下，某种形式的能量究竟能否产生伤害进而造成人员伤亡事故取决于能量接触时间的长短以及转移能量的大小、频率和集中程度等。根据此理论，可以采用各种各样的屏蔽手段和设施来防止能量的意外转移，从而防止事故发生。

现代系统安全理论：该理论于美国洲际导弹的研制过程中诞生。现代系统安全理论包含许多创新概念：一是改变了人们只关注操作人员的不安全行为而忽视硬件故障的传统观念，开始思考如何通过改进系统组成物的可靠性来进一步提高系统的安全性。二是任何事物都不是绝对安全的，都潜伏着危险因素，通常状态下所提及的安全或者危险只是一种主观性的判断。三是不可能根除危险源，只能降低现有危险源的危险性。四是由于人的认识能力有限，有时不能完全认识危险源及风险，而且随着生产技术的不断发展，新材料、新能源、新技术和新工艺的出现又会产生新的危险源。安全管理工作的目标是控制危险源，努力把事故发生概率降到最低，即使发生事故也能够把事故伤害和损失控制在较轻程度。

2. 事故预防理论

如同一切事物一样,事故也有其发生、发展过程,掌握其规律就可以预防事故。根据对事故特性的研究分析,事故预防主要可以从以下几方面入手:

事故的因果性:事故是多种因素相互联系、共同作用的结果,事故的原因是多方面的。在事故的调查过程中,应首先弄清楚事故发生的因果联系,然后寻找事故发生的主要次要原因,最后才能根据已知情况对症下药,有效防范。

事故的随机性:指事故发生的时间、地点及事故引发后果的严重性是偶然的,事故的预防没有固定模式可循,具有一定的难度。但是,事故的随机性在一定范畴内也遵循统计规律,可以从事故的统计资料中总结出事故发生的规律性。因此,事故的统计分析对正确制定预防措施有重大意义。

事故的潜伏性:从表面上看事故是一种突然发生的事件,但是通常情况下事故发生之前都会有一段潜伏期。事故发生前,与之相关的人、机、环境系统会处于一种不稳定的状态,存在引发事故的隐患,具有一定的危险性。如果这时再有相应的触发因素出现,就会最终导致事故的发生。掌握事故潜伏性对有效预防事故能起到至关重要的作用。

事故的可预防性:现代工业生产系统均是人造系统,这种客观存在的实际情况给事故的提前预防提供了基本前提。因此,从客观和理论上讲,任何事故都是可预防的。理解这一特性,对于坚定信念、防止事故发生有极为重要的促进作用。因此,应当通过各种积极的努力和合理的对策,从根源上消除事故发生的隐患,最大限度地降低事故的发生概率。

7.4.3 突发公共事件应急管理体系

2003 年在取得抗击"非典"的决定性胜利之后,国务院对抗击"非典"过程中的经验和教训进行了总结,并对公共安全形势进行了科学分析,在此基础上,明确了政府工作的重要内容之一就是进一步加快突发公共事件应急管理体系建设。应急管理体系建设必须增强危机意识,重视对突发事件的管理,在发展社会经济的同时,健全此方面的制度,增强政府此方面的能力,一旦发生各类突发事件,政府部门就能够有条不紊地进行处置。在党的十六届四中全会上,党中央再次强调了这一点,要求各级政府部门要及时建立健全社会预警体系和应急机制。

2006 年,党的十六届六中全会正式提出了按照"一案三制"的总体要求建设应急管理体系。因此,应加强"一案三制"建设,不断提高应对危机和风险的能力,健全公共安全体系。

党的十八大以来,我国发展了以总体国家安全观为导向的应急管理体系。在"生命至上,安全第一"价值理念的引领下,突发事件的风险预防得到了实质性的推动。

2018 年,党的十九届三中全会启动新一轮党和国家机构改革,成立应急管理部,并将其作为国务院组成部门,强化了自然灾害和事故灾难的风险预防,为真正把问题解决在萌芽之时、成灾之前提供了组织保障。

2020 年,党的十九届五中全会提出建设更高水平的平安中国,推动公安部门更加重视社会安全事件的风险预防。

2021 年,在公共卫生应急管理体系补短板、堵漏洞、强弱项的过程中,国家疾病预防控制局成立,作为国家卫健委管理的副部级机构,主要职责是加强公共卫生事件的风险预防。

第 8 章　自然灾害的应急管理

8.1　自然灾害的种类、特征及危害

8.1.1　自然灾害的种类

自然灾害孕育于由大气圈、岩石圈、水圈、生物圈共同组成的地球表面环境中。地球上的自然变异，包括人类活动诱发的自然变异无时无地不在发生，当这种变异给人类社会带来危害时，即构成自然灾害。它的形成必须具备两个条件：一要有自然异变作为诱因，二要有受到损害的人、财产、资源作为承受灾害的客体。灾害都是消极的或具有破坏作用，它给人类的生产和生活带来了不同程度的损害，包括以劳动为媒介的人与自然之间，以及与之相关的人与人之间的关系。所以说，自然灾害是人与自然矛盾的一种表现形式，具有自然和社会两重属性，是人类过去、现在、将来所面临的严峻的挑战之一。

自然灾害系统是由孕灾环境、致灾因子和承灾体共同组成的地球表层变异系统，灾情是该系统中各子系统相互作用的结果。自然灾害是人类依赖的自然界中所发生的异常现象，自然灾害对人类社会所造成的危害往往是触目惊心的。它们之中既有地震、火山爆发、泥石流、海啸、台风、龙卷风、洪水等突发性灾害，也有地面塌陷、地面沉降、土地沙漠化、干旱、海岸线变化等在较长时间中才能逐渐显现的渐变性灾害，还有臭氧层变化、水体污染、水土流失、酸雨等人类活动导致的环境灾害。这些自然灾害和环境破坏之间又有着复杂的相互联系。人类要从科学的意义上认识这些灾害的发生、发展以及尽可能减小它们所造成的危害，已是国际社会的一个共同主题。

根据其特点和灾害管理及减灾系统的不同，可将自然灾害分为以下七大类：

① 气象灾害。包括热带风暴、龙卷风、雷暴大风、干热风、暴雨、寒潮、冷害、霜冻、雹灾及干旱等。

② 海洋灾害。包括风暴潮、海啸、潮灾、赤潮、海水入侵、海平面上升和海水回灌等。

③ 洪水灾害。包括洪涝、江河泛滥等。

④ 地质灾害。包括崩塌、滑坡、泥石流、地裂缝、火山、地面沉降、土地沙漠化、土地盐碱化、水土流失等。

⑤ 地震灾害。包括由地震引起的各种灾害以及由地震诱发的各种次生灾害，如沙土液化、喷沙冒水、城市大火、河流与水库决堤等。

⑥ 农作物灾害。包括农作物病虫害、鼠害、农业气象灾害、农业环境灾害等。

⑦ 森林灾害。包括森林病虫害、鼠害、森林火灾等。

8.1.2 自然灾害的特征

① 自然灾害具有广泛性与区域性。自然灾害的分布范围很广。不管是海洋还是陆地，地上还是地下，城市还是农村，平原、丘陵还是山地、高原，只要有人类活动，自然灾害就有可能发生。另外，自然地理环境的区域性决定了自然灾害的区域性。

② 自然灾害具有频繁性和不确定性。全世界每年发生的大大小小的自然灾害非常多。近几十年来，自然灾害的发生次数呈现增加的趋势；而自然灾害的发生时间、地点和规模等的不确定性，又在很大程度上增加了人们抵御自然灾害的难度。

③ 自然灾害具有一定的周期性和不重复性。主要自然灾害中，无论是地震还是干旱、洪水，它们的发生都呈现一定的周期性。人们常说的某种自然灾害"十年一遇""百年一遇""千年一遇"实际上就是对自然灾害周期性的一种通俗描述。自然灾害的不重复性主要是指灾害过程、损害结果的不可重复性。

④ 自然灾害具有联系性。自然灾害的联系性表现在两个方面：一方面，区域之间具有联系性。比如，美国排放的工业废气，常常在加拿大境内形成酸雨；南美洲西海岸发生"厄尔尼诺"现象，有可能导致全球气象紊乱。另一方面，灾害之间具有联系性。也就是说，某些自然灾害可以互为条件，形成灾害群或灾害链。例如，火山活动就是一个灾害群或灾害链。火山活动可以导致火山爆发、泥石流、冰雪融化、大气污染等一系列灾害。

⑤ 自然灾害所造成的危害具有严重性。据不完全统计，全球每年发生可记录的地震约500万次，其中有感地震约5万次，造成破坏的近千次，而里氏7级以上足以造成惨重损失的强烈地震每年约发生15次；干旱、洪涝两种灾害造成的经济损失也十分严重，全球每年可达数百亿美元。

⑥ 自然灾害具有不可避免性和可减轻性。人与自然之间始终存在矛盾，只要地球在运动、物质在变化，只要有人类存在，自然灾害就不可能消失，从这一点看，自然灾害是不可避免的。然而，充满智慧的人类，可以在越来越广阔的范围内进行防灾减灾，通过采取避害趋利、除害兴利、化害为利、害中求利等措施，最大限度地减轻灾害损失，从这一点看，自然灾害又是可以减轻的。

8.1.3 自然灾害的危害

自然灾害的危害主要体现在以下几方面。

1. 从人自身的利益角度出发

(1) 破坏道路，直接影响人的出行

自然灾害尤其是地震造成的道路裂缝，洪灾冲垮道路，直接将人类修筑的道路破坏，不仅直接造成经济损失，而且直接影响人的出行。

(2) 破坏人类的房屋建筑

房屋建筑是人类耗费大量人力、物力建造完成的，自然灾害可以轻松地将其毁于一旦，地震、洪灾、台风、冰雹等都可以直接摧毁人类的房屋建筑。

(3) 威胁着人的生命

人类尽管可以改造大自然，但是大自然的力量是人类无法控制的。如今，大大小小的自然灾害，如地震、旱灾、洪灾等都可以直接间接地威胁人的生命。

（4）破坏人类的庄稼

洪灾和干旱是破坏人类庄稼的罪魁祸首，两者都是极端现象，直接将庄稼冲走、淹死和旱死，造成颗粒无收。

（5）产生次生灾害或流行病

俗话说，祸不单行。自然灾害有时候多重并发，一种灾害产生还会造成其他次生灾害或流行病，比如水灾和天气炎热叠加影响形成的瘟疫。

（6）破坏人类其他的生活物质来源

一种灾害的发生可能直接破坏人类生活的物质，如洪灾直接将人类离不开的饮用水资源破坏。

2. 从人的精神角度出发

自然灾害会引起压力、焦虑、压抑以及其他情绪和知觉问题。影响的时间以及为什么有些人不能尽快适应是未知的。在洪水、龙卷风、飓风以及其他自然灾害过后，受害者会表现出恶念、焦虑、压抑和其他情绪问题，这些问题会持续一年甚至更久。

一种极度的灾难的持续效果，称为创伤后应激障碍，即经历了创伤以后，持续的、不必要的、无法控制的无关事件的念头，强烈的避免提及事件的愿望，睡眠障碍，社会退缩以及强烈警觉的焦虑障碍。

3. 从社会角度出发

（1）饮用水供应系统被破坏

绝大多数的自然灾害都可能造成饮用水供应系统的破坏，这是灾害发生后首先面临的问题，常在灾害后早期引起大规模的肠道传染病的暴发和流行。

发生水灾时，原来安全的饮用水源被淹没、被破坏或被淤塞，人们被迫利用地表水作为饮用水源。这些水往往被上游的人畜排泄物、人畜尸体以及被破坏的建筑物中的污物所污染，特别是在低洼内涝地区，灾民被洪水较长时间围困，更易引起水源性疾病的暴发流行。如孟加拉国水灾时曾造成大量的人员死亡。

在地震时，建筑物的破坏也会涉及供水系统，使居民的正常供水中断，这对于城市居民的影响较为严重，而且由于管道的破坏，残存的水源极易遭到污染。海啸与风灾也可能造成这种情况。

发生灾害时，许多饮用水源枯竭，造成饮用水源集中。在一些易于受灾的缺水地区，居民往往需要到很远的地方去取饮用水。一旦这些水源受到污染，就会造成疾病的暴发流行。如四川巴塘旱灾曾造成极为严重的细菌性痢疾流行。

在一些低洼盐碱地区，水旱灾害还会造成地下水位的改变，从而影响饮用水的含盐量和 pH 值。当水的 pH 值与含盐量升高时，有利于霍乱弧菌的增殖，因而在一些霍乱疫区，水旱灾害常会造成霍乱的再发，并且能延长较长时间。

（2）食物短缺

尽管向灾区输送食物已成为救灾的第一任务，但当规模较大、涉及地域广阔的自然灾害发生时，局部的食物短缺仍然难以完全避免。加之基本生活条件的破坏，人们被迫在恶劣条件下储存食品，这很容易造成食品的霉变和腐败，从而造成食物中毒以及食源性肠道传染病流行。

水灾常伴随阴雨天气，此时的粮食极易霉变。当灾害发生在天气炎热的季节时，食物极易腐败变质。由于腌制食品较易保存,在大规模灾害期间副食品供应中断时,腌制食品往往成为居民仅有的副食,而这也为嗜盐菌性食物中毒提供了条件。食物短缺还会造成人们的身体素质普遍下降,从而使各种疾病易于发生和流行。

(3) 燃料短缺

在大规模的自然灾害中,燃料短缺也是常见的现象,在被洪水围困的灾区更是如此。燃料短缺迫使灾民喝生水,进食生冷食物,从而导致肠道疾病的发生与蔓延。在严重的自然灾害后短期内难以恢复燃料供应时,燃料短缺可能造成居民个人卫生水平的下降。特别是进入冬季,人群处于居住拥挤状态,可能导致体表寄生虫的滋生和蔓延,从而导致一些本来已处于控制状态的传染病(如流行性斑疹伤寒等)重新流行。

(4) 水体污染

洪水往往造成水体污染,从而造成一些经水传播的传染病大规模流行,如血吸虫病、钩端螺旋体病等。但洪水对于这类疾病的作用是两方面的。在大规模的洪水灾害中,特别是在行洪期间,由于洪水的稀释作用,这类疾病的发病并无明显上升的迹象;而当洪水开始回落时,在内涝区域留下许多小的水体,如果这些小的水体遭到污染,则极易造成这类疾病的暴发和流行。

(5) 居住条件被破坏

水灾、地震、火山喷发和海啸等,都会对居住条件造成大规模的破坏。在开始阶段,人们被迫露宿,然后可能在简陋的棚屋中居住相当长的时间,从而造成人口集中和居住拥挤。如唐山地震时,在唐山、天津等城市,简易棚屋绵延数十里,灾民在棚屋中的最长居住时间达一年以上。即使迁回原居,由于大量的房屋被破坏,部分居住拥挤状态仍持续很长时间。

露宿使人们易于受到吸血节肢动物的袭击。在这一阶段,虫媒传染病的发病率可能会增加,如疟疾、流行性乙型脑炎和流行性出血热等;人口居住的拥挤状态,有利于一些通过人与人之间密切接触传播的疾病流行,如肝炎、红眼病等。如果这种状态持续到冬季,则呼吸道传染病将成为严重问题,如流行性感冒、流行性脑脊髓膜炎等。

(6) 人口迁徙

自然灾害往往造成大规模的人口迁徙。唐山地震时,伤员运送直达位于我国西南腹地的成都和重庆。在城市重建期间,以投亲靠友的形式疏散出来的人口,几乎遍布整个中国。而今的经济条件下,灾区居民外出并从事劳务活动,几乎成了生产自救活动中最重要的形式。

人口迁徙造成了两个方面的问题。其一,当灾区的人口外流时,可能将灾区的地方性疾病传播到未受灾地区。更重要的是,当灾区开始重建,人口陆续还乡时,又会将各地的地方性传染病带回灾区。如果受灾地区具备疾病流行的条件,就有可能造成新的地方病区。其二,人口迁徙干扰了一些主要依靠免疫来控制疾病的人群的免疫状态,造成局部无免疫人群,从而为这些疾病的流行创造了条件。

8.2 自然灾害的预防

8.2.1 预防原则

① 坚持以人为本,预防为主,避让与治理相结合的原则。加强调查、监测、预警预报、宣

传培训等防治工作，变消极被动的应急避灾为积极主动的减灾防灾，使自然灾害防与治协调统一，最大限度地避免和减轻自然灾害造成的损失。

② 坚持从实际出发的原则。紧密结合工程建设的实际情况和施工总体要求，将防治任务纳入工程开发建设计划。自然灾害防治工作要同工程建设、村镇建设、山区资源开发及生态环境保护与治理相结合，实现“社会、经济、生态”三大效益相统一。

③ 坚持全面规划，突出重点，分阶段实施的原则。重点抓好易发区的自然灾害防治工作，近期主要安排严重威胁工程施工、人员生命财产安全的重要自然灾害点的勘查与治理。做到近期与远期相结合，局部防治与区域环境治理相结合。

④ 坚持技术创新和体制创新的原则。坚持群众监测与专业监测相结合，应用新理论研究自然灾害，运用新技术、新方法监测和治理自然灾害，建立适应工程区自然灾害防治工作的科学体系。

⑤ 坚持多渠道筹资的原则。加大自然灾害防治投入力度，因工程建设等人为活动引发的自然灾害，由责任单位承担治理责任；因自然因素引发的自然灾害确需治理的，由政府或业主出资。

我国是世界上自然灾害严重的国家之一，灾害种类多、分布地域广、发生频率高、造成损失大。火灾、地震、洪水、泥石流等自然灾害随时可能发生，及时自救互救才更有生存希望。

8.2.2　地震的预防

地震是地球内部运动引起的地表震动的一种自然现象。地球上板块与板块之间相互挤压碰撞，造成板块边缘及板块内部产生错动和破裂，是引起地震的主要原因。

地震的应对措施有：

在家中：① 就近躲避，在震动停止后再撤到安全地点。② 躲在结实、不易倾倒、能掩护身体的物体下方或旁边，如桌下、床下等；也可跑到面积小、有支撑的房间，如厨房、卫生间等。③ 如果来得及，要先打开门，以保证通道畅通；关闭煤气开关、电闸。④ 及时趴下，使身体重心降到最低，面部朝下，不要压住口鼻，抓住身边牢固的物体；也可以蹲下或坐下，尽量蜷曲身体，注意保护头部和颈部。

在公共场所：① 听从工作人员指挥，不要急于涌向出口，与前方人员保持距离。② 遇到拥挤状况时，解开领扣，双手交叉放在胸前，护住胸口。

被困废墟时：① 尽力保证呼吸空间，如有可能，用毛巾捂住口鼻，避免灰尘呛闷发生窒息。② 不盲目呼救，节省力气；可以敲击物体求救，注意外边动静，伺机呼救。③ 尽量寻找水和食物，创造生存条件，耐心等候救援。

8.2.3　滑坡的预防

滑坡是指斜坡上的岩体或土体在重力作用下沿一定的滑动面整体下滑的现象。滑坡一般由降雨、河流冲刷、地震、融雪等自然因素引起。

1. 滑坡发生前兆

① 在滑坡前缘坡脚处，土体出现上隆现象，或者出现堵塞多年的泉水复活、泉水突然干枯、井水水位突变等异常现象。

② 滑坡体前部出现横向及纵向放射状裂缝时，滑坡体已进入临滑状态。

③ 滑坡体四周出现小型崩塌和松弛现象，滑坡后缘的裂缝急剧扩展，这是临滑的明显迹象。

④ 临滑之前，在滑坡体范围内的树木枯萎或歪斜等。

⑤ 滑坡体上鸡、鸭、狗等动物出现不安时，需注意。

2. 滑坡避险常识

① 当发现有滑坡的前兆时，应立即报告有关部门，同时通知相关人员，立即组织人员撤离。

② 山体滑坡时，不要沿滑坡体滑动方向跑，应向滑坡体两侧跑。

③ 当滑坡发生后，严禁立即进入灾害区，以免再次发生灾害。

8.2.4 泥石流的预防

泥石流是指在山区或者其他沟谷深壑、地形险峻的地区，因为暴雨、暴雪或其他自然灾害引发的山体滑坡并携带大量泥沙以及石块的特殊洪流。泥石流具有突然性以及流速快、流量大、物质容量大和破坏力强等特点。发生泥石流常常会冲毁公路、铁路等交通设施甚至村镇等，造成巨大损失。

1. 泥石流发生前兆

① 下暴雨或连续降雨时，要提高警惕。

② 河水突然断流或洪水突然增大，并夹有较多柴草、树木。

③ 沟谷深处变昏暗并伴有巨大轰鸣声或轻微震动感。

④ 若白天降雨较多，夜间要密切注意雨情，或提前撤离避让。

2. 发生泥石流时的防范措施

① 泥石流发生时，应向沟岸两侧山坡跑。

② 不要躲在树上。

③ 不要停留在陡坡土层较厚的低凹处或大石块后。

④ 不要躲在有滚石和大量堆积物的陡峭山坡下方。

8.2.5 崩塌的预防

崩塌是指陡坡上的岩土体在重力作用下突然脱离母体崩落、滚动、堆积在坡脚(或沟谷)的地质现象。根据运动形式，崩塌包括倾倒、坠落、垮塌等类型。根据岩土体成分，崩塌可划分为岩崩和土崩两大类。

1. 崩塌发生前兆

① 崩塌体后部出现裂缝。

② 崩塌体前缘掉块、土体滚落、小崩小塌不断发生。

③ 坡面出现新的破裂变形，甚至小面积土石剥落。

④ 岩质崩塌体偶尔发出撕裂摩擦错碎声。

2. 崩塌避险措施

① 雨季时不能在凹形陡坡、危岩突出的地方避雨和穿行。

② 陡崖往下掉土或石块时，切莫从下方经过。

③ 处于崩塌体下方时，迅速向两边逃生。

④ 行车中遭遇崩塌应注意观察，停车等待或者迅速离开有斜坡的路段。

8.3　自然灾害的应急处置

《国家自然灾害救助应急预案》建立健全应对突发重大自然灾害紧急救助体系和运行机制，规范紧急救助行为，提高紧急救助能力，迅速、有序、高效地实施紧急救助，最大限度地减少人民群众的生命和财产损失，维护灾区社会稳定。政府统一领导，分级管理，条块结合，以块为主，部门密切配合，分工协作，各司其职，各尽其责。依靠群众，充分发挥基层群众自治组织和公益性社会团体的作用。

国务院办公厅于 2016 年 3 月 24 日公布修订后的《国家自然灾害救助应急预案》，对组织指挥体系、灾害预警响应、信息报告和发布、国家应急响应、灾后救助与恢复重建、保障措施等进行了规范和完善。（以下内容参照《国家自然灾害救助应急预案》）

8.3.1　应急处置工作原则

① 坚持以人为本，确保受灾人员基本生活。

② 坚持统一领导、综合协调、分级负责、属地管理为主。

③ 坚持政府主导、社会互助、群众自救，充分发挥基层群众自治组织和公益性社会组织的作用。

8.3.2　组织指挥体系

1. 国家减灾委员会

国家减灾委员会（以下简称国家减灾委）为国家自然灾害救助应急综合协调机构，负责组织、领导全国的自然灾害救助工作，协调开展特别重大和重大自然灾害救助活动。国家减灾委成员单位按照各自职责做好自然灾害救助相关工作。国家减灾委办公室负责与相关部门、地方的沟通联络，组织开展灾情会商评估、灾害救助等工作，协调落实相关支持措施。

由国务院统一组织开展的抗灾救灾，按有关规定执行。

2. 专家委员会

国家减灾委设立专家委员会，对国家减灾救灾工作重大决策和重要规划提供政策咨询和建议，为国家重大自然灾害的灾情评估、应急救助和灾后救助提出咨询意见。

8.3.3　灾害预警响应

气象、水利、国土资源、海洋、林业、农业等部门及时向国家减灾委办公室和履行救灾职责的国家减灾委成员单位通报自然灾害预警预报信息，测绘地信部门根据需要及时提供地理信息数据。国家减灾委办公室根据自然灾害预警预报信息，结合可能受影响地区的自然条件、人口和社会经济状况，对可能出现的灾情进行预评估，当可能威胁人民生命财产安全、影响基本生活、需要提前采取应对措施时，启动预警响应，视情采取以下一项或多项措施：

① 向可能受影响的省（区、市）减灾委或民政部门通报预警信息，提出灾害救助工作要求。

② 加强应急值守，密切跟踪灾害风险变化和发展趋势，对灾害可能造成的损失进行动

态评估，及时调整相关措施。

③ 通知有关中央救灾物资储备库做好救灾物资准备，紧急情况下提前调拨；启动与交通运输、铁路、民航等部门和单位的应急联动机制，做好救灾物资调运准备。

④ 派出预警响应工作组，实地了解灾害风险，检查指导各项救灾准备工作。

⑤ 向国务院、国家减灾委负责人、国家减灾委成员单位报告预警响应启动情况。

⑥ 向社会发布预警响应启动情况。

灾害风险解除或演变为灾害后，国家减灾委办公室终止预警响应。

8.3.4 信息报告和发布

县级以上地方人民政府民政部门按照民政部《自然灾害情况统计制度》和《特别重大自然灾害损失统计制度》，做好灾情信息收集、汇总、分析、上报和部门间共享工作。

1. 信息报告

① 对突发性自然灾害，县级人民政府民政部门应在灾害发生后 2 h 内将本行政区域灾情和救灾工作情况向本级人民政府和地市级人民政府民政部门报告；地市级和省级人民政府民政部门在接报灾情信息 2 h 内审核、汇总，并向本级人民政府和上一级人民政府民政部门报告。

对造成县级行政区域内 10 人以上死亡（含失踪）或房屋大量倒塌、农田大面积受灾等严重损失的突发性自然灾害，县级人民政府民政部门应在灾害发生后立即上报县级人民政府、省级人民政府民政部门和民政部。省级人民政府民政部门接报后立即报告省级人民政府。省级人民政府、民政部按照有关规定及时报告国务院。

② 特别重大、重大自然灾害灾情稳定前，地方各级人民政府民政部门执行灾情 24 h 零报告制度，逐级上报上级民政部门；灾情发生重大变化时，民政部立即向国务院报告。灾情稳定后，省级人民政府民政部门应在 10 日内审核、汇总灾情数据并向民政部报告。

③ 对干旱灾害，地方各级人民政府民政部门应在旱情初显、群众生产和生活受到一定影响时，初报灾情；在旱情发展过程中，每 10 日续报一次灾情，直至灾情解除；灾情解除后及时核报。

④ 县级以上地方人民政府要建立健全灾情会商制度，各级减灾委或者民政部门要定期或不定期组织相关部门召开灾情会商会，全面客观评估、核定灾情数据。

2. 信息发布

信息发布坚持实事求是、及时准确、公开透明的原则。信息发布形式包括授权发布、组织报道、接受记者采访、举行新闻发布会等。要主动通过重点新闻网站或政府网站、政务微博、政务微信、政务客户端等发布信息。

灾情稳定前，受灾地区县级以上人民政府减灾委或民政部门应当及时向社会滚动发布自然灾害造成的人员伤亡、财产损失以及自然灾害救助工作动态、成效、下一步安排等情况；灾情稳定后，应当及时评估、核定并按有关规定发布自然灾害损失情况。

关于灾情核定和发布工作，法律法规另有规定的，从其规定。

8.3.5 国家应急响应

根据自然灾害的危害程度等因素，国家自然灾害救助应急响应分为Ⅰ、Ⅱ、Ⅲ、Ⅳ四级。

1. Ⅰ级响应

（1）启动条件

某一省（区、市）行政区域内发生特别重大自然灾害，一次灾害过程出现下列情况之一的，启动Ⅰ级响应：

① 死亡200人以上（含本数，下同）。

② 紧急转移安置或需紧急生活救助200万人以上。

③ 倒塌和严重损坏房屋30万间或10万户以上。

④ 干旱灾害造成缺粮或缺水等生活困难，需政府救助人数占该省（区、市）农牧业人口30%以上或400万人以上。

（2）启动程序

灾害发生后，国家减灾委办公室经分析评估，认定灾情达到启动标准，向国家减灾委提出启动Ⅰ级响应的建议；国家减灾委决定启动Ⅰ级响应。

（3）响应措施

国家减灾委主任统一组织、领导、协调国家层面自然灾害救助工作，指导支持受灾省（区、市）自然灾害救助工作。国家减灾委及其成员单位视情采取以下措施：

① 召开国家减灾委会商会，国家减灾委各成员单位、专家委员会及有关受灾省（区、市）参加，对指导支持灾区减灾救灾重大事项作出决定。

② 国家减灾委负责人率有关部门赴灾区指导自然灾害救助工作，或派出工作组赴灾区指导自然灾害救助工作。

③ 国家减灾委办公室及时掌握灾情和救灾工作动态信息，组织灾情会商，按照有关规定统一发布灾情，及时发布灾区需求。国家减灾委有关成员单位做好灾情、灾区需求及救灾工作动态等信息共享，每日向国家减灾委办公室通报有关情况。必要时，国家减灾委专家委员会组织专家进行实时灾情、灾情发展趋势以及灾区需求评估。

④ 根据地方申请和有关部门对灾情的核定情况，财政部、民政部及时下拨中央自然灾害生活补助资金。民政部紧急调拨生活救助物资，指导、监督基层救灾应急措施落实和救灾款物发放；交通运输、铁路、民航等部门和单位协调指导开展救灾物资、人员运输工作。

⑤ 公安部加强灾区社会治安、消防安全和道路交通应急管理，协助组织灾区群众紧急转移。军队、武警有关部门根据国家有关部门和地方人民政府请求，组织协调军队、武警、民兵、预备役部队参加救灾，必要时协助地方人民政府运送、发放救灾物资。

⑥ 国家发展改革委、农业部、商务部、国家粮食局保障市场供应和价格稳定。工业和信息化部组织基础电信运营企业做好应急通信保障工作，组织协调救灾装备、防护和消杀用品、医药等生产供应工作。住房和城乡建设部指导灾后房屋建筑和市政基础设施工程的安全应急评估等工作。水利部指导灾区水利工程修复、水利行业供水和乡镇应急供水工作。国家卫生计生委及时组织医疗卫生队伍赴灾区协助开展医疗救治、卫生防病和心理援助等工作。科技部提供科技方面的综合咨询建议，协调适用于灾区救援的科技成果支持救灾工作。国家测绘地信局准备灾区地理信息数据，组织灾区现场影像获取等应急测绘，开展灾情监测和空间分析，提供应急测绘保障服务。

⑦ 中央宣传部、新闻出版广电总局等组织做好新闻宣传等工作。

⑧ 民政部向社会发布接受救灾捐赠的公告，组织开展跨省（区、市）或者全国性救灾捐

赠活动，呼吁国际救灾援助，统一接收、管理、分配国际救灾捐赠款物，指导社会组织、志愿者等社会力量参与灾害救助工作。外交部协助做好救灾的涉外工作。中国红十字会总会依法开展救灾募捐活动，参与救灾工作。

⑨ 国家减灾委办公室组织开展灾区社会心理影响评估，并根据需要实施心理抚慰。

⑩ 灾情稳定后，根据国务院关于灾害评估工作的有关部署，民政部、受灾省（区、市）人民政府、国务院有关部门组织开展灾害损失综合评估工作。国家减灾委办公室按有关规定统一发布自然灾害损失情况。

⑪ 国家减灾委其他成员单位按照职责分工，做好有关工作。

2. Ⅱ级响应

（1）启动条件

某一省（区、市）行政区域内发生重大自然灾害，一次灾害过程出现下列情况之一的，启动Ⅱ级响应：

① 死亡100人以上、200人以下（不含本数，下同）。

② 紧急转移安置或需紧急生活救助100万人以上、200万人以下。

③ 倒塌和严重损坏房屋20万间或7万户以上、30万间或10万户以下。

④ 干旱灾害造成缺粮或缺水等生活困难，需政府救助人数占该省（区、市）农牧业人口25％以上、30％以下，或300万人以上、400万人以下。

（2）启动程序

灾害发生后，国家减灾委办公室经分析评估，认定灾情达到启动标准，向国家减灾委提出启动Ⅱ级响应的建议；国家减灾委副主任（民政部部长）决定启动Ⅱ级响应，并向国家减灾委主任报告。

（3）响应措施

国家减灾委副主任（民政部部长）组织协调国家层面自然灾害救助工作，指导支持受灾省（区、市）自然灾害救助工作。国家减灾委及其成员单位视情采取以下措施：

① 国家减灾委副主任主持召开会商会，国家减灾委成员单位、专家委员会及有关受灾省（区、市）参加，分析灾区形势，研究落实对灾区的救灾支持措施。

② 派出由国家减灾委副主任或民政部负责人带队、有关部门参加的工作组赴灾区慰问受灾群众，核查灾情，指导地方开展救灾工作。

③ 国家减灾委办公室及时掌握灾情和救灾工作动态信息，组织灾情会商，按照有关规定统一发布灾情，及时发布灾区需求。国家减灾委有关成员单位做好灾情、灾区需求及救灾工作动态等信息共享，每日向国家减灾委办公室通报有关情况。必要时，国家减灾委专家委员会组织专家进行实时灾情、灾情发展趋势以及灾区需求评估。

④ 根据地方申请和有关部门对灾情的核定情况，财政部、民政部及时下拨中央自然灾害生活补助资金。民政部紧急调拨生活救助物资，指导、监督基层救灾应急措施落实和救灾款物发放；交通运输、铁路、民航等部门和单位协调指导开展救灾物资、人员运输工作。

⑤ 国家卫生计生委根据需要，及时派出医疗卫生队伍赴灾区协助开展医疗救治、卫生防病和心理援助等工作。测绘地信部门准备灾区地理信息数据，组织灾区现场影像获取等应急测绘，开展灾情监测和空间分析，提供应急测绘保障服务。

⑥ 中央宣传部、新闻出版广电总局等指导做好新闻宣传等工作。

⑦ 民政部指导社会组织、志愿者等社会力量参与灾害救助工作。中国红十字会总会依法开展救灾募捐活动，参与救灾工作。

⑧ 国家减灾委办公室组织开展灾区社会心理影响评估，并根据需要实施心理抚慰。

⑨ 灾情稳定后，受灾省（区、市）人民政府组织开展灾害损失综合评估工作，及时将评估结果报送国家减灾委。国家减灾委办公室组织核定并按有关规定统一发布自然灾害损失情况。

⑩ 国家减灾委其他成员单位按照职责分工，做好有关工作。

3. Ⅲ级响应

（1）启动条件

某一省（区、市）行政区域内发生重大自然灾害，一次灾害过程出现下列情况之一的，启动Ⅲ级响应：

① 死亡50人以上、100人以下。

② 紧急转移安置或需紧急生活救助50万人以上、100万人以下。

③ 倒塌和严重损坏房屋10万间或3万户以上、20万间或7万户以下。

④ 干旱灾害造成缺粮或缺水等生活困难，需政府救助人数占该省（区、市）农牧业人口20%以上、25%以下，或200万人以上、300万人以下。

（2）启动程序

灾害发生后，国家减灾委办公室经分析评估，认定灾情达到启动标准，向国家减灾委提出启动Ⅲ级响应的建议；国家减灾委秘书长决定启动Ⅲ级响应。

（3）响应措施

国家减灾委秘书长组织协调国家层面自然灾害救助工作，指导支持受灾省（区、市）自然灾害救助工作。国家减灾委及其成员单位视情采取以下措施：

① 国家减灾委办公室及时组织有关部门及受灾省（区、市）召开会商会，分析灾区形势，研究落实对灾区的救灾支持措施。

② 派出由民政部负责人带队、有关部门参加的联合工作组赴灾区慰问受灾群众，核查灾情，协助指导地方开展救灾工作。

③ 国家减灾委办公室及时掌握并按照有关规定统一发布灾情和救灾工作动态信息。

④ 根据地方申请和有关部门对灾情的核定情况，财政部、民政部及时下拨中央自然灾害生活补助资金。民政部紧急调拨生活救助物资，指导、监督基层救灾应急措施落实和救灾款物发放；交通运输、铁路、民航等部门和单位协调指导开展救灾物资、人员运输工作。

⑤ 国家减灾委办公室组织开展灾区社会心理影响评估，并根据需要实施心理抚慰。国家卫生计生委指导受灾省（区、市）做好医疗救治、卫生防病和心理援助工作。

⑥ 民政部指导社会组织、志愿者等社会力量参与灾害救助工作。

⑦ 灾情稳定后，国家减灾委办公室指导受灾省（区、市）评估、核定自然灾害损失情况。

⑧ 国家减灾委其他成员单位按照职责分工，做好有关工作。

4. Ⅳ级响应

（1）启动条件

某一省（区、市）行政区域内发生重大自然灾害，一次灾害过程出现下列情况之一的，启动Ⅳ级响应：

① 死亡 20 人以上、50 人以下。

② 紧急转移安置或需紧急生活救助 10 万人以上、50 万人以下。

③ 倒塌和严重损坏房屋 1 万间或 3 000 户以上、10 万间或 3 万户以下。

④ 干旱灾害造成缺粮或缺水等生活困难，需政府救助人数占该省（区、市）农牧业人口 15％以上、20％以下，或 100 万人以上、200 万人以下。

（2）启动程序

灾害发生后，国家减灾委办公室经分析评估，认定灾情达到启动标准，由国家减灾委办公室常务副主任决定启动Ⅳ级响应。

（3）响应措施

国家减灾委办公室组织协调国家层面自然灾害救助工作，指导支持受灾省（区、市）自然灾害救助工作。国家减灾委及其成员单位视情采取以下措施：

① 国家减灾委办公室视情组织有关部门和单位召开会商会，分析灾区形势，研究落实对灾区的救灾支持措施。

② 国家减灾委办公室派出工作组赴灾区慰问受灾群众，核查灾情，协助指导地方开展救灾工作。

③ 国家减灾委办公室及时掌握并按照有关规定统一发布灾情和救灾工作动态信息。

④ 根据地方申请和有关部门对灾情的核定情况，财政部、民政部及时下拨中央自然灾害生活补助资金。民政部紧急调拨生活救助物资，指导、监督基层救灾应急措施落实和救灾款物发放。

⑤ 国家卫生计生委指导受灾省（区、市）做好医疗救治、卫生防病和心理援助工作。

⑥ 国家减灾委其他成员单位按照职责分工，做好有关工作。

5. 启动条件调整

对灾害发生在敏感地区、敏感时间和救助能力特别薄弱的“老、少、边、穷”地区等特殊情况，或灾害对受灾省（区、市）经济社会造成重大影响时，启动国家自然灾害救助应急响应的标准可酌情调整。

6. 响应终止

救灾应急工作结束后，由国家减灾委办公室提出建议，启动响应的单位决定终止响应。

8.3.6 灾后救助与恢复重建

1. 过渡期生活救助

① 特别重大、重大灾害发生后，国家减灾委办公室组织有关部门、专家及灾区民政部门评估灾区过渡期生活救助需求情况。

② 财政部、民政部及时拨付过渡期生活救助资金。民政部指导灾区人民政府做好过渡期生活救助的人员核定、资金发放等工作。

③ 民政部、财政部监督检查灾区过渡期生活救助政策和措施的落实，定期通报灾区救助工作情况，过渡期生活救助工作结束后组织绩效评估。

2. 冬春救助

自然灾害发生后的当年冬季、次年春季，受灾地区人民政府为生活困难的受灾人员提供基本生活救助。

① 民政部每年 9 月下旬开展冬春受灾群众生活困难情况调查，并会同省级人民政府民政部门，组织有关专家赴灾区开展受灾群众生活困难状况评估，核实情况。

② 受灾地区县级人民政府民政部门应当在每年 10 月底前统计、评估本行政区域受灾人员当年冬季、次年春季的基本生活救助需求，核实救助对象，编制工作台账，制定救助工作方案，经本级人民政府批准后组织实施，并报上一级人民政府民政部门备案。

③ 根据省级人民政府或其民政、财政部门的资金申请，结合灾情评估情况，财政部、民政部确定资金补助方案，及时下拨中央自然灾害生活补助资金，专项用于帮助解决冬春受灾群众吃饭、穿衣、取暖等基本生活困难。

④ 民政部通过开展救灾捐赠、对口支援、政府采购等方式解决受灾群众的过冬衣被等问题，组织有关部门和专家评估全国冬春期间中期和终期救助工作绩效。发展改革、财政等部门组织落实以工代赈、灾歉减免政策，粮食部门确保粮食供应。

3. 倒损住房恢复重建

因灾倒损住房恢复重建要尊重群众意愿，以受灾户自建为主，由县级人民政府负责组织实施。建房资金等通过政府救助、社会互助、邻里帮工帮料、以工代赈、自行借贷、政策优惠等多种途径解决。重建规划和房屋设计要根据灾情因地制宜确定方案，科学安排项目选址，合理布局，避开地震断裂带、地质灾害隐患点、泄洪通道等，提高抗灾设防能力，确保安全。

① 民政部根据省级人民政府民政部门倒损住房核定情况，视情组织评估小组，参考其他灾害管理部门评估数据，对因灾倒损住房情况进行综合评估。

② 民政部收到受灾省（区、市）倒损住房恢复重建补助资金的申请后，根据评估小组的倒损住房情况评估结果，按照中央倒损住房恢复重建资金补助标准，提出资金补助建议，商财政部审核后下达。

③ 住房重建工作结束后，地方各级民政部门应采取实地调查、抽样调查等方式，对本地倒损住房恢复重建补助资金管理工作开展绩效评估，并将评估结果报上一级民政部门。民政部收到省级人民政府民政部门上报本行政区域内的绩效评估情况后，通过组成督查组开展实地抽查等方式，对全国倒损住房恢复重建补助资金管理工作进行绩效评估。

④ 住房和城乡建设部门负责倒损住房恢复重建的技术支持和质量监督等工作。测绘地信部门负责灾后恢复重建的测绘地理信息保障服务工作。其他相关部门按照各自职责，做好重建规划、选址，制定优惠政策，支持做好住房重建工作。

⑤ 由国务院统一组织开展的恢复重建，按有关规定执行。

8.3.7　保障措施

1. 资金保障

财政部、国家发展改革委、民政部等部门根据《中华人民共和国预算法》《自然灾害救助条例》等规定，安排中央救灾资金预算，并按照救灾工作分级负责、救灾资金分级负担、以地方为主的原则，建立完善中央和地方救灾资金分担机制，督促地方政府加大救灾资金投入力度。

① 县级以上人民政府将自然灾害救助工作纳入国民经济和社会发展规划，建立健全与自然灾害救助需求相适应的资金、物资保障机制，将自然灾害救助资金和自然灾害救助工作经费纳入财政预算。

② 中央财政每年综合考虑有关部门灾情预测和上年度实际支出等因素，合理安排中央自然灾害生活补助资金，专项用于帮助解决遭受特别重大、重大自然灾害地区受灾群众的基本生活困难。

③ 中央和地方政府根据经济社会发展水平、自然灾害生活救助成本等因素适时调整自然灾害救助政策和相关补助标准。

2. 物资保障

① 合理规划、建设中央和地方救灾物资储备库，完善救灾物资储备库的仓储条件、设施和功能，形成救灾物资储备网络。设区的市级以上人民政府和自然灾害多发、易发地区的县级人民政府应当根据自然灾害特点、居民人口数量和分布等情况，按照布局合理、规模适度的原则，设立救灾物资储备库(点)。救灾物资储备库(点)建设应统筹考虑各行业应急处置、抢险救灾等方面需要。

② 制定救灾物资储备规划，合理确定储备品种和规模；建立健全救灾物资采购和储备制度，每年根据应对重大自然灾害的要求储备必要物资。按照实物储备和能力储备相结合的原则，建立救灾物资生产厂家名录，健全应急采购和供货机制。

③ 制定完善救灾物资质量技术标准、储备库(点)建设和管理标准，完善救灾物资发放全过程管理。建立健全救灾物资应急保障和征用补偿机制。建立健全救灾物资紧急调拨和运输制度。

3. 通信和信息保障

① 通信运营部门应依法保障灾情传送网络畅通。自然灾害救助信息网络应以公用通信网为基础，合理组建灾情专用通信网络，确保信息畅通。

② 加强中央级灾情管理系统建设，指导地方建设、管理救灾通信网络，确保中央和地方各级人民政府及时准确掌握重大灾情。

③ 充分利用现有资源、设备，完善灾情和数据共享平台，完善部门间灾情共享机制。

4. 装备和设施保障

中央各有关部门应配备救灾管理工作必需的设备和装备。县级以上地方人民政府要建立健全自然灾害救助应急指挥技术支撑系统，并为自然灾害救助工作提供必要的交通、通信等设备。

县级以上地方人民政府要根据当地居民人口数量和分布等情况，利用公园、广场、体育场馆等公共设施，统筹规划设立应急避难场所，并设置明显标志。自然灾害多发、易发地区可规划建设专用应急避难场所。

5. 人力资源保障

① 加强自然灾害各类专业救灾队伍建设、灾害管理人员队伍建设，提高自然灾害救助能力。支持、培育和发展相关社会组织和志愿者队伍，鼓励和引导其在救灾工作中发挥积极作用。

② 组织民政、国土资源、环境保护、交通运输、水利、农业、商务、卫生计生、安全监管、林业、地震、气象、海洋、测绘地信、红十字会等方面专家，重点开展灾情会商、赴灾区现场评估及灾害管理的业务咨询工作。

③ 推行灾害信息员培训和职业资格证书制度，建立健全覆盖中央、省、市、县、乡镇(街道)、村(社区)的灾害信息员队伍。村民委员会、居民委员会和企事业单位应当设立专职或

者兼职的灾害信息员。

6. 社会动员保障

完善救灾捐赠管理相关政策，建立健全救灾捐赠动员、运行和监督管理机制，规范救灾捐赠的组织发动、款物接收、统计、分配、使用、公示反馈等各个环节的工作。完善接收境外救灾捐赠管理机制。

完善非灾区支援灾区、轻灾区支援重灾区的救助对口支援机制。

科学组织、有效引导，充分发挥乡镇人民政府、街道办事处、村民委员会、居民委员会、企事业单位、社会组织和志愿者在灾害救助中的作用。

7. 科技保障

① 建立健全环境与灾害监测预报卫星、环境卫星、气象卫星、海洋卫星、资源卫星、航空遥感等对地监测系统，发展地面应用系统和航空平台系统，建立基于遥感、地理信息系统、模拟仿真、计算机网络等技术的“天地空”一体化的灾害监测预警、分析评估和应急决策支持系统。开展地方空间技术减灾应用示范和培训工作。

② 组织民政、国土资源、环境保护、交通运输、水利、农业、卫生计生、安全监管、林业、地震、气象、海洋、测绘地信等方面专家及高等院校、科研院所等单位专家开展灾害风险调查，编制全国自然灾害风险区划图，制定相关技术和管理标准。

③ 支持和鼓励高等院校、科研院所、企事业单位和社会组织开展灾害相关领域的科学研究和技术开发，建立合作机制，鼓励减灾救灾政策理论研究。

④ 利用空间与重大灾害国际宪章、联合国灾害管理与应急反应天基信息平台等国际合作机制，拓展灾害遥感信息资源渠道，加强国际合作。

⑤ 开展国家应急广播相关技术、标准研究，建立国家应急广播体系，实现灾情预警预报和减灾救灾信息全面立体覆盖。加快国家突发公共事件预警信息发布系统建设，及时向公众发布自然灾害预警。

8. 宣传和培训

组织开展全国性防灾减灾救灾宣传活动，利用各种媒体宣传应急法律法规和灾害预防、避险、避灾、自救、互救、保险的常识，组织好“防灾减灾日”“国际减灾日”“世界急救日”“全国科普日”“全国消防日”“国际民防日”等活动，加强防灾减灾科普宣传，提高公民防灾减灾意识和科学防灾减灾能力。积极推进社区减灾活动，推动综合减灾示范社区建设。

组织开展对地方政府分管负责人、灾害管理人员和专业应急救灾队伍、社会组织和志愿者的培训。

第9章　疫情传播的应急管理

9.1　疫情的发生、发展、传播及危害

9.1.1　疫情的发生原因及发展特征

人群中引入一例传染源，并非每次都会引起聚集暴发事件。基本再生数 R_0 是衡量传染病传播能力的重要指数，它是指在易感人群中引入一例感染者后，会引起二代被感染的平均人数。若 R_0 小于1，即使在人群中引入传染源，也不会引起聚集性暴发事件。不同情形下传染病传播的 R_0 是不一样的，与以下因素有关：① 人群交往方式。如果人群交往中很少有接触机会，则难以形成有效传播，不会引起聚集性暴发。② 人群密集性。人群聚集的密度越小，暴发风险也越小。③ 人群免疫力。如果人群中的许多人因注射疫苗等已具备免疫能力，从而形成一道阻隔传播的障碍，则很难形成聚集性暴发。④ 自身的传染性。传染性越弱，越不容易形成聚集性暴发。传染病致病形式千差万别，有外部入侵、干扰和破坏，如污染、中毒、物理化学因素等；也有内部失衡和无序，如人体防御功能弱化缺失、免疫力低下或空白等。根据发生时的速度和是否事先掌握了事件要发生的相关信息，可将传染病事件分成突发和渐发两种不同类型。渐发传染性疾病暴发前往往有缓慢而平静的积累过程，急速暴发是由量变到质变的结果。突发传染性疾病暴发的成因是多种多样的，可能与自然灾害有关，比如地震、水灾、火灾等自然灾害爆发以后会引起新的、大的疫情，因为往往大灾之后有大疫；也可能与事故灾害相关，比如环境的污染、生态的破坏、交通事故等。

从目前全球范围内暴发的大规模突发传染性疾病的成因来看，主要由与动物的接触且存在主要的感染场所和传播途径有关。鼠疫、登革热、人禽流感、“非典”以及甲型H1N1流感等则主要由于人类与携带或者发病的动物接触，并在人群中相互传染，最终导致疾病广泛扩散。医院等公共场所人员密度大，也为突发传染性疾病的暴发提供了间接条件。流行病学调查显示，群发性病例感染多数来自医院；散发病例多无明确接触史，其感染来源尚不清楚。

突发传染性疾病具有以下特点。

1. 突发性

突发传染性疾病真实发生的时间、地点具有一定的不可预见性。若突然暴发的传染病是新出现的疾病，人类没有有效的预防及治疗措施，则会导致传染病迅速在人群中传播，从而表现出大规模突发的特征。

2. 隐蔽性

通过对近几年暴发的大规模突发传染性疾病进行研究发现，新型传染病属于人类未知

的领域。

3. 广泛性

突发传染性疾病传播通过人与人之间的交叉接触实现，而现代化的运输系统很明显使传染病在世界范围内的扩散成为可能，给源发区，甚至全球带来巨大灾难。

4. 致命性

公元 6 世纪，东罗马帝国暴发的瘟疫肆虐了 50 年，造成上亿人死亡；1348—1351 年欧洲暴发的黑死病夺去了 6 200 万人的生命，几乎占当时欧洲人口的四分之一；1918 年 9 月—1919 年 6 月，美国暴发的流感造成世界范围内超过 4 000 万人死亡；2003 年"非典"短短数月肆虐全球五大洲 30 多个国家，全球累计"非典"病例共 8 422 例，因"非典"死亡人数为 919 人，病死率近 11%；甲型 H1N1 流感在全球至少已造成 9 596 人死亡。

5. 负面性

突发传染性疾病的暴发很容易涉及政治、经济、社会等多个层面，不仅影响人们的正常生产、生活秩序，而且影响社会经济发展、政治稳定。传染病的发生不是某个国家或地区独有的，而是全人类共同面对的，关系全人类共同的安全和利益。

6. 可以预防和控制

突发传染性疾病的暴发具有一定的随机性和难以预测性，但在其发展过程中，可以采用一定方法进行干预，抑制其对人类社会的影响，尽可能减轻由此产生的危害。而对其进行有效控制不仅是一个国家或地区的责任，还需要国家之间的合作和国际组织的参与。

9.1.2　突发疫情的次生事件及影响因素

突发传染性疾病的暴发可能会导致包括居民染病、谣言传播、相关药品抢购、药价上涨、医院救治能力不足、人员死亡等次生事件的产生。

通常，突发传染性疾病的暴发可能会导致人类或者动物染病，由于动物染病的处理较为简单，所以并不考虑。而一旦传染病在人群中暴发，在对疫情不采取任何控制措施的情况下，人员的流动性、分布的广泛性就会导致疫情大面积暴发，并迅速扩散。同时，随着染病人员数量的增加，加之大众对疫情的不了解，很容易导致谈病色变，人心恐慌，进而谣言四起。各种预防措施接踵而至，引起相关药品的抢购，物资紧缺，进而带动该类药品价格的上涨。大量患者被送入医院治疗，这其中或许并不全部是感染患者，部分疑似病例经过仔细检查会被排除，但可能因为恐慌进入传染性较强的医院而被感染。突发传染性疾病的暴发最可怕的结果是导致大量人员死亡，由至今发生的大规模传染病的实例可以看出，突发传染性疾病不但传播范围极广而且致死率较高。

影响疫情及其次生事件的因素主要可以分为突发传染性疾病的性质、环境因素、传播途径、预防措施以及应急处置的响应速度等五个方面。

1. 突发传染性疾病的性质

突发传染性疾病暴发之后，作为源事件将导致一系列次生事件的产生。至于该突发传染性疾病是否会导致大范围的感染取决于源事件本身是否具有高致病性和高传染性，若其自身的传染性并不是很强，很有可能不经任何处理就会消失，并不会产生巨大影响；还取决于源事件是否具有隐蔽性，当致病病毒具有一定的潜伏期时，即使已有很多人被感染，短时间内也不会立刻产生较大疫情，但这将容易导致事件在没有任何干预措施的情况下潜在扩散。

2. 环境因素

病毒的存活、传播、扩散都需要借助各种环境介质。病原体、宿主、环境是病毒肆意传播危害人类的主要影响因素，而环境作为病毒传播的主要媒介和途径非常重要。在适宜的环境下，病毒的繁殖和传播速度都非常快。不同条件下病毒存活时间也不同，研究显示新型冠状病毒在气溶胶中仅存活 3 h，在铜表面可存活 4 h，在纸板上可存活 24 h，在人体皮肤表面可存活 9 h，在－60 ℃可保存数年；但是冠状病毒耐热性差，在 56 ℃的环境下30 min就被灭活。用 80％的酒精在 15 s 内可完全灭活皮肤上的病毒；如果是 75％的酒精，可在 5 min 内杀灭病毒。

3. 传播途径

突发传染性疾病的传播途径是影响其扩散的另一个因素。通过水、食物等饮食传播，通过手、工具等接触传播和通过动物传播的传染病比较容易被发现并控制，也容易预防。而通过空气、尘埃、飞沫传染的呼吸道传染病则较难控制，比如甲型 H1N1 流感最终都形成了大规模的扩散。

4. 预防措施

突发传染性疾病的预防措施体现在两个方面，即事前预防和事中防疫。事前预防是指在传染病未发生时对可能存在病原体的环境加强管理，保护易感人群，通过重点人群定期健康检查，及时发现病原携带者，定期开展卫生宣传教育等。事中防疫是指在疫情发生之后的有效处理，包括传染病的报告，对传染病人、病原携带者以及密切接触者做到“早发现、早诊断、早报告、早隔离治疗”，切断传染途径，保护易感人群，提高人群免疫力以及给予高危人群预防性服药。

5. 应急处置的响应速度

突发传染病疫情应急处置是突发公共卫生事件应对的重要内容，是将疫情及时有效地控制在局部范围，防止其蔓延扩散，减少危害的主要手段。一旦疫情发生却不能及时做到快速诊断、疫情上报，并立即采取控制措施，很可能会使疫情的防治错失最佳时机，以致疫情迅速扩大、蔓延流行。

9.2 疫情传播的预防

9.2.1 疫情传播预防概述

近些年来，传染病发病率在我国呈逐年上升趋势，严重影响了人们身体健康和社会经济发展。公共卫生管理工作中，传染病预防工作因复杂多变难度较大，需要不断对管理工作进行调整，因此在公共卫生管理中更应加强对传染病预防工作的管理力度。

传染病预防中的公共卫生管理需达到国家相关防控标准，即积极预防、控制聚集性与大规模性疫情暴发情况，并加强对传染病重症患者的救治力度。但由于传染病预防工作复杂多样，需结合公共卫生管理常规方法对工作内容进行有效调整，加强传染病预防工作干预，运用多种方法开展传染病预防工作，促进公共卫生管理水平持续上升。

传染病在我国有着较高发病率，为对传染病传播速度以及传播范围进行有效控制，在相关工作方针指导下，各地方政府积极响应号召，加强公共卫生管理工作，减缓和控制疫情传播。但是由于我国人口众多，幅员辽阔，人口流动性强，传染病一旦发生，在未进行及时隔离、治疗处理的情况下会迅速蔓延，尤其在医疗水平不高以及自然灾害严重地区表现更为明显。

9.2.2 疫情传播预防方法

1. 将传染病患者进行隔离治疗

传染病患者是传染病源头。在公共卫生管理中对传染病患者及时进行隔离治疗，能有效控制传染病传播范围。与此同时，各地政府应定期组织易感人群进行疫苗接种，定时组织人们体检，根据各地不同情况对传染病预防方案进行调整，使之与当地实际情况相符合。对传染病患者的年龄、传染病类型以及临床症状进行全面系统分析，并根据具体情况制定有效治疗方法，从传播源头对其进行有效控制。若遇到季节性传染病，公共卫生管理部门更应加强预防宣传力度，尤其是对医疗水平较差地区进行重点防控。政府应加强行政管理工作，实现资源的有效整合，有效抑制传染病暴发。

2. 运用媒体进行传染病预防相关知识宣传

公共卫生管理部门应发挥媒体在现代社会中快速传播的优势，通过新闻、报刊等方式对传染病预防相关内容进行报道。媒体应站在实事求是角度，对各地公共卫生管理中传染病预防实施情况进行正面宣传，应提前对新闻真实性进行调查，保证报道内容真实，无弄虚作假的报道内容，更不能对新闻进行胡编乱造，公然欺骗广大人民群众，一经发现应予以严惩。

3. 提高公共卫生管理人员的任职门槛

公共卫生管理在多方面都起着极其重要的作用，只有选拔优秀人才，及时注入新鲜血液，才能提高管理人员在传染病预防中的管理水平。由于传染病预防与医学药物学、病理学等密切相关，公共卫生管理部门可适当录用医学专业人员，由这类人员对非医学专业员工进行传染病相关知识普及，不定期测试管理人员对传染病预防相关知识的掌握情况，从而有利于在实际传染病预防工作中有效对疫情进行控制。公共卫生管理部门应通过加强各方面培训，提升管理人员的管理水平，从而有利于传染病预防工作顺利开展。

4. 国家相关部门加强统一监管

我国存在地域差异，致使各地有关传染病预防公共卫生管理的相关法律法规存在差异，这既不利于对疫情信息进行有效采集，也不利于国家相关部门根据各地实际疫情制定防控方案。各地可参照国家最新相关文件采取统一监管方法，加强相关部门之间联系，以便于发生疫情时国家相关部门进行有效统筹，为公共卫生管理部门的传染病预防管理工作提供有力参考依据。

综上所述，在传染病预防工作中，政府部门应把控好大局，充分运用宏观调控做好传染病预防工作。国家相关部门应完善传染病预防相关法律法规，统一疫情采集、监管方法。

9.2.3 疫情防控对策和建议

政府在预防传染病疫情和应对传染病突发疫情中承担着主要责任。政府如何更加有效、及时地处理疫情，是一个宏大的工程，还受许多因素影响。

1. 强化责任,加强传染病防控的总体调控

政府在传染病防控中责无旁贷,应组织社会各方面实施各项措施。一方面,强化传染病防治工作的属地责任、部门责任、单位责任和个人责任。正所谓防患于未然,管理部门应有强烈的使命感、忧患意识和危机意识,运用政策、法规、计划等手段来预防和应对突发传染病疫情,整合和调动各方资源应对危机,加强沟通,获取民众信赖,提高公信力。另一方面,明确政府在传染病防控中的组织指挥工作。市区两级卫生部门疾病控制处(科)和对应市区疾病预防控制中心负责传染病防控的日常管理和信息监测工作;传染病疫情暴发或流行时,同级政府应急处置指挥部下设办公室,承担传染病疫情防控的协调工作。应急处置指挥部统筹协调各部门参与疫情应急处置,明确并落实各职能部门的职责。成立专家咨询委员会,负责对传染病疫情的分级、控制措施、应急准备等工作提出建议,为传染病疫情处置提供技术指导,对突发公共卫生事件应急响应的启动、终止、后期评估等提出咨询意见。只有在高度统一指挥下,才能最大限度调动各方面资源,发动所有力量及时控制疫情。

2. 树立危机意识,加强突发疫情的应急管理

传染病不同于其他疾病,其本质特征为传染性,这就决定它的危害性,一旦发生,往往涉及较大地域和人群,给人民群众健康和社会造成严重的影响,甚至会影响国家的稳定。因此,政府要树立危机意识,加强突发疫情应急管理,防患于未然。

在和平稳定时期,公共管理者往往缺乏危机意识,面对突发事件容易措手不及,所以政府和公众应培养正确的危机意识,做好应对突发事件的心理准备和物质准备。从 2003 年“非典”事件和 2014 年登革热疫情中我们深刻认识到,应对突发疫情既要强化政府的危机意识,也要增强普通民众的危机意识。普通民众危机意识不强,这是传染病疫情很容易造成社会恐慌的主要原因。因此,政府平时应该增强危机意识,加大传染病知识和防控手段的宣传力度;同时,增强社会公众的危机意识;做好预防工作,储备足够应对突发传染病疫情的人力、物力和财力。政府应该改变“重应急、重治疗、轻预防”的观念,做好事前预防工作,提高疫情防控的经济和社会效益。

3. 完善协调机制,健全各个部门间联防联控工作机制

传染病的防控涉及面广,需要进一步完善联防联控工作机制,完善跨部门、跨地区信息通报和协调机制,科学有序地调动各方面力量,强化政府的协调和调度权利。

(1) 建立政府综合协调机制

当突发传染病疫情发生时,政府面临多元化的危机,这时迫切需要一个高效的综合协调机构,并建立综合管理体系和内部运作机制。通过协调机制的逐步完善,各部门各单位结合实际进一步明确属地责任、部门责任、单位责任和个人责任,落实各项工作措施,主动查找防控工作的薄弱环节和突出问题,突出防控重点,把握关键环节,确保各项工作落实到位。

(2) 健全部门间联防联控工作机制

如果各部门不在职、权、利方面作出明确的划分,则很难保证疫情防控效果。一是卫生、检验检疫等各相关部门,应联合建立传染病疫情联防联控的总体长效机制,明确各自权责。二是加强沟通和交流。基层的部门,通过联席会议或座谈等多种形式,进一步将联防联控机制完善化和常态化。三是加强演习。正所谓养兵千日,用兵一时。政府将各部门间演习制度化和常态化,定期开展应对传染病疫情的演习,各部门间不断磨合,从而全面提升传染病疫情的应对能力。另外,要加强疫情监控,要对口岸、学校、医院、社区等重点区域及其人群

进行重点防控，实现信息互通，一旦发现疫情，立即采取有效措施，控制传染源并切断疾病传播渠道。

4. 加强传染病防控的社会管理

非政府组织、社区等在传染病预防和应对方面发挥着重要的作用。加强传染病防控的社会管理，是政府做好传染病防控工作的有效补充。

(1) 充分发挥非政府组织的作用

非政府组织在应对突发传染病疫情和突发疫情后重建、恢复秩序中具有强大的救助服务功能。其在疫情防控的第一线参与了各个环节的工作，提供了募集资金、运输物资、维护秩序、提供关怀等各方面的服务。

(2) 加强与媒体合作，引导公众舆论

随着现代传媒的发展，媒体成为消息传递和舆论引导的重要力量。当人类面对突发传染病疫情时，政府、社会和公众的互动，离不开媒体的全方位报道。政府应该完善信息发布制度，引导媒体，充分保障公民的知情权，使公众对传染病疫情有正确的认识，稳定民心，展示一个积极负责的良好政府形象。因此，在应对传染病疫情危机时，政府积极与媒体合作，有利于向公众传达政府信息；有利于引导舆论，消除恐慌心理；亦可以展现政府执政能力和危机处理能力，增强政府公信力。

(3) 增强全社会传染病防控的意识，加强城市社区管理

传染病防控不能只靠政府的力量，社会公众的力量也十分重要。近年来发生的多次突发传染病疫情给城市及市民敲响了警钟，对城市的传染病知识普及教育和市民的个人卫生提出了更严格的要求。首先，加强宣传教育。利用市民传染病防治意识逐渐增强的契机，组织开展群众性卫生活动，提倡健康的生活方式，营造全民参与传染病预防的气氛，提高群众的应对能力。其次，加强城市社区管理，积极推进社区卫生综合治理，健全社区卫生服务功能。最后，加强疫苗接种，着力提高流动人口免疫规划接种率和质量。接种疫苗，提高群体防病能力，是保护易感人群最有效的措施。

9.3　重大疫情传播的应急处置

9.3.1　重大传染病疫情的定义

学者李敏将重大传染病疫情界定为，在一定区域、一定时间段内，发生一定数量的传染病，造成或者可能造成社会公众健康严重损害的传染病疫情；同时提出了不同类型传染病确认为重大传染病疫情的绝对数量和相对数量两种标准。

绝对数量标准包含三种情况：第一种情况是指《中华人民共和国传染病防治法》规定的甲类和乙类当中按照甲类管理的传染病发生 1 例的情况，可以确认为重大传染病疫情；第二种情况是指没有出现在国家法定报告传染病范围之内，但危害严重的新发传染病发生 1 例的情况，可确认为重大传染病疫情；第三种情况是指某些少发的传染病出现 3 例的情况，可确认为重大传染病疫情。

相对数量标准包括两种情况：第一种情况是指《中华人民共和国传染病防治法》规定的乙类当中按照乙类管理的传染病在一定时间和区域内出现 15%的人患某病的情况，可以确

认为重大传染病疫情;第二种情况是指《中华人民共和国传染病防治法》规定的丙类传染病在一定时间和区域内出现25%的人患某病的情况,也可以确认为重大传染病疫情。

以上定义是从疫情事件发生的时间、危害的范围以及结果来界定重大传染病疫情的。鉴于目前国家尚未确定相关的数量判别标准,本书将重大传染病疫情定义为某种传染病在短时间内发生、波及范围广泛,出现大量病人或者死亡病例,其发病率远远超过常年的发病率水平的情况。

9.3.2 重大传染病疫情的特征

21世纪以来,随着中国经济与政治改革的不断发展,人民生活水平不断提高,卫生防疫工作不断普及,传染病的发病率已经显著下降。但是,重大传染病疫情的影响并没有因此而减少,反而呈现以下特点。

① 疫情影响因素的社会性。从社会医学的角度来看,传染病疫情的产生不仅是由微生物引起的,还受到一个国家的政治体制、经济状况、科技水平、教育程度、人口密度、地理环境、医疗状况、风俗习惯乃至宗教信仰等许多社会因素的影响。从提出该观点到现在,越来越多的学者认识到传染病疫情的发生不光受到生物性因素的影响,在其发生和流行的过程中,社会因素起着重要的调节作用甚至可以说是决定性作用。因而,尽管传染病疫情的发生不可避免,但其影响因素的社会性为人类减少疫情的发生和减轻疫情的危害提供了可能性。

② 疫情影响范围的广泛性。当传染病流行的三个要素(传染源、传播途径与易感人群)同时存在并且相互作用时就会造成传染病疫情的发生与扩散。尤其是在全球化时代,传染源和易感人群可以通过现代交通工具跨地区蔓延,有时候甚至会造成全球性传播。

③ 疫情影响后果的复杂性与灾难性。重大传染病疫情的暴发,不仅会影响个人的日常生活与生命健康,也会影响企业组织的正常生产秩序,还会影响社会经济的发展与国家政治的稳定。在全球化时代,传染病疫情不仅会影响某个国家或者地区的日常生活、正常生产秩序、经济发展与政治稳定等,还会影响全人类的共同安全与权益。

④ 疫情的预控性。重大传染病疫情的暴发具有一定的随机性和难以预测性,但在其发生初期采取科学的预控手段,可以将疫情扼杀在摇篮之中。即使在疫情暴发期间,如能采取科学的应对手段,抑制其对人类社会的影响,减轻其产生的危害也不是不可能的。

9.3.3 传染病疫情的分类与分级

根据不同的分类标准,可将传染病疫情分为不同类型。按照传染病疫情发生所波及的范围,可将传染病疫情分为局限型疫情与非局限型疫情两类。局限型疫情是指传染病疫情发生在局部区域,不向其他区域蔓延的情况,如1988年上海市暴发的甲肝疫情。非局限型疫情是指传染病疫情向其他区域蔓延,造成更大范围出现疫情的情况,如2003年出现在广东的“非典”疫情,最后扩散至全国绝大部分地区。

按照传染病疫情所持续的时间,可将传染病疫情分为短期、中期与长期型疫情三类。一般来讲,短期型疫情影响持续时间在1年以内,中期型疫情影响持续时间在1～5年,而长期型疫情影响持续时间在5年以上。

依据危害程度和应采取的管理措施,传染病疫情需要采取分级管理模式。分级管理主要包括组织分级管理和措施分级管理两个方面。组织分级管理是指根据传染病疫情的性质、危害程度、涉及范围，可以将传染病疫情划分为特别重大（Ⅰ级）、重大（Ⅱ级）、较大（Ⅲ级）、一般（Ⅳ级）四个级别，依次用红色、橙色、黄色、蓝色进行预警，并由不同行政级别的政府和相关部门组织应急处置工作。措施分级管理则是指根据传染病的危害程度，可以采取强制管理措施、严格管理措施与监测管理措施。《中华人民共和国传染病防治法》将 39 种法定管理的传染病分为强制管理传染病、严格管理传染病与监测管理传染病，即甲、乙、丙三类传染病。甲类传染病包括鼠疫和霍乱 2 种，乙类传染病包括传染性非典型肺炎、艾滋病、病毒性肝炎等 26 种，丙类传染病包括流行性感冒、流行性腮腺炎、风疹等 11 种。

9.3.4　重大传染病疫情的政府应对能力

1. 应对准备阶段

(1) 组织机构建设

与其他应急管理体系相同，组织机构建设是有效应对重大突发公共卫生事件的第一要素。当政府所面临的社会、经济与自然环境充满变化和不确定性时，危机出现的可能性就会增加，危机事件越复杂，参与应对部门也会越多，在这种环境中，协调的交易成本就会很高。因此，建立一种组织体系，尤其是设置一个常设的危机处理机构并赋予其足够的权力，通过有效指挥与协调以降低这种交易费用，就显得非常必要。根据《国家突发公共事件总体应急预案》有关规定，国家突发公共事件组织指挥体系由领导机构、办事机构、工作机构、地方机构、专家组共同构成。此外，与国际社会相比，我国目前没有一个独立和常设的危机管理协调中心。国家和地方政府的应急指挥机构，由政府行政首长任总指挥，成员由相关行政部门人员组成，只有在突发事件发生时才组成临时指挥机构，日常应急办公室挂靠政府办公厅。其主要作用是整合部门资源与协调部门分工、促进各个部门之间应急联动。鉴于此，应把应急组织体系的建设与独立常设指挥协调机构的设置作为衡量政府组织资源准备能力的主要指标。

(2) 应急管理机制建设

应急管理机制是行政管理组织体系在遇到突发公共事件后有效运转的机理性制度。应急管理机制是信息资源、人力资源、物力资源、组织资源等应急资源的政策导向，明确不同的应急资源如何获取、使用、补给等是政府在应对突发事件过程中的行动准则，以避免应急行动过程中滥用行政权力和侵犯公民利益；应急管理机制还是应急组织与机构工作方式、工作流程的约定，有利于其发挥合力作用。2004 年 9 月，党的十六届四中全会明确提出要建立健全社会预警体系，形成统一指挥、功能齐全、反应灵敏、运转高效的应急机制，提高保障公共安全和处置突发事件的能力。“非典”事件以后，经过几年的探索与实践，我国已经初步建立应急监测预警机制、信息沟通机制、应急决策和协调机制、社会动员机制、应急资源配置与征用机制、事后奖惩机制、国际协调机制等应急管理机制。

(3) 应急物资储备

应急物资是应急行动的物质保障，诸如救援装备、救援物资、医疗器材、生活用品等，充足的物资储备和有效的物资调配为应急行动的顺利实施提供了强大的后勤保障。《突发事件应对法》第三十二条规定：“国家建立健全应急物资储备保障制度，完善重要应急物资的监管、生产、储备、调拨和紧急配送体系。设区的市级以上人民政府和突发事件易发、多发地区的县级人民政府应当建立应急救援物资、生活必需品和应急处置装备的储备制度。”《中华人民共和国传染病防治法》第六十三条规定:“县级以上人民政府负责储备防治传染病的药品、医疗器械和其他物资,以备调用。”《突发公共卫生事件应急条例》第十六条也规定:“国务院有关部门和县级以上地方人民政府及其有关部门,应当根据突发事件应急预案的要求,保证应急设施、设备、救治药品和医疗器械等物资储备。”

(4) 人力资源储备

应急处置专业技术人员是重大公共卫生事件应对体系的重要人力资源,为应对体系提供智力支持和组织保证,这些专业技术人员主要包括监测预警工作人员、流行病学调查人员、实验室检测人员、现场急救人员、信息报告工作人员等。专业技术人员全面负责各种突发公共卫生事件监测与识别、现场调查与研究、现场医疗救助等工作。因此,在应对突发传染病疫情之前,政府需要做好专业技术人员这一重要人力资源准备工作。“非典”之后,我国政府做了大量工作建设和完善突发公共卫生事件监测与报告系统、实验室检测硬件设施、应急救援设备等。目前,我国已经建成全世界最大、最快的传染病监测和网络直报系统。为了使专业技术人员在应对突发公共卫生事件过程中更好地发挥作用,政府还需要对这些重要人力资源进行培训,使其明确自身的工作要求与职责,熟练使用专业设备和设施,不断提高重要人力资源的效用。人力资源的培训程度直接影响其使用价值。

(5) 心理资源储备

培养有正确导向的危机意识是政府应对能力中心理资源储备能力的一个重要反映。危机意识是如何认识、预防与处置危机的前提性意识。托夫勒(A.Toffler)在《未来的冲击》一书中指出,由于不去预先考虑未来的问题和机会,我们正从危机走向危机。事实也说明,在重大传染病疫情面前,真正可怕的既不是传染病本身的破坏力和杀伤力,也不是人类认识和把握疫情的发生和发展规律,而是政府、社会组织和公众对疫情的麻木不仁和一筹莫展。政府官员、社会组织以及社会公众的公共危机意识淡薄,表现在公共卫生事件征兆出现以后,不能正确地识别而将危险消灭在摇篮里;公共危机意识淡薄还表现在当危机发生后,由于相关机制的欠缺而处置不力,从而丧失控制疫情扩散的机会。只有树立正确的危机意识,才有可能具备感知传染病突发事件的能力,主动采取适当的措施预防与控制重大传染病疫情。如果没有预防危机的意识,疫情发生后反应迟钝,容易失去对突发事件的控制,造成被动局面。因此,政府应对重大传染病疫情应树立预防第一、防患于未然的危机意识。同时,由于应对重大传染病具有广泛的社会性,即应对重大传染病的主体不仅包括政府,还包括非政府组织、社会公众等,非政府组织与公众也应树立正确的危机意识。具有正确危机意识的非政府组织与公众,不仅会采取健康的生活与生产方式,还会积极主动参与到政府应对重大传染病疫情的各个阶段和环节,形成共同应对疫情的局面。因而通过宣传、教育活动来普及防灾救灾知识,从而增强广大非政府组织与公民的危机意识是十分必要的。

另外一个重要的心理资源储备是在应对重大传染病疫情过程中提供专业心理救援专家,心理资源是应急救援与灾后恢复过程的精神支撑、减压阀与稳定器。重大传染病疫情发生后,大部分社会公众会出现恐惧担心、迷茫无助、悲伤、内疚、愤怒、失望和思念等正常的应激反应。有一部分社会公众,特别是一些青少年、弱势群体甚至会出现创伤后应激障碍,即在经历威胁生命事件之后出现一些有特征性和持续存在的症状群,并且导致一定社会功能的丧失,需要专业心理救援专家对其提供咨询与治疗。然而目前只有少数自然灾害的应对过程,如2008年的汶川大地震,政府开始使用心理资源,这说明心理资源是目前应急管理中较为缺乏的资源。

(6) 应急预案建设

预案即预先制定的行动方案，是指根据国家、地方法律、法规和各项规章制度，综合本部门、本单位的历史经验、实践积累和当地特殊的地域、政治、民族、民俗等实际情况，针对各种类型突发事件而事先制定的一套能切实迅速、有效、有序解决问题的行动计划或方案，旨在使政府应急管理更为程序化、制度化，做到有法可依、有据可查。预案是事前制定的一系列应急反应程序，明确应急机制中各成员部门及其人员的组成、具体职责、工作措施以及相互之间的协调关系，有了预案的保证，才有可能减少突发事件或灾害带来的损失。突发传染病疫情应急预案又称突发传染病疫情应急计划，是针对可能的重大传染病疫情，为保证迅速、有序、有效地开展应急与救援行动，降低重大传染病疫情所造成的损失而预先制定的有关计划或方案。突发传染病疫情应急预案起到行动指南的作用，即在疫情事前、事发、事中和事后的各个进程中，规定由哪些应对主体，运用哪些资源，什么时候，怎么样去应对传染病疫情的行动指南。编制突发传染病疫情应急预案的核心思想是以确定的历史经验和实践积累应对不确定的疫情事件，将在时间紧迫、资源有限条件下的应急管理工作转化为常规管理工作。

在“非典”发生之前，我国并没有一个完整的关于突发公共卫生事件应急方面的预案。发生疫情时，各城市多根据《中华人民共和国传染病防治法》《中华人民共和国食品卫生法》等相关的卫生法律法规采取应急处置措施。在经历了 2003 年“非典”事件以后，国家和地方政府开始在“分级分类”的原则指导下组建与编写突发事件应急预案体系。2006 年 1 月，国务院发布《国家突发公共事件总体应急预案》，标志着我国已初步形成国家总体应急预案、专项应急预案、部门应急预案、地方应急预案、企事业单位应急预案与大型活动应急预案六个层次不同责任主体的应急预案体系。全国绝大多数城市根据当地实际情况，也建立城市的应急预案体系。

应急预案就本质而言是应对行动计划，其本身并不能自动发挥作用，只有将计划转化为执行力，才能发挥其作用。因此，当应急预案编制工作完成后，需要通过预案培训使相关领导、部门、机构及个人明确自身在应对重大传染病疫情组织体系中的定位、权利与责任等，以及在应对过程中的工作流程、处置办法等。预案培训所起的作用是使参与疫情防控的相关组织与人员熟悉预案的内容，为应急预案演练做好认识准备；平时有效的演练可以使相关组织与人员在仿真实战中不断强化其责任与权利，熟练掌握应急工作流程与工作方法，不断提高应急管理水平和专业技能，将行动计划真正转化为执行力。应急预案不仅需要在实践中落实，还需要在实践中检验与完善。因此，为了不断提高应急预案的科学性和可操作性，预案的责任主体还需要根据预案培训、演练以及疫情实战中暴露出来的问题和实战经验动态更新预案内容。

2. 预警预控阶段

政府预警管理能力是指对监测指标信息的识别、预报、预测、诊断和预控对策方案制定的能力。传染病疫情预警管理能力是指对传染病疫情警源指标(疾控、医疗或者其他部门人员在外界环境中发现利于传染病暴发或流行的危险因素，如气候的突然变化、人群免疫水平的降低、食物与水源卫生状况的低劣以及其他地区暴发疫情等)、警兆指标(传染病暴发或流行前期往往会有一些非特异性的症状出现，如药房售药量上升、医学咨询电话数增多、集体单位人员因病缺勤数增多等)、警情指标(已经表现出来的对社会产生影响的风险,如传染病病例的报告数、死亡数以及群体性发病事件的报告等)的识别、预报、预测和预先控制方案制定的能力。

从公共危机管理的目的和效果来说,危机预防比危机处理更重要。政府预警管理的目标是有效地预防和避免重大传染病疫情事件的发生,对无法避免的疫情则减轻其造成的损害程度。美国行政学家奥斯本(D.Osborne)和盖布勒(T.Gaebler)提出了"有预见性的政府——预防而不是治疗"的管理理念。科学的预警管理体系和良好的预警管理工作不仅能够节约大量的应急资源,还可以保证社会稳定,促进社会的可持续发展。因此,预警管理能力不仅是"有预见性的政府"必备的能力,还是政府应对重大传染病疫情准备能力的重要组成部分。

3. 全面应对阶段

在重大疫情全面应对阶段,政府需要进行应急决策,快速调配信息、组织、人力、物力等应急资源进行应急处置,迅速控制局势,抑制传染病疫情的强度扩散与变异扩散。为了出色完成该阶段的应急任务,实现将损失降至最低的目标,政府要具有应急处置能力。政府应急处置能力是指疫情发生后,政府在法律规定范围内规划与使用应急资源有效地、持续地和高效地执行其社会管理、公共服务、政治稳定等职能的本领和效用。在重大传染病疫情应急处置阶段,规划应急资源是指形成综合使用应急资源的方案。综合使用应急资源主要包括以下几层意思:一是快速供给信息、人力与物资等资源进行应急处置;二是启用制度资源进行应急处置;三是整合部门与社会资源进行应急处置。具体来讲,应急处置能力包括应急决策能力、应急资源供给能力和应急资源补给能力。

(1) 应急决策能力

一旦重大公共卫生事件发生,政府会先在应急预案的基础上,根据应急处置目标和事件的预控结果及预测分析情况,制定应急处置的方案。从资源管理的角度来看,应急决策是指根据疫情不同阶段的发展态势,为了控制疫情扩散而制定应急资源综合使用方案。重大传染病疫情应急决策是一个组织协同活动,是由多个应急处置部门、单位与个体参与的组织决策活动。这些相关部门、单位包括卫生行政部门、交通部门、出入境检验检疫部门、环境保护部门、旅游部门、农业部门、林业部门、教育部门、红十字会、民间志愿者团队、宣传部门、发展和改革委、财政部门、质量监督部门、工商部门、公安部门、劳动保障部门、信息产业部门、军队卫生部门、武警部队等。个体主要包括卫生、心理、应急管理等方面专家。

(2) 应急资源供给能力

应急资源供给能力是指给发生疫情的区域提供应急资源的本领与效用。应急资源供给主要包括物质资源供给、人力资源供给与信息资源供给。经过"非典"疫情和新型冠状病毒感染疫情,各级政府高度重视疾病控制体系建设,加大了对其硬件设备的经费投入。以政府医疗资源为主的物质资源供给能力大大提高。尽管物质资源供给是应急处理阶段不可或缺的,但物质资源供给的实现要依靠人力资源。人力资源供给包括所有参与应急处理的工作人员,如政府应急管理、监测预警、现场流行病调查、流行病检测、指挥协调、医疗救助等工作人员的及时和合理的调度。信息资源供给是指在应急处理阶段,政府与公众、政府部门之间、政府与新闻媒介、政府与非政府组织、政府与国际社会之间的信息沟通。有效的信息沟通在应急处理过程中发挥着十分重要的作用,有利于及时控制疫情引发的社会恐慌,从而有利于促成人民对于政府的信任，进而有助于鼓励公民参与和支持政府的危机管理行动；有利于快速形成部门之间的联合行动，控制疫情的扩散，降低应急管理成本；有利于发动社会力量，获得更多的应急资源与应急援助。因此，信息沟通是重大传染病疫情，甚至是突发公共卫生事件应急处理的核心。

(3) 应急资源补给能力

应急资源补给能力是指政府通过社会动员的方式获得社会应急资源的本领和效能。重大传染病疫情应急处置中需要动用的资源是非常巨大的，而政府的应急储备在一定条件下又是有限的，如何弥补应急救助需要与实际储备水平之间的巨大差距，能够与时间赛跑救援更多的生命，控制危机的扩散，一条可行之路就是发掘丰富的社会资源，利用各类政府以外的组织力量来解决此类问题。随着社会的发展，现代政府的社会职能日益弱化，不可能面面俱到地管理所有的社会事务。由此可见，尽管政府在掌控资源、人员结构、组织体系等方面具有优势，但不可避免地存在局限性，因此不论是在重大传染病疫情的应对准备阶段，还是在疫情发生后的应急处置阶段，以及灾后恢复阶段，都应积极吸纳和发挥民间力量的作用。利用社会资源成为政府应急处置的一个不可避免的趋势。《国家突发公共事件总体应急预案》明确规定，鼓励自然人、法人或者其他组织(包括国际组织)按照《中华人民共和国公益事业捐赠法》等有关法律、法规的规定进行捐赠和援助。

4. 事后重建阶段

在重大传染病疫情平息后的灾后恢复和重建阶段，政府的主要任务是尽快恢复社会正常秩序及对疫情应对过程进行评价与总结。由此可见，政府在此阶段的主要任务是对消耗的各种应急资源进行修复与更新，需要政府具备评估、学习能力。灾后重建阶段政府应对体系构成可以总结归纳为三个主要方面，即疫情评估、组织制度完善和灾后补偿奖惩。其中，在疫情评估方面，上次疫情的资源修复工作是下次疫情的资源准备工作，并且用相应的法律法规以及灾后恢复计划作为资源修复的保障，同时总结经验教训，对疫情及疫情处理进行再次评估，分析资源的使用效果，进而找出处理类似事件的优势与不足，改善应急资源的准备与综合使用效果，更有效地应对重大公共卫生事件。

第10章　应急管理案例分析

10.1　美国“卡特里娜”飓风灾害

10.1.1　事件概述

2005年8月23日，第12号热带低压在巴哈马群岛附近生成，24日形成热带风暴，命名为“卡特里娜”。27日，热带风暴发展成3级飓风。28日，卡特里娜飓风强度从4级增大到5级，“气势汹汹”扑向路易斯安那州和密西西比州沿海；29日，在路易斯安那州再次登陆，登陆时仍有4级强度。卡特里娜飓风横扫数州，一路造成了令人心碎的巨大破坏，导致洪水淹没了新奥尔良市，严重破坏大量建筑物，造成1 800多人死亡，直接财产损失960亿美元，还造成严重的环境污染。卡特里娜飓风成为美国历史上最具破坏性的自然灾害。见表10-1。

表10-1　卡特里娜飓风造成各州死亡人数

州　　名	死亡人数/人
路易斯安那州	1 577
密西西比州	238
佛罗里达州	14
佐治亚州	2
俄亥俄州	2
亚拉巴马州	2
肯塔基州	1
总　　计	1 836

10.1.2　卡特里娜飓风的影响

美国政府要求新奥尔良市民撤离飓风可能抵达的地区。墨西哥湾附近三分之一以上油田被迫关闭。七座炼油厂和一座美国重要原油出口设施也不得不暂时停工。纽约商品交易所原油价格8月29日开盘时每桶飙升4.67美元，达70.8美元。2005年8月31日，美国政府同意动用战略石油储备，帮助严重破坏的原油加工厂恢复生产。国际能源机构2005年9月2日宣布，所有26个成员国一致同意每天将战略储备的200万桶原油投放市场，为期30天，以帮助解决卡特里娜飓风造成的市场紧张局面。

密西西比州、路易斯安那州、亚拉巴马州和佛罗里达州至少有230万居民受到停电的影响,另外也出现了大规模的通信故障。有些城市甚至90%的建筑物遭到了毁坏。

新奥尔良市2005年9月1日出现了无政府状态的混乱局面,部分地区的抢劫之风越刮越猛。劫匪们公然当着警卫队和警察的面,大肆烧杀抢掠和强奸,并和警方枪战。美国路易斯安那州州长布兰科当天说,300名刚从伊拉克撤回的国民警卫队队员已经抵达新奥尔良市维护治安,并被授权随时开枪击毙暴徒。面对国内民众和媒体对联邦政府在组织抗灾救灾工作方面不力等批评,时任总统布什2005年9月3日表示,他将下令11 000名士兵在72 h内紧急赶赴美国南部墨西哥湾的受灾地区。2005年9月4日,该市发生了武装团伙与警察之间的枪战,有4人死亡,局势仍相当混乱。新奥尔良市警察面临沉重压力,有2名警察自杀身亡,200人交出了自己的警徽提出辞职。联合国儿童基金会发言人佩索纳兹2005年9月2日在日内瓦说,灾区有30万～40万儿童无家可归。新奥尔良市5名灾民感染霍乱弧菌丧生。位于灾区的两处航天设施遭飓风破坏。"日落特快号"火车由新奥尔良至奥兰多的服务中断。

10.1.3 事件中的美国政府应急管理缺陷

卡特里娜飓风引发的风暴潮以及造成的洪水迫使美国展开了一次最大规模的人员撤离及搜救行动,动用了军队参加救灾活动,国际社会、美国国内一些私人组织、非政府组织提供了援助。但是,卡特里娜飓风还是造成了巨大社会损失,人们开始反思,发现政府决策和政府部门之间的合作存在相当多的问题。卡特里娜飓风原本是"天灾",但由于政府的决策失误和关系协调失当,从某种意义上又可以称之为"人祸"。各级政府在救灾过程中所表现出来的管理不善和领导力缺乏受尽批评。2005年9月2日,美国广播公司进行的民意调查显示,75%的民众认为应急不力责任在州和地方政府,67%的民众指责联邦政府,44%的民众则直接指责布什的领导力。

1. 减灾工作不到位

在卡特里娜飓风中,新奥尔良市遭受惨重损失的重要原因不是飓风本身,而是防洪堤的决口。新奥尔良市一直面临着生态系统的危险,它四周都是水,地势平均低于海平面1.83～2.13 m,最低处低于海平面3.05 m,但是该城市防洪堤难以抵挡3级以上飓风引发的海浪,而在2005年春季联邦政府还削减了防洪堤预算。灾难过后,布什说没有人能够预料到防洪堤会决口,但据媒体报道,有专家如路易斯安那州立大学工程师约瑟夫以及海洋科学家范赫尔登早就警告过说新奥尔良市的防洪堤可能崩塌,范赫尔登还说过去两百年这座城市没有被洪水淹没纯属侥幸。但各级政府并没有听取这些意见而加强对防洪堤的建设,从而导致防洪堤没有抵挡住卡特里娜飓风带来的风暴潮袭击而决口,新奥尔良市80%面积被淹,洪水几个星期未退。

造成新奥尔良市受灾如此严重的另一个原因是新奥尔良市在城市建设中破坏了大量的湿地,90%的海边湿地被用来建设观光区和住宅区,原本划定了作为洪水缓冲带的地区也被用来发展旅游业和商业,使城市在海潮和洪水面前缺乏必要的缓冲。自然环境的严重破坏,是灾难中损失惨重的根源之一。卡特里娜飓风之后,媒体报道揭露出在飓风发生之前,联邦政府或州政府漠视专家和研究人员关于新奥尔良市的防洪堤建设、海边环境保护等思想导致新奥尔良市减灾工作不到位,遭受重大损失。

2. 防灾准备不充分

新奥尔良市地形特殊，每年六月到十月是飓风季节，在卡特里娜飓风之前，风灾都没有形成重大灾害；对于各种台风飓风警报，居民都习以为常，警惕性也逐渐松懈，警报得不到重视和警觉。2005 年年初的一次民意调查显示，只有近三分之一的人愿意在 3 级以上飓风警报时疏散。美国飓风中心从 8 月 23 日起在 8 天内一共发出了 62 期警报，详细报告了卡特里娜飓风的移动路径。地方官员预知了飓风的具体情况，但也没有足够重视，人们想当然地认为灾害是可控的，直到 27 日下午新奥尔良市长纳金才下达了自愿撤离的命令，28 日下达强制撤离命令，但到 29 日还有部分居民仍抱着侥幸心理未及时撤离。

对于来不及撤离留在新奥尔良的市民，政府部门只开放了超级穹顶体育馆和会议中心作为避难所，满足不了灾民的需求，所以两个避难所都涌入了大批灾民，尤其是体育馆容纳了 2 万多灾民。灾民对水、食物和医疗物品等生活必需品有巨大的需求，但是由于卡特里娜飓风登陆后环境恶劣，这些需求超过了 FEMA（美国联邦应急管理局）的标准输运能力，从而造成生活必需品供应不足。同时，医疗设备和医护人员也配备不足，致使灾民生命受到威胁。联邦政府驻路易斯安那州的助理协调官思科特认为，应急准备不够充分，不足以应付迫在眉睫的灾难，而防灾准备不充分、应急物资的短缺最终造成了社会动荡。散落在城中各处，特别是聚集在体育馆和会议中心避难所的数万灾民，在满地发臭的大水围困中，在 35 ℃以上的高温下，没有水，没有食物，也没有药，更没有人组织他们撤离，处于孤立无援的地步，看不到生还的希望，这种绝望无助心理终于超过临界点，导致该市出现了大规模抢劫，以致局面失控，陷入混乱的无政府状态。

3. 缺乏撤离计划方案

27 日下达撤离命令之后、飓风登陆前，新奥尔良市撤离方案一方面依靠居民私家车，另一方面依靠公共交通工具。路易斯安那州、密西西比州和亚拉巴马州是卡特里娜飓风中受灾最严重的三个州，它们都是美国比较贫困的地区，其中密西西比州人均收入列美国倒数第 1 位，而路易斯安那州和亚拉巴马州分别列倒数第 9 位和倒数第 11 位。新奥尔良市是美国重要的旅游城市，同时该市也是贫困的少数民族聚居之地，28％以上的居民都生活在贫困线以下，其中 84％是非裔美国人。他们很多集中在地势最低也最容易遭受水淹的地区。约有 15％也就是约 7 万居民没有自己的交通工具而必须依靠公共交通工具撤离，再加上一些老弱病残、旅游者等，对公共交通工具的需求就更大了；而当时可用作公共交通工具的只有校车，几百辆校车就停在距体育馆不到 1.61 km 的地方，但并没有被政府加以利用，最终这些校车被洪水淹没，以致有私家车的居民基本撤离，而没有私家车的居民大部分未能撤离。飓风登陆时，仍有约 10 万居民（其中大部分是穷人和非裔美国人）未撤离而滞留市内。

路易斯安那州和新奥尔良市都没有飓风登陆后的撤离方案，州、地方政府、FEMA、国防部和交通部共同实施飓风登陆后的撤离行动。在洪水泛滥的情况下，直升机是运送撤离的灾民最急需的装备，虽然美国现役部队及国民警卫队均装备大量的直升机，但因为 FEMA 灾前未在灾区附近部署，从而导致灾后 48 h 内，只有海岸警卫队不到 20 架直升机在受灾地区参与应急行动。8 月 30 日，交通部召集超过 1 100 辆的客车车队参与体育馆以及其他地方的撤离行动。到 9 月 2 日上午，约 15 000 人从体育馆撤离，约 5 500 人仍留在馆内。到 9 月 4 日，国土安全部报告说，体育馆和会议中心的灾民已全部撤离，但其他流离失所的灾民还在涌入上述两地，撤离行动还没有结束。

4. 救援组织沟通不畅

灾区通信系统完全瘫痪，应急通信失败也是造成美国政府此次应急失败的重要原因。美国应急系统自 1979 年建立，尽管已有 20 多年，而且“9・11”事件之后也进行了重整，应该是比较完善的，但是在卡特里娜飓风中暴露出惊人的漏洞——没有储备一定数量并能随时调用的通信设备，不仅如此，连重建灾区通信系统的应急计划也不存在。

卡特里娜飓风灾后，FEMA 才紧急召集企业和专家连夜制定计划恢复通信系统，最后英特尔、思科等数家企业当场决定捐助移动通信设备，灾区的通信系统才得以重建。但是已经贻误了救援的最佳时机，由于通信系统的完全瘫痪，大批用于撤离的客车、火车和飞机的调度难以协调。

此次救灾暴露出美国应急通信的准备不足，通信器材也存在严重的兼容问题。众多救援部门中只有消防部门的对讲机使用的是随时可在日用品店找到的普通电池；而警察等其他应急系统的对讲机多使用充电电池，因灾区断电无法充电，对讲机电力逐步耗完后就无法继续使用。通信器材的不兼容是应急系统协调困难的另一个重要原因。

美国政府此次应急工作沟通不顺畅除了表现在以上硬件方面外，还表现在 FEMA 与私人和国际社会援助力量之间的沟通上。比如，沃尔玛的三辆送水车由于 FEMA 的官员没法登记而掉转车头离去；美国公共客车联合会想帮助协调运送撤离者的客车，但是花了一整天的时间未联系上 FEMA；瑞士本想提供一批援助物资，在把所有救灾物资包装好装上飞机后，FEMA 才请求他们按照该局所要求的包装规格发运，但是不可能将已装机的大量物资马上卸下来再及时重新包装成所要求的小规格，美国驻瑞士大使馆和瑞士政府只得取消这次援助计划。

5. 各级政府协调失当

2004 年 3 月 1 日，美国国家安全局颁布实施“国家事故管理系统”命令，该系统通过建立事故命令系统、联合信息系统，设立国家集成中心来协调联邦、州和地方政府应急响应活动。该系统的有效运行依赖于强有力的统一领导。但是，在卡特里娜飓风中，由于联邦和州政府之间的领导权争议，联邦、州和地方之间的协调合作失败。

在飓风登陆当天，布什曾请求布兰科将国民警卫队的管理权交给联邦政府以便统一协调救灾，但遭到拒绝。据华盛顿邮报报道，在 9 月 2 日，布什发出最后通牒，要求布兰科交出新奥尔良市的撤离行动指挥权，然而再次遭到布兰科的拒绝，理由是要维护州政府的独立性，这导致救援行动得不到统一的协调指挥。此外，建立在州和联邦政府指挥体系之上的负责为所有联邦机构、州和地方政府获取灾情、分配任务及交换信息的联合现场办公室也迟迟未成立。

8 月 31 日，卡特里娜飓风已经 3 次登陆后，时任 FEMA 局长布朗还在制定一份卡特里娜飓风应急管理主管官员组织结构图，联合现场办公室连雏形都还没有，直至两个星期后，巴吞鲁日市仍在构建该办公室的主体部分。后来，路易斯安那州才在应急行动中心附近成立了该办公室。

在应急响应初期，由于缺乏统一的指挥体系，参与救援的现役部队和国民警卫队得不到统一的部署，从而造成体系分散。在这种情形下，通信状况和协调工作情况加剧恶化，救援行动效率低下。按照不同的地理位置划分成的各个救援行动区域，具有不同的指挥体系，分别执行救援任务。一旦不同的部队同时到达某一行动地区，其与政府应急响应人员使用不同的通信设备，就会造成无法协同通信；而且军事指挥官与政府官员只得分头指挥行动，他们之间的协同配合也是一个重要问题。

在此次灾难中的垂直关系处理上，联邦、州以及地方政府之间的合作完全就是一团糟，整个系统、政府的各个层级之间都没有很好的协调，以致整个应急行动在灾难之初就被飓风击得粉碎。

卡特里娜飓风灾难发生后，美国政府的救援迟缓、组织和领导不力、缺乏计划等混乱的应急局面和造成的巨大影响使美国政府遭到了全美民众甚至是全世界的谴责。在卡特里娜飓风发生后，布什直到 8 月 30 日才从“空军一号”总统专机上视察了遭飓风破坏的地区，30 日下午才发表演讲，而直到 9 月 2 日才亲临受灾地区；其他政府高官也因为不负责任而遭受猛烈抨击，如时任国务卿赖斯在灾难的严重程度完全显现出来时却在纽约一家商店买鞋，副总统切尼却仍在度假。当人们都在批评美国政府在卡特里娜飓风中响应失败的同时，非政府组织在飓风救援中的表现则得到了较为广泛的肯定。

10.2 2008 年中国南方雪灾

10.2.1 事件概述

2008 年中国南方雪灾是指自 2008 年 1 月 3 日起在中国发生的大范围低温、雨雪、冰冻等自然灾害。中国的上海、江苏、浙江、安徽、江西、河南、湖北、湖南、广东、广西、重庆、四川、贵州、云南、陕西、甘肃、青海、宁夏、新疆等 20 个省(区、市)均不同程度受到低温、雨雪、冰冻灾害影响。截至 2008 年 2 月 24 日，因灾死亡 129 人，失踪 4 人，紧急转移安置 166 万人；农作物受灾面积 1.19×10^{7} hm^{2}，成灾 5.84×10^{6} hm^{2}，绝收 1.69×10^{6} hm^{2}；倒塌房屋 48.5 万间，损坏房屋 168.6 万间；因灾直接经济损失 1 516.5 亿元人民币；森林受损面积近 1.86×10^{7} hm^{2}，3 万只国家重点保护野生动物在雪灾中冻死或冻伤；受灾人口超过 1 亿。其中安徽、江西、湖北、湖南、广西、四川和贵州等 7 个省(区)受灾最为严重。雪灾中，交通运输受阻情况如图 10-1 所示，输电和通信线路破坏情况如图 10-2 所示。

图 10-1　交通运输受阻情况

图 10-2　输电和通信线路破坏情况

中国国家气象部门的专家指出，这次大范围的雨雪过程应归因于与“拉尼娜”现象有关的大气环流异常：环流自 1 月起长期经向分布使冷空气活动频繁，同时副热带高压偏强、南支槽活跃，源自南方的暖湿空气与北方的冷空气在长江中下游地区交汇，形成强烈降水。大气环流的稳定使雨雪天气持续，最终酿成这次雪灾。

10.2.2　雪灾造成的影响

中国南方以往主要防的是水，而不是雪。在地理上，中国南方与巴尔干、北美、欧亚大陆北缘地区对雪的见识毫无可比之处。中国社会科学院减灾中心主任王昂生教授说："中国南方这么大范围、长时间的降雪确实带来一定的异常性，从这几天的情况来看，显然，对这种很少出现的比较极端的气候，南方城市的预案考虑得还不够充分、细致、具体。"2008 年 1 月 19 日凌晨，家住汉口的刘先生家水管冻裂，自来水冲进房间(足有 10 cm 深)。武汉市的供水热线在雪灾期间快被类似的事故报警打爆了。连续低温致使全市水管频频爆裂，仅大型管道爆裂就达 40 余处，共发生 5 000 多起停水事故，数万居民用水受到影响。据了解，当时武汉市全市供水管网有 5 000 多千米长，其中 2 000 多千米趋于老化，部分管材又为普通铸铁管或水泥管，一遇恶劣天气，就容易因为冰的体积大于等量水的体积而撑破水管导致破裂。与此同时，持续低温使用电负荷急剧上升。"最近电煤太紧张了，湖北全省每天最多购进三四万吨，最少只有一两万吨，这只能满足火电厂 1/10 的发电需求"，湖北省电力公司时任副总工程师杨勇说。湖北部分地区开始拉闸限电。在贵州省贵阳市，位于市区内的蛮坡路段，结冰的路面光亮如镜，有 20 多辆公交车和其他车辆因路面结冰发生侧滑或追尾、剐蹭事故，横七竖八地停在这段长达 1 km 多的路上；然而，由于没有及时进行交通管制，不断有不明路况的车辆继续开向这里。国家电网三峡工程宜昌至上海的一条重要的电力外送信道因连日的严重雪灾中断。国家电网公司有关人士表示，事故发生的主要原因是出事线路段覆冰太厚，最厚达 50～60 mm，而按江南常年气候设计的抵御覆冰厚度仅为 10 mm。

"在东北、西北，基础设施必须有防寒防雪的要求和标准，起码水管会有保暖防冻裂的措施，道路管理部门融雪剂也会备足。但是在南方，这个问题就尴尬了。毕竟这样的降雪也许十年、几十年才遇到一次"，王昂生说，在抗灾能力建设的成本与应对突发灾难的措施之间需要平衡考虑，非要把南方所有的水管都按防寒防冻标准改造，那投入的成本可是十分巨大的。

10.2.3　雪灾暴露的问题

1. 气象灾害预警系统不完善

在大雪开始的一个星期内气象部门并没有发布任何预警信号，直到 1 月 19 号，安徽、江苏、湖南、贵州以及湖北气象部门才发出暴雪黄色预警信号，这时雪灾已经发展到了很严重的地步，延迟了救援工作的实施和开展。

2. 道路规模发展滞后

这次雪灾救灾行动考验了我国的交通运输能力。在大雪到来之后，只有部分铁路有运输能力。主要表现在：首先，铁路电煤供应严重不足。此次雪灾受到最大打击的是电力，而彼时我国 75%的电力依靠煤炭发电。不能把煤炭迅速运到南方受灾地区，灾区的情况就会恶化；但要把山西和内蒙古的煤炭运到南方受灾地区并不是一件容易的事。原因是当时我国铁路线路里程较短、覆盖面较窄，还形不成强有力的运输网络，使煤炭运输的请车率一直徘徊在 35%，造成大量使用汽车通过高速公路运煤的极不经济和低效的运输现象。其次，雪灾时正逢春运高峰。在历次春运时期广州火车站、北京火车站、南京火车站、西安火车站等各大交通枢纽都会出现特别拥挤的乘车现象，这种严峻的春运现象并没有随着时间的推移而改善，反而愈演愈烈。

3. 南方电力、电信设备抗灾能力薄弱

寒冬腊月的南方十几个受灾的省区市，深山到处是被压断的电塔，电线上的冻雨比电线本身还要粗好几倍，城市大面积停电，国家电网公司运送了一批批电力专家前往受灾地区，却很难及时顺利地到达事故区域。南方雪灾救助物资的匮乏，与人们对南方气候温暖的印象有关。鉴于相对温暖的气候，南方民众很少自备御寒设施。因此，在雨雪到来之时，南方处于不设防状态。南方的电缆、电塔并没有能力承受连日的大雪、冻雨的压力而被压断，同时寒冷天气致使用电量猛增，电力供不应求，造成部分地区大面积停电。专家认为，长期以来，我国电网建设偏重主干大电网，而忽略了地区小电网；重视大电厂建设，而忽视了分布式小电厂建设；重视跨地区供电，而忽视了就地供电；重视火电建设，而忽视了核电建设。这四大电网建设规划的不平衡，是雪灾时南方地区大面积停电的主要原因。

4. 能源格局亟待调整

现阶段，煤炭仍为我国最主要的一次能源。西煤东运的两条大通道朔黄线（山西朔州至河北黄骅港）、大秦线（山西大同至河北秦皇岛）目前已基本饱和。中国中煤能源集团股份有限公司负责人提出，国家应高度重视煤炭的合理库存量，建立煤炭用户库存责任制度，以降低极端恶劣天气引发的电煤储运风险。南方的煤炭储存量少而又少，面对突发的灾情，很难保证有充足的煤炭供应量。所以，加速建设西煤东运新通道，调整南方能源结构势在必行。

5. 保险防灾体系需要完善

以此次巨灾为例，尽管保险业积极主动赔付，但保险赔款占灾害损失的比例仍然很低，在直接经济损失中占比尚不足 1.1%，远低于 36%的全球平均水平。自然灾害风险的形成机制非常复杂，但气象灾害在一定程度上还是可以预测的。研究表明，我国出现的降水异常分布特征和历史上较强的“拉尼娜”现象发生后的冬季气候特征非常相似，“拉尼娜”把暖湿气流带到了冬季气温较低的南方地区，导致了强降雪。实际上，南方雪灾发生的前些年，欧洲地区就已经出现冬季强降雪天气增多的势头，而且已经发生了交通灾害风险加大、一些地区电网受损影响正常供电的情况。作为风险管理者的保险业，应该早就注意到这一点，不仅有义务向社会各界通报这些风险研究结果，而且要在业务方面提早准备。

10.2.4 从雪灾看政府公共危机管理体系的缺陷

危机管理涉及政府、各种非政府组织、广大民众等社会各个方面，是一项复杂的系统工程。危机管理体系是指政府所建立的一整套公共危机预防、监控和快速反应的制度和运行体系。在其中，政府各职能部门有明确的任务和责任，它具有组织健全、运行灵活、高效统一的特点。一个完善的危机管理体系是一个多层次、综合性的建构，包括危机发生前的监测预警、危机发生后的快速反应，以及危机处理后的科学评估等多个环节。我国政府危机管理，主要依赖各级政府的现有行政设置，缺乏专门机构和完善体系（至多是针对一些专门事件的机构，缺乏专业人员和应急运作规则，跨部门协调能力不足）。由此次雪灾所暴露出的问题可以看出，我国政府的公共危机管理体系存在以下几点缺陷：

1. 预警机制不健全

仅就 2008 年南方雪灾而言，气象部门作为此次雪灾的预警机构，并没有起到应有的作用，当时还没有关于气象灾害的预警预案。

2. 快速反应机制缺失

当时我国尚未建立不同危机事件处理部门之间的协调机制。分部门、分灾种的危机管理体系使得我国应对复合型和国际型危机事件时效率低下。

3. 巨灾风险管理体系不完善

在此次雪灾之后的保险赔偿中显现出了风险体系不完善的问题：防灾防损不到位。承保后的防灾防损检查和服务是实行风险控制的重要内容，也是长期以来保险业比较薄弱的环节。此次灾害突出地暴露出部分公司“防重于赔”的灾害应对思路还没有真正树立起来，应急处置机制不健全。长期以来，很多保险公司的工作重点主要集中在业务发展上，而对重大灾害事故的应急处置重视不够。少数保险公司行动迟缓，对突发事件反应不够敏锐等。从国际上看，很多国家都建立了巨灾保险制度，在设立巨灾基金、再保险安排等方面给予政策支持。

4. 对基础设施使用情况无评价体系

雪灾暴露了交通运输、南方电力系统和电信设备抗灾能力薄弱、南北能源格局等问题。此次雪灾暴露的突出交通矛盾问题表明，我国亟待建立一套合理的交通运输系统，建立经济省时的资源运输网络；在全球性气候日益反常的情况下，灾害预防工作应该具有前瞻性，电力系统电信设备也应如此。如果基础设施建设不好，或者说有漏洞的话，一旦遇到灾害天气、异常事件，造成的损失是无法估计的，同时会给灾后重建带来意想不到的困难。因此，我国的公共危机管理体系应将基础设施使用情况纳入其中。

10.2.5　完善公共危机管理体系

通过此次雪灾的规模性救助可以看出，我国亟待完善公共危机管理体系，充实公共危机管理体系的内容，给日后的各种危机事件提供更加宝贵的救助信息。

1. 完善气象预警系统

第一，针对此次雪灾暴露出气象部门和电力部门缺乏有效沟通，气象信息未能对电力设施的建设和运行起到应有的指导作用的问题，要加强对灾害天气的研究，并为电力系统提供专门预报。第二，要完善气象预警系统。要对冻雨等包括在其他国家发生的灾害天气的形成原因及过程进行研究，不断充实气象预警系统的内容。第三，要建立气象灾害风险评估制度。美国政府在其减灾计划中有个很明确的理念“减灾始于风险评估”，是值得我们借鉴的。它将天气与可能的灾害联系起来，明确灾害防御的重点区域、重点行业和重点人群，最重要的是回答“该怎么做”。我们要利用一切可能的通信传播手段，比如机场、车站等公共场所的信息显示屏等，实现气象灾害预警信息于最短的时间内在风险区域的有效覆盖。

2. 资源整合与协调管理相结合

当危机发生时，政府要积极主动地协调、组织、调配社会的人力、物力和财力，在最短时间内达到社会资源的最大整合，这在政府危机处理中是最关键的。一是要做精专业力量，建立不同层次的专职化的危机风险管理团队。二是要重视财政保障和资源保障。在财政保障方面，要将危机管理经费纳入预算，建立专门的国家防范危机基金，通过社会保险等方式扩大资金的供给。在资源保障方面，各地区要结合自身实际，人力、物品、基础设施以及安全设备器材等都要有所准备，建立一个全国性的资源目录，一旦危机爆发，便可以一目了然，有效地调动资源，启动基础设施。三是协调管理。由政府部门第一责任人牵头，环保、农业、公安、消防、军队、武警等各部门各司其职、密切配合，从维护稳定的高度制定长期应对危机战略和应急计划，最大限度地发挥政府部门管理资源的作用，有效避免危机管理中的脱节和各自为政。

3. 建立巨灾保险制度

保险具有其他金融工具不可替代的功能，即保险的保障功能。灾害过后，经济补偿是最直接的救灾措施，因此，保险业在巨灾中的作用格外突出。此次雪灾进一步凸显加快建立巨灾保险制度的迫切性。第一，建立专业巨灾保险基金。由所有保险公司共同参与，分摊巨灾赔款。巨灾保险基金统一管理、统一运作。第二，发行巨灾债券，在资本市场上分散风险，可以说这是专门给企业建立的保险基金，以保障在巨灾面前企业的自身利益不致受到很大的损害。第三，实行商业再保险和国家再保险相结合的分保安排。另外，我国自然灾害种类繁多，而灾情信息分散于各部、局、省、市、自治区。因此，我国应建立全国性统一的灾害数据库。

4. 建立公共设施使用评估体系

政府公共危机管理体系中，应该对我国的基础设施（交通网络、电网、能源供给等）给予定时评估，以便了解基础设施的使用情况，并且可以从中发现存在的隐患；再将各种隐患列入危机管理之中，不仅能完善危机管理的内容，也能在灾害来临时多一份保障。第一，应对公共设施使用的程度进行测定，并制定相应的标准体系，明确说明使用的程度和标准中的哪一栏相对应；第二，全面分析基础设施可能发生的故障或自然破坏的等级，将其与使用程度相对应，明确基础设施存在的隐患及在灾害到来时最严重的破坏程度；第三，建立完善的数据库，让公共危机管理所涉及的部门单位可以看到自己管辖范围内存在的隐患，提高防范意识，在灾害到来之前做到有备无患。2008 年的这次雪灾，持续时间之长，影响面积之大，破坏程度之严重，受灾人数之多都是未曾料想的，而救援任务之重，救援工作之艰险，更是没有经历过的，这真是极大的震撼。我们应当从雪灾中吸取更多的教训，认识到防范灾害刻不容缓。

10.3 “5・12”汶川地震

10.3.1 事件概述

“5・12”汶川地震，又称“汶川大地震”，发生于北京时间 2008 年 5 月 12 日 14 时 28 分 4 秒，震中位于四川省阿坝藏族羌族自治州汶川县映秀镇。

根据中国地震局修订后的数据，“5・12”汶川地震的面波震级为 8.0 级。根据日本气象厅的数据，“5・12”汶川地震的地震波共环绕了地球 6 圈。地震波及大半个中国以及亚洲多个国家和地区，中国国内北至内蒙古，东至上海，西至西藏，南至中国香港、中国台湾等地区均有震感，中国之外的泰国、越南、菲律宾和日本等国均有震感。

“5・12”汶川地震严重破坏地区面积约 5.0×10^{5} km^{2}，其中，极重灾区共 10 个县（市），较重灾区共 41 个县(市),一般灾区共 186 个县(市)。"5・12"汶川地震共计造成 69 227 人遇难,直接经济损失 8 451.4 亿元。"5・12"汶川地震是中华人民共和国成立以来破坏性最强、波及范围最广、灾害损失最重、救灾难度最大的一次地震。

2009 年 3 月 2 日,经中华人民共和国国务院批准,自 2009 年起,每年 5 月 12 日为全国"防灾减灾日"。

10.3.2　地震经过

2008 年 5 月 12 日 14 时 28 分 4 秒,四川省阿坝藏族羌族自治州汶川县境内发生里氏 8.0 级地震,震中位于汶川县映秀镇西南方,地震最大烈度 11 度,地震影响波及大半个中国,全国 25 个省(区、市)有明显震感。汶川大地震的发震断裂位于青藏高原东缘龙门山断裂带。地震影响范围涉及全国 10 个省(区、市)的 417 个县(市、区),其中四川、宁夏、陕西、甘肃及重庆 5 个省(区、市)受灾最为严重。四川全省有 20 个市(州)不同程度受灾,重灾区面积超过 1.0×10^5 km^2,涉及 6 个市(州),其中北川、什邡、绵竹、汶川、彭州、都江堰、青川等县(市、区)受灾最为严重。

10.3.3　地震影响

1. 伤亡情况

根据《汶川特大地震四川抗震救灾志・总述大事记》,"5・12"汶川地震共计造成 69 227 人遇难、17 923 人失踪、374 643 人不同程度受伤、1 993.03 万人失去住所,受灾总人口达 4 625.6 万人。其中,四川省遇难 68 708 人,失踪 17 923 人。四川省除攀枝花市和宜宾市之外的 19 个市(州)均有人员遇难,尤其以阿坝州、绵阳市、德阳市、成都市、广元市因灾伤亡严重,5 个市(州)遇难人员均超过 4 000 人,其中阿坝州、绵阳市、德阳市死亡均超过万人。在震中汶川县映秀镇,"5・12"汶川地震共造成 5 462 人遇难;地震中被毁的北川县城大量人员伤亡;离震中映秀镇东北方直线距离 250 km 之外的青川县红光乡东河口村,地震造成 4 个社区整体被掩埋,780 余人遇难。

2. 经济损失

根据《汶川特大地震四川抗震救灾志・总述大事记》,"5・12"汶川地震造成直接经济损失 8 451.4 亿元。其中,四川的损失占到总损失的 91.3%,甘肃占 5.8%,陕西占 2.9%,其他各省(区、市)的损失之和不到 20 亿元。文物损失、档案损失和生态环境破坏等间接损失未入统计。其中,建筑物和基础设施的损失很大,占到了总损失的七成。民房和城市居民住房的损失最大,占总损失的 27.4%;基础设施包括道路、桥梁和其他城市基础设施的损失次之,占21.9%;包括学校、医院在内的其他非住宅用房的损失居第三位,占 20.4%。

3. 城镇损毁

根据《汶川特大地震四川抗震救灾志・总述大事记》,"5・12"汶川地震共造成四川省城镇居民住房倒塌 1.933×10^7 m^2,严重损毁 $6.876\,6\times10^7$ m^2,97.8 万户、285 万人居住受影响。农村居民房屋倒塌 635.06 万间、严重损毁 722.19 万间。地震还使灾区城乡居民室内外财产损失惨重,据调查估算损失高达 344.9 亿元。

"5・12"汶川地震导致北川县城变为废墟,青川县城失去了承载人口的功能。同时,地震还导致汶川县映秀镇、绵竹市汉旺镇等城镇房屋建筑全部毁坏,都江堰市三分之一的房屋毁坏、三分之一的房屋需要加固维修。

4. 交通设施损毁

根据《汶川特大地震四川抗震救灾志·总述大事记》,“5·12”汶川地震及其引发的滑坡、崩塌等次生灾害,使四川灾区交通基础设施损毁十分严重。通往震中汶川的317国道、213国道被严重破坏而全部中断,特别是即将建成的都汶高速公路损坏最为严重。此外,通往茂县、北川县、绵竹市、青川县、平武县等重灾县(市)以及254个乡镇公路交通一度完全中断。四川全省损毁高速公路299 km,成灌高速、成绵高速、成雅高速、成温高速等7条高速公路约145 km路面路基、181座桥梁、10条隧道被破坏。

5. 城建系统损毁

根据《汶川特大地震四川抗震救灾志·总述大事记》,“5·12”汶川地震使城市供排水管道损毁7 006 km,城市燃气管道损毁3 275 km,市政道路损毁3 112 km,城市桥梁损毁1 040座,生活垃圾收集处理设施损毁2 609座。

10.3.4 地震时应急处置与恢复重建

1. 震后应急处置

“5·12”汶川地震抗震救灾充分体现了社会主义制度的优越性。地震发生后,在党中央、国务院坚强领导下,各地区各部门的全力支援下,以政府为主导,自救互救为基础,人民子弟兵为主力军,灾区干部群众众志成城、攻坚克难、统筹推进科学救灾。经过“百日攻坚”,四川省内共从废墟中抢救出83 988人,完成1 200万受灾群众的过渡性安置,灾区没有出现流民、饥荒、瘟疫和社会动荡,创造了世界抗震救灾史上的奇迹。“5·12”汶川地震抗震救灾的成果是举国体制的奇迹,“能够集中力量办大事”的政治优势在抗击地震巨灾中得到充分体现。

“5·12”汶川地震抗震救灾体现了“坚持以人为本,生命至上”的理念。地震发生后,中央和四川省明确强调,当前第一任务是全力救人,只要有一线的希望就要付出百倍的努力。倾注最大的人力、物力、财力救援灾区群众,开展最大规模的救援行动,实施最大限度的坚持坚守。其中,灾区共抢救出被埋生还者8.3万多人,救生人数与死亡人数接近1∶1,如此高的救生率世界罕见。随着抗震救灾从第一时间的生命救援向第二时间的生存救助转移,四川省委省政府从灾区实际出发,及时提出“就地、就近、分散安置”的方针,并提出必须确保灾区群众“有饭吃、有衣穿、有住处、有干净水喝”的要求,通过发放生活物资、救助金,安置帐篷,搭建活动板房,加固维修老房,鼓励自建临时住房,抢修或新建供水设施等方式加以落实。

“5·12”汶川地震抗震救灾体现了系统应急的成功。其中,在次生灾害的处置中运用了系统思维,及时有效地推行链式防控,清除危险源,阻断灾害链,最大限度地防范和减少灾害损失。“5·12”汶川地震发生后崩塌、滑坡、泥石流、堰塞湖等次生灾害举世罕见,震区涉及的龙门山及邻区133个县(市)多为地质灾害多发区,地震前已发现的隐患点有15 165处,震后统计的地质灾害点达23 355处,较震前增加比例高达54%。特别是北川县唐家山堰塞湖属极高危险等级,一旦溃决,将对140多万人造成灭顶之灾。四川省政府会同武警水电部队、空军、水利部,一方面紧急排危除险,另一方面转移疏散群众,灾区有序组织27万群众转移疏散,做好了140多万人的撤离准备,经过党政军民20多天的艰苦努力,终于消除了隐患，创造了世界处置特大堰塞湖的奇迹。

尽管如此，“5·12”汶川地震后政府和地震管理部门也遇到了一些问题，如大批灾民的临时安置、非震中但实际受灾情况严重地区的紧急救助、灾后舆情的控制，等等。这些问题使得政府更加重视在抗震救灾工作中的细节以及次生地震灾害、衍生灾害对社会各个层面的影响。2008 年修订的《中华人民共和国防震减灾法》就对“5·12”汶川地震中反映的这些问题加以考量。“5·12”汶川地震后，政府和地震管理部门抗震救灾工作能力的改变在“4·20”芦山地震时体现了出来。“4·20”芦山地震后，政府对震情处置更加迅速，对震中及重灾地区的救援更加精准，对灾民的安置更加合理有序。同时，在地震现场工作人员的组织下，灾区现场秩序更加稳定，灾区群众的情绪得到更好的安抚。

2. 灾后恢复重建

在灾后恢复重建的“千日奋战”，再次体现了社会主义制度的优越性。“5·12”汶川地震发生后，在党和政府的坚强领导和社会各界的倾力支援下，灾区人民自力更生、艰苦奋斗，灾后恢复重建工作有力、有序、有效推进。

国家出台《汶川地震灾后恢复重建条例》等文件，明确了灾后恢复重建的主要任务、工作要求、实施步骤和保障措施，由中央财政建立汶川地震灾后恢复重建基金，并明确财税、金融、土地、产业、就业和社会保障等方面支持恢复重建工作的政策。国务院正式印发了《汶川地震灾后恢复重建总体规划》，成立了汶川地震灾后恢复重建工作协调小组，指导规划实施，协调政策落实，研究解决灾后恢复重建中的有关重大问题。在安排 3 000 亿元中央财政灾后恢复重建基金的同时，决定建立对口支援机制。从 2008 年 10 月到 2011 年 9 月的三年时间，四川省纳入国家重建规划的 29 692 个重建项目 100％开工，98.68％完工，概算总投资 8 658.11 亿元完成 98.96％。灾区面貌发生了天翻地覆的改变，受灾群众住进了新房，公共设施全面上档升级，重建城镇初展新姿，基础设施得到根本性改善，产业发展优化升级，防灾减灾能力显著提高。灾区从废墟中站了起来，凤凰涅槃，浴火重生。

同时，在地震恢复重建工作中我们更加认识到地震科普宣传工作的重要性。四川省各级政府、地震系统各单位以及民间组织修建了大量以“5·12”汶川地震为主题的科普馆、纪念馆等，在缅怀地震中人和事的同时向公众宣传和展示地震科普知识。地震科普宣传工作作为重要的非工程性震灾防御手段，能够有效降低地震灾害给社会造成的损失，而科普展馆则能够给公众更为直接有效的地震知识宣传。政府和有关部门应该进一步加强地震相关科普馆、科技馆、展览馆的建设，多建的同时要加强管理，增加四川省各类地震科普展馆的活力，让其真正成为面向公众的科普宣传阵地。

10.4　智利矿难大营救

10.4.1　事件概述

智利圣何塞铜矿位于智利首都圣地亚哥以北 800 km 的科比亚波市附近。2010 年 8 月 5 日，该铜矿发生塌方，33 名矿工被困井下，生死未卜。智利政府各部门及军方随即展开救援。智利总统皮涅拉紧急中止对哥伦比亚的访问，于 7 日晚赶赴科比亚波市，在发生塌方事故的铜矿现场慰问 33 名失踪矿工的家属，并监督救援工作。

救援部门调集 7 套设备，对塌方矿井进行挖掘，力争同被困矿工建立联系。16 日，也就是铜矿发生塌方 11 天后，救援部门宣布已挖掘至地下 700 m 深度，曾一度让在现场苦苦守候 11 天的数百名矿工家属为之振奋。然而随即发现的巨大岩块令满怀期待的人们再度失望。救援人员宣布，在井下 700 m 处发现了 135 m 宽、重达 70 万吨的岩块，让试图同失踪人员建立联系的挖掘工作无法继续。

8 月 31 日，智利圣何塞铜矿的 33 名矿工已经被困 700 m 地下 26 天。据法国媒体报道，长达数月的大规模钻凿救援矿工计划已于 8 月 30 日展开，与此同时一支由 NASA（美国国家航空航天局）派出的救援队也将出发前往智利协助救援。时任智利矿业部长劳伦斯·戈尔本表示，智利工程师组装强力钻井机的任务已经大功告成，接下来的工作是挖掘逃生通道。

据此前计算，救生井垂直深度为 702 m。钻探分两个步骤实施：先打通一个直径为 10 cm的探孔，再扩大至直径为 66 cm 的救生通道。预计每日推掘 20 m，越过层层土石，直通受困地下的 33 名矿工处，实施救援。

2010 年 10 月 9 日，救援工作取得突破性进展，救援人员顺利完成 624 m 救援通道的挖掘，钻头已经抵达矿工避难地，这意味着救出被困人员的行动即将开始。全球瞩目的智利圣何塞铜矿 33 名被困矿工营救行动于北京时间 2010 年 10 月 13 日展开。当天上午 11 时 11 分，首名被困矿工弗洛伦西奥·阿瓦洛斯搭乘特制救生舱成功到达地面。北京时间 2010 年 10 月 14 日上午 9 时左右，第 33 名被困矿工 54 岁的矿工负责人乌尔苏亚成功升井，这标志着智利营救被困矿工行动以胜利结束，各国通力合作并经过缜密计划终于完成了看似不可能完成的任务。

10.4.2 矿工在井下面临的挑战

1. 条件恶劣

艰苦的生存条件会使矿工们产生不安全感。例如，地下的温度可能会高达 32～34 ℃，这会引起身体不适、诱发紧张情绪。另外，井下有再次发生倒塌的风险。再者，30 多人在狭小的空间里吃喝拉撒，难以保持清洁，一旦发生传染病或有人出现外伤，难以得到及时治疗。

2. 无所事事

由于井下生活单调，专家们担心，失去正常的生活节奏，会让矿工们精神萎靡，失去斗志。在这种情况下，需要矿工们自己组织起来，通过分发食物、清理碎石以及与家人沟通等，让生活充实起来。但在这种情况下，外界专家不应该进行过多的干涉。因为矿工不是心理疾病患者，过度地干预会让他们觉得具有攻击性。

3. 与世隔绝

根据马斯洛的需求理论，人在满足维持生存的基本需求后，有社会需求。矿工们被困在狭小的空间里，没有了个人隐私和私密空间，无法见到家人，和社会网络完全隔断，会产生恐惧感。在这种情况下，和家人通电话、进行视频聊天等显得十分重要。

4. 信息缺失

与外界隔绝后，无法及时获取有关救援进度、物资发放、家人状况等信息，这会加重矿工们的焦虑和不安全感。在心理专家看来，提供真实的消息，哪怕是坏消息，也比给出虚假的好消息效果好。例如在是否告诉矿工们多久才能获救的问题上，就有过争论。最后，当救援人员实言相告可能还需要比较长的时间时，矿工们也都比较平静地接受了。

10.4.3　井下生存的因素

1. 矿井坍塌事故成活率较高

中国矿业大学（北京）周心权教授指出，矿井事故分为几类，有的是爆炸事故，有的是透水事故，有的是坍塌事故。一般来说，矿井发生爆炸后，井下人员成活率比较低，因为火灾会产生高温高压以及有害气体，降低了生存概率。矿井在遭遇透水事故时，如果洪水来势汹涌，矿工无法及时撤离，也会危及生命。矿井发生坍塌事故时，没有有毒气体和洪水的威胁，如果有足够的氧气、食品和水，相对来说，人员成活率高。

2. 紧急避难所保证生命延续

对矿井事故的幸存者来说，在救援人员打通生命通道前保证生命延续是关键。周心权教授说，在此次智利矿井坍塌事故中，紧急避难所发挥了重要作用。紧急避难所要发挥作用，需要保证有食品、水、氧气等储备，而且还要保证储备定期更新，以发挥正常功效。

3. 矿工自救冷静渡难关

此外，被困矿工在灾难来临时，积极展开自救也是创造“奇迹”的因素之一。发生塌方事故后，年龄从 19 岁到 63 岁的矿工们自发组织起来，经验丰富的老矿工担任了“领导”的角色。他指挥大家用井下一辆汽车的蓄电池为头灯充电，用可钻破岩层的机械寻找水源。矿工的工作条件很复杂，对他们进行培训，提高其应急处置能力和心理素质十分重要。

10.4.4　救援方案

1. 开凿垂直巷道

救援人员计划开凿一条约 700 m 深的垂直巷道，抵达受困矿工所在地点，然后用升降机把矿工逐一救出。从澳大利亚运来的 Strata 950 型钻井机部件组装完毕后，在 8 月 30 日开始了钻探工作，计划三四个月后打通巷道。钻探分两个步骤实施：先开凿一条“导航性巷道”，直径约为 10 cm，然后用重型切割机把它扩大成直径为 66 cm 的救生通道。由于巷道宽度有限，最多只能容纳腰围在 90 cm 左右的人，智利政府要求井下太胖的矿工减肥。此外，拓宽过程中，巷道内被切碎的石块将落入受困矿工附近的区域。因此要求受困矿工帮助清除碎石，预计碎石将达 3 000～4 000 t。不过专家担心，由于圣何塞铜矿已开发多年，如果钻井不慎，或许会引发垮塌事故。9 月 1 日，由于发现地质断层，救援人员不得不中断钻探，转而进行矿井加固。

2. 拓宽现有通道

苏加特是负责救援项目的首席工程师，他向外界透露了救援“B 计划”：拓宽现有的救援通道。此前，3 条直径约为 10 cm 的救援通道已被打通，用来给井下通风、通信和运送物资。如果能拓宽其中一条通道，使之直径达到 71 cm，就可以把救援人员送下去。之前有报道称，如果进展顺利，方案 B 大概只需要 2 个月的时间。但苏加特对媒体表示，虽然有不同的方案，但救援工作至少需要 3～4 个月。

10.4.5 井下情况

1. 首个要求:需要牙刷

经过此前7次尝试失败后,救援人员第8次将探测器放入地下700 m处,当它回到地面,人们惊喜地发现被困矿工系在上面的两张纸条。智利总统皮涅拉当即通过电视将这个消息向公众宣布,这令全国上下欢欣鼓舞。随后,第一批给养被送到地下。得知求救呼声被发现后,矿工们提出了第一个要求:送一些牙刷到井下。由于现有的探测井直径仅有15 cm,不足以让矿工们通过,因此救援人员将动用从澳大利亚运来的重型挖掘机拓宽通道,打破地下岩层,到达被困人员所在的700 m深处。由于担心再次发生塌方,开凿进尺估计为每天15 m左右。

2. 井下逃生唱国歌

被困矿工成新"国家英雄"。"不要放弃",4名曾在坠机事故中幸存、于安第斯山脉冰天雪地中求生72天终获救的乌拉圭人4日来到智利圣何塞铜矿,为井下33名受困矿工"打气"。幸存者英西亚特说:"他们(矿工)不久会获救,整个世界与他们同在。"

8月5日发生塌方事故后,被困地下的33名矿工的故事,让圣何塞铜矿成为聚光灯下的焦点。8月22日,一张用红笔写的纸条随着探测器升出地面,上面写着:"我们33人全部都活着。"在救援人员打通"生命通道"前,矿工们依靠桃子、罐头和金枪鱼,在不到50 m^2的紧急避难所里生存了下来。

记者乔纳森·富兰克林一直在跟踪报道这起矿难事故。他从智利首都圣地亚哥赶到科比亚波市,然后搭车前往矿区。8月26日晚上,他看到从四面八方赶来的矿工家属,在燃起的篝火旁观看着矿工们用从地面传下去的摄像机拍摄的视频。画面上,满脸胡子、赤裸上身的矿工们微笑着展示他们临时的"家"。"家"虽然狭小,但功能齐全,有食物,也有急救药品;有可以玩牌的"娱乐区",也有小小的祷告空间。让富兰克林难忘的是,录像中有人唱起了国歌,有人高呼"智利万岁"。"这感动了整个智利。9月18日是智利独立200周年纪念日,那时候他们将会成为新的国家英雄。"富兰克林说。

3. 矿工分两拨休息

智利官方2010年8月31日首次向媒体透露了被困在700 m深地下的33名矿工的生存处境。利用附近一个矿井下的避难所,智利官员演示了圣何塞铜矿井下被困矿工的生活实景,来说明自从8月5日塌方事故发生后,这些矿工如何挤在一个一间卧室大小、闷热难耐的空间里,在一天天的等待中努力保持身心健康。

这些矿工可能要等两个月才能被救出矿井。为了不全部挤在狭小的空间里,他们分成了两拨,当一拨人在避难所里休息时,另一拨人会做一些杂务,锻炼身体,玩玩纸牌或者多米诺骨牌。避难所里预备一些急救用品,包括外用酒精、药品、除臭剂、牙膏和一些必需品,其中急救担架被矿工们用来当床睡。此外,在闷热潮湿的环境中保持衣服干燥也是矿工们面临的一大难题。幸好援救人员通过探测井给他们送了一些用透气布料制成的体恤衫和短裤。此外,矿工们还得到了一些袜底加入铜金属丝的特制抗菌短袜,可以防止他们出现皮肤问题。

为了防止身体脱水,矿工们每人每天需要喝4 L水。在8月22日救援人员发现他们之前,这些矿工是靠喝他们在井下使用的一辆四驱车水箱里的水撑过来的。通过一个直径约15 cm的探测井,救援人员可以输送食物、饮水、衣服、电子娱乐设备到井下。这些物资需要

20 min 才能到达矿工手中。不过,官方拒绝了有人要向井下送香烟的建议。他们决定送一些含有烟碱的口香糖下去,原因是担心吸烟会令矿工们的身体状况恶化。

幸运的是,有一位叫乔尼·博瑞斯的被困矿工曾经受过一些医护训练,8 月 28 日,救援人员把一些破伤风和白喉疫苗送下井,由他为所有矿工注射。另外,救援人员 8 月 30 日在地面架设完成了一个视频会谈室,在那儿矿工的家属每天都可以与他们被困井下的亲人交谈。

4. 每天要 24 h 轮班清理碎石

智利国家铜矿公司开始挖掘一条足够宽的新巷道,营救受困于地下 700 m 深矿井内的 33 名矿工。估计矿工们要清理 3 000～4 000 t 石块。

巷道拓宽过程中,有碎石会落到距离矿工们藏身的避难所几百米远的地方。如果碎石得不到及时清理,可能堵塞巷道延误救援进展。为此,被困矿工们必须清理落下的所有碎石。他们将 24 h 轮班工作,用井下现有的手推车和电瓶清扫车清走碎石。

5. 抑郁

时任智利卫生部长的马纳利奇说,有 5 名矿工情绪抑郁,不想吃东西,不愿在镜头前露面。政府安排一名心理医师当天晚些时候对这 5 人实施远程治疗并给他们送去抗抑郁药。救援人员29 日晚些时候通过巷道把电话线送至井下。之后,受困矿工家人首次亲耳听到井下亲人的声音。塌方发生以来,受困矿工只能通过巷道传送纸条或经智利官员传话与家人联系。

10.4.6　成功营救

举世关注的救援 33 名智利矿工行动于当地时间 10 月 12 日午夜启动,在全球观众注目下,智利圣何塞铜矿受困矿工自当地时间 13 日凌晨 0 时 12 分陆续搭乘特制救生舱顺利升上地面。

北京时间 10 月 13 日上午 11 时 11 分,首名被困矿工弗洛伦西奥·阿瓦洛斯搭乘特制救生舱成功到达地面,正式拉开了最后阶段大营救的序幕。

按照营救计划安排,身体最好的 4 名矿工首先升井,他们担负着向救援人员报告井下情况的任务。然后,身体较差、精神焦虑的人被安排在中间出井。排在最后的是 54 岁的矿工负责人乌尔苏亚,正是在他的带领下,33 名矿工度过了事故发生后最艰难的 17 天,等到了救援的消息。

北京时间 10 月 14 日上午 8 时 56 分,第 33 名被困矿工,54 岁的矿工负责人乌尔苏亚成功升井,智利总统皮涅拉在井口迎接最后一名英雄的胜利回归,现场响起持久的掌声。

至此,智利营救被困矿工行动迎来大胜利,多方通力合作、缜密计划,历时 2 个多月创造了生命奇迹。

10.4.7　智利矿难应急救援经验反思

1. 井内应急机制创造生命希望

智利拥有比较完备的矿业安全法规。法规规定,矿井内必须保证配备几项基本的安全条件和措施:第一,从作业区通往地上安全地带的逃生通道;第二,作业区内相隔一定距离配备井梯,以方便矿工在事故发生时逃离事故地点;第三,地下矿井内部的避险硐室内必须备有足够被困人员 48 h 内生存的物资。此外，智利矿山安全法规还规定，矿井内必须保证每 10 人有一个卫生间，每 50 人有一个提供洁净饮用水的设备，每 15 人有一间浴室，有全天候可供 10 人共用的热水。地下矿井必须保证有两条时刻畅通的通信线路，矿井内必须保证每人每分钟有 3 m^3 以上新鲜空气，通风速度保持在 15～150 m/min。智利矿井“防患于未然”的意识和准备很充分，矿工们能在井下生存那么多天，井下的避难所发挥了守护矿工生命的屏障作用。矿难发生之后，矿场当局把希望寄托在受困矿工可能已抵达避难所，那里备有氧气、水与食物。17 天之后，矿工们向地面传送了一张纸条“我们 33 人全部都活着。”正是避难所，以及不多的食物和水，为被困矿工提供了最基本的物质生存条件，使他们度过了最初的恐惧和惊慌，从而能够从容面对灾难，展开积极的自救活动。

2. 领导垫后

在遭遇矿难之后和被救援人员发现之前，受困矿工负责人——54 岁的乌尔苏亚迅速地把被困矿工组织起来。虽然他仅在铜矿工作 2 个月，但矿难发生后，他一直担当“领袖”，帮助工友挺过难关，实行食物配给制，对给养进行了合理分配，保证被困矿工每人每 48 h 可以吃两汤勺的罐头鱼、半片饼干和半杯牛奶；并很快建立了生活区和日常生活秩序，甚至想到了用矿灯来区分白天和黑夜。这一切富有成效而具科学性的组织活动，显然是矿工在漫长的时间里能够保持精神状态的至关重要的原因。当地时间 2010 年 10 月 13 日 0 时 12 分，33 名被困矿工在经过长达 69 天的漫长等待后，终于迎来了获救的一天。首名随特制救生舱穿过长达 622 m 的救生通道到达地面的人员是一名普通矿工，而不是矿工负责人乌尔苏亚；乌尔苏亚是最后一个被救出的，他自愿为大家殿后，担当更多的风险。

10.5 “7·21”北京特大暴雨

10.5.1 事件概述

2012 年 7 月 21 日至 22 日 8 时左右，中国大部分地区遭遇暴雨，其中北京及其周边地区遭遇 61 年来最强暴雨及洪涝灾害，造成 79 人死亡。根据北京市政府举行的灾情通报会的数据，此次暴雨导致北京受灾面积 16 000 km^2，成灾面积 14 000 km^2，造成 10 660 间房屋倒塌，160.2 万人受灾，经济损失 116.4 亿元。全市道路、桥梁、水利工程多处受损，几百辆汽车受损严重。

10.5.2 事件造成的影响

① 对基础设施造成重大影响。全市主要积水道路 63 处，积水 30 cm 以上路段 30 处；路面塌方 31 处；3 处在建地铁基坑进水；轨道 7 号线明挖基坑有雨水流入；5 条运行地铁线路的 12 个站口因漏雨或进水临时封闭，机场线东直门至 T3 航站楼段停运；1 座 110 kV 变电站被水淹停运，25 条 10 kV 架空线路发生永久性故障。

② 对居民正常生活造成重大影响。全市共转移群众 56 933 人，其中房山区转移 20 990 人。房山区霞云岭乡庄户台村鱼骨寺发生泥石流灾害，造成 1 人失踪，1 人受伤。平房漏雨1 105间次，191 栋楼房漏雨，雨水进入 736 间房屋，积水 496 处，地下室倒灌 70 处，共补漏加固房屋 649 间，疏通排水 141 处。

10.5.3　灾害成因

1. 冷暖交汇

北方南下的冷空气和强盛的西南暖湿气流在华北一带剧烈交汇，冷暖交汇点处于北京上空。因此，这一带产生了强降雨。

时任北京市气象台台长乔林说，这次降雨过程之强比较罕见。此次天气系统覆盖了整个华北地区，冷暖空气的交汇点恰好处于北京上空。并且持续几天的闷热给北京积蓄了充沛的水汽，北京以南的水汽又源源不断地输入，空气湿度饱和，为降雨营造了良好的水汽条件。北京西部、北部环山的特殊地形，则使被堵截的气流更加“勤奋”地做抬升运动。这种情形下，一遇到冷空气活动，对流云团即刻得到强烈发展。此外，北京的东面存在一个高压天气系统，它的阻碍导致北京降雨系统的东移，因此降雨持续了较长时间。

2. 热岛效应

早在 2002 年，美国国家航空航天局戈达德航天飞行中心的谢泼德博士就发表论文称，受热岛效应影响，城市地区气温有可能比周围郊区或农村高出 0.56～5.6 ℃。这些多余的热量会破坏城市空气循环的稳定，并有可能促进降水云层的形成，使降雨量增多。

时任北京市气象台台长乔林认为，城市化导致的热岛效应，也是加大雨量的因素之一。乔林说，城市化的发展，改变了城市的下垫面，地面热力比原先大。这导致城区气温难以回落，水汽无法流失。在此次降雨过程中，正是地面热力大，产生对流运动，使得云系不断地新生和发展，加大了降雨强度。

10.5.4　应急管理

1. 灾前准备与预警

2012 年“7・21”北京特大暴雨从 7 月 21 日开始，整个强降雨过程持续 16 h。北京市气象部门在此次暴雨监测预警过程中发挥了重要作用，实时监测雨情的变化，并提前发布暴雨预警信息；同时，实时启动应急预案。北京特大暴雨应急体系如图 10-3 所示。

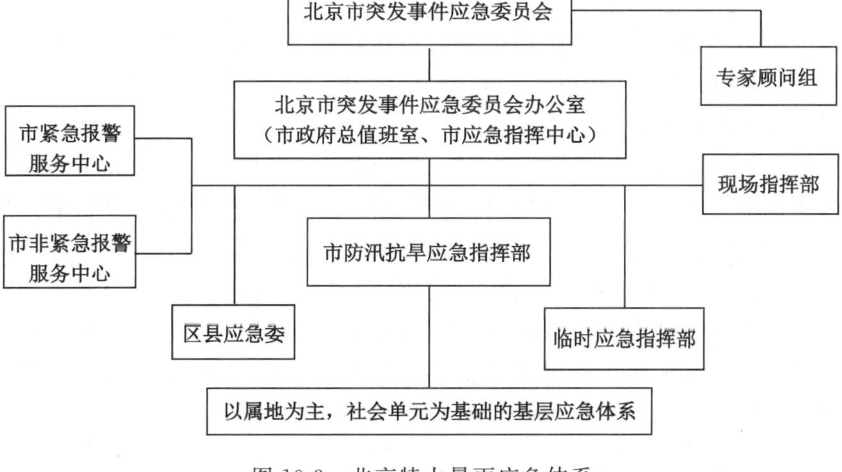

图 10-3　北京特大暴雨应急体系

2. 灾中控制与指挥

7 月 21 日当天，北京市突发事件应急委员会迅速召开全市会议，组织部署暴雨应对工作。市委市政府主要领导赶赴现场察看并指导抢险救灾工作。市交通委就近安排储备防汛力量和抢险物资。市水务局在 7 月 21 日之前即动员所属 28 个单位，5 000 人紧急备战。21 日上午启动应急预案，科学调度，开闸泄洪。

3. 灾后安抚与完善

7 月 22 日，市委市政府即部署抢险救灾善后工作。全市各区县、各部门在市委市政府的统一部署指挥下，围绕受灾群众安置和卫生防疫，城市道路、桥梁、供电通信设备等受损基础设施的检查修复和险库险渠的排险处理，强通山区灾区道路，防止次生灾害发生，加强舆论引导等各方面开展工作。

10.5.5 城市暴雨应急管理反思

1. 理念思维的滞后与误区

首先表现在以人为本理念的缺失。城市发展是为了人和人的发展而存在的。城市发展过程中见物不见人的现象普遍存在，忽视市民对城市安全品质日益高涨的追求。城市应急管理必须以人为本，重在预防，规避和降低公共危机风险，使城市成为人们的家园和乐土。

其次表现在可持续发展理念的缺失。城市建设和应急管理是一项综合性系统工程，忽视对城市今后几十年发展的统筹考虑，缺乏应急管理的可持续发展理念。城市自然环境、人文环境和社会环境不协调发展，造成城市应急管理体系在暴雨事件面前“无能为力”。

2. 城市硬件建设存在短板

大多数城市“重建筑、轻市政”“重地上、轻地下”的建设方式导致城市地下排水系统建设的滞后，从而难以应对突发大暴雨的侵袭，这也正是很多城市“逢雨必涝，遇涝则瘫”的重要原因之一。

排水系统建设滞后于城市的发展，不匹配城市建设水平，不适应特殊气象条件，已是较为普遍的问题。在重视城市美丽外表的同时，更要关注一个城市的应急管理体系以及地下排水基础设施的建设。

3. 城市应急管理存在弊端

首先，城市应急法规缺失。当时很多城市应对暴雨事件都只依据《中华人民共和国突发事件应对法》《中华人民共和国防洪法》，其他与之相配套的法律法规很少，专项应急地方性法规和条例基本是空白，亟须加强立法。

其次，在设备方面没有做好灾前、灾中和灾后的管理工作。如对设备的数量、质量的评估工作，是否能保证灾害发生时拿得出、用得上、使得好，不出大故障。设备的调用管理也存在较多问题，如设备的使用分配不合理，时常出现盲目救灾而使用效率不高的现象。在灾后，设备与物资的管理、入库不规范，损坏浪费比较严重，增加了城市应急管理的成本。

最后，在城市应急管理资金投入与管理方面也存在问题。一方面缺乏专项应急资金保障，另一方面有限的资金在使用中出现监管不严等现象。城市救灾某个环节跟不上，就会出现小灾大损的怪象，诸如此类问题，暴露出城市应急管理的硬伤。

10.5.6 城市雨洪管理应急对策

雨洪管理是一种概念。总体来说，雨洪管理是指从对水的恐惧到以水为友的转变，从单纯以工程方式解决向以工程和非工程相结合的方式转变。

海绵城市，是新一代城市雨洪管理概念，是指城市能够像海绵一样，在适应环境变化和应对雨水带来的自然灾害等方面具有良好的弹性，也可称之为“水弹性城市”。国际通用术语为“低影响开发雨水系统构建”，下雨时吸水、蓄水、渗水、净水，需要时将蓄存的水释放并加以利用，实现雨水在城市中自由迁移。

而从生态系统服务出发，通过跨尺度构建水生态基础设施，并结合多类具体技术建设水生态基础设施，是海绵城市的核心。

2017 年 3 月 5 日，中华人民共和国第十二届全国人民代表大会第五次会议上，李克强总理在政府工作报告中提道：统筹城市地上地下建设，再开工建设城市地下综合管廊 2 000 公里以上，启动消除城区重点易涝区段三年行动，推进海绵城市建设，使城市既有“面子”、更有“里子”。

在新形势下，海绵城市是推动绿色建筑建设，低碳城市发展，智慧城市形成的创新表现，是新时代特色背景下现代绿色新技术与社会、环境、人文等多种因素的有机结合。

海绵城市路面材料实质性应用，表现出优秀的渗水、抗压、耐磨、防滑以及环保美观多彩、舒适易维护和吸音减噪等特点，成了“会呼吸”的城镇景观路面，也能有效缓解城市热岛效应，让城市路面不再发热。

10.6　“8・8”九寨沟地震

10.6.1　事件概述

2017 年 8 月 8 日 21 时 19 分 46 秒，四川省北部阿坝州九寨沟县发生 7.0 级地震，震中位于九寨沟核心景区西部 5 km 处比芒村。震中东距九寨沟县永乐镇 39 km、南距松潘县 66 km、东北距舟曲县 83 km、东南距文县 85 km、西北距若尔盖县 90 km。

10.6.2　事件造成的影响

地震造成 25 人死亡，525 人受伤，6 人失联，176 492 人(含游客)受灾，73 671 间房屋不同程度受损(其中 76 间倒塌)。

兰州、成都、重庆、绵阳、西安等地震感强烈，九寨沟景区里第四条沟扎如沟有房屋倒塌和开裂。受地震影响，成都铁路局紧急扣停部分旅客列车。

此次地震造成学校危房 8 万余平方米，损坏运动场 5 万余平方米，围墙 8 546 m，道路 1 803 m，堡坎 2 695 m^3，毁坏教学仪器 988 套(台、件)，课桌凳 350 套，图书 200 册。

10.6.3　应急管理

1. 成立应急中心

“8・8”九寨沟地震发生后，四川省人民政府新闻办立即成立应急中心，对外发布有关消息。

8 月 9 日凌晨，国家减灾委、民政部紧急启动国家Ⅲ级救灾应急响应，国家减灾委、国务院抗震救灾指挥部组成联合工作组赶赴灾区指导救灾工作。

联合工作组紧急赶赴灾区指导和帮助做好抢险救援、受灾群众紧急转移安置、伤病员救治和灾区交通通信抢通保通等各项救灾工作。

2. 应急救援

地震发生后，四川省军区当即启动地质灾害应急预案，通过卫星电话联系九寨沟武装部了解详细灾情，并命令阿坝州军分区和所属武装部、民兵做好救灾准备。武警四川总队获悉发生地震灾情后，命令驻阿坝州武警支队和九寨沟县武警中队了解灾情，做好准备随时展开救援工作。8月8日22时，九寨沟县武装部政委率武装部人员赶往震中漳扎镇。四川省军区抓紧核实情况，同时命令武装部召集民兵做好出动准备。

原四川省卫计委在地震发生后第一时间启动应急预案，从阿坝州、绵阳市以及九寨沟周边县紧急抽调医疗救援力量赶赴地震灾区。同时，四川大学华西医院和省医院也组建了医疗应急救援队伍，即刻出发。

国家应急医学救援队(四川)12名成员集结完毕，随时准备出发前往地震灾区。

地震发生后，四川省红十字会立即进入应急状态，与当地红十字会联系了解灾情，救援电话24 h保持畅通，全体红十字会救援人员待命，做好应急救援准备。

3. 社会力量参与九寨沟地震应急救援

与以往的救灾环境和对象不同，这次的受灾地是旅游景点，受灾人群大多是景区滞留游客，这使整个应急救援充满了挑战。此外，受地震影响，景区主要交通中断，给救援队伍的及时响应带来影响。

在这次应急救援中，当地居民能积极地、自发地参与救灾，与以往的救灾行动相比，这是一个历史性的突破。

社会力量在震后第一时间启动应急响应，参与应急救援。壹基金、中国红十字基金会、中国社会福利基金会、中国扶贫基金会等公益组织纷纷调拨物资，派遣志愿者赶往灾区；蓝豹救援队、曙光救援队、特战救援队等民间救援队伍发挥专业救援作用；蓝天救援队在箭竹海保护站搜救到10名深度被困人员，另有4人遇难。这10人中，2人为保护站人员，8人为受困群众。移动、联通、电信公司也在第一时间进行应急抢修。各基金会救灾协调会等社会组织合作平台以及四川省建立的支持社会力量发展的群团组织社会服务中心，通过互联网等新媒体，实现信息的共享，这些对救援工作都发挥了积极作用。同时，为保证应急救援工作的有序进行，共青团四川省委成立了社会组织和志愿者协调中心，建立九寨沟工作站，引导社会力量完成登记报备。

社会力量在九寨沟地震救援中发挥作用的特点：旅游业参与救援实现精准化；本地居民参与志愿服务实现救援本土化；社会力量参与救援实现规范化；志愿车辆协同参与应急转移；新媒体拓宽信息公开渠道。

10.6.4 九寨沟地震救援经验总结

1. 地震救援折射中国应急能力提升

地震发生后，从中央到地方迅速启动应急机制，抗震救援迅速及时、有条不紊。

当日晚间，四川省交通运输厅召开紧急会议，传达四川省委、省政府关于九寨沟地震应急抢险救援的部署，研究安排交通运输抢险救援工作。

当天22时39分，中国地震局启动Ⅰ级应急响应，派出现场工作队赶赴震区开展应急处置工作。22 时 41 分，从阿坝州、绵阳市以及九寨沟周边县紧急抽调的医疗救援力量赶赴地震灾区。22 时 59 分，四川省军区集结民兵队伍，命令九寨沟县武装部政委率武装部人员快速赶往震中漳扎镇。23 时 30 分，西部战区应急指挥所 33 人携带海事卫星等通信设备赶赴震中。战区空军立即了解九黄机场受灾情况，做好运输救援物资准备。

2. 地震救援速度快效果好

各方面反应迅速，就可以更快地采取下一步救援措施，救援行动争分夺秒，没有错过救援的黄金时期。这充分说明了我国各方面的灾害应急能力有了很大的提升，也说明了各方面配合非常默契。

此次灾区秩序维护工作效果显著，得益于三个方面：一是救援秩序良好，公安消防等核心力量抓住最佳救援时机，迅速开展人员搜救等工作，最大限度减少受灾群众的伤亡；二是社会治安秩序良好，公安等多部门切实保障灾区的社会治安秩序，未出现违法犯罪事件，九寨沟游客的排查转移疏散工作有序开展，游客被顺利转移出地震区域；三是媒体与舆论秩序良好，相关部门针对网上流传的谣言及时辟谣，极大促进了民心稳定与秩序安定。

3. 我国应急救援在“一案三制”方面有了全面的进步

一是体制，各方面、各部门紧密配合、有效联动。统一领导，运转高效，为应急救援提供了体制保障。

二是机制，包括信息机制、联动机制、协调机制、物资保障机制等。在这次应急救援中，从信息传递到专业队伍救援再到社会力量参与方方面面都相当好。而且这次地震发生后，没有出现大量志愿者盲目涌入灾区的问题。

三是法制，四川当地做了有关法规、制度、规章方面的努力，包括事前的风险识别、风险评估以及事中的应急处置，尤其是应急处置方面的人防、物防、技防都有很大完善。同时，一些相关的配合制度，比如景区的安全制度等也有很大完善。我们在公共安全方面的制度建设得到了全面提高。

10.7　“3・21”响水化工企业爆炸事故

10.7.1　事件概述

2019 年 3 月 21 日 14 时 48 分许，江苏省盐城市响水县陈家港镇化工园区内江苏天嘉宜化工有限公司化学储罐发生爆炸事故，并波及周边 16 家企业。事故共造成 78 人死亡，76 人重伤，640 人住院治疗，直接经济损失 19.86 亿元。

10.7.2　事故分析

2019 年 11 月，国务院批复江苏天嘉宜化工有限公司“3・21”特别重大爆炸事故调查报告。经国务院调查组认定，江苏天嘉宜化工有限公司“3・21”特别重大爆炸事故是一起长期违法贮存危险废物导致自燃进而引发爆炸的特别重大生产安全责任事故。

国务院成立江苏响水“3・21”特别重大爆炸事故调查组，由应急管理部牵头，工业和信息化部、公安部、生态环境部、全国总工会和江苏省政府参加，聘请爆炸、刑侦、化工、环保等方面专家参与调查。通过反复现场勘验、检测鉴定、调阅资料、人员问询、模拟试验、专家论证等，查明了事故直接原因和性质，查明了事故企业、中介机构违法违规问题，查明了有关地方党委政府及相关部门在监管方面存在的问题。

事故调查组查明，事故的直接原因是江苏天嘉宜化工有限公司旧固废库内长期违法贮存的硝化废料持续积热升温导致自燃，燃烧引发爆炸。事故调查组认定，江苏天嘉宜化工有限公司无视国家环境保护和安全生产法律法规，刻意瞒报、违法贮存、违法处置硝化废料，安全环保管理混乱，日常检查弄虚作假，固废仓库等工程未批先建。相关环评、安评等中介服务机构严重违法违规，出具虚假失实评价报告。

事故调查组同时认定，江苏省各级应急管理部门履行安全生产综合监管职责不到位，生态环境部门未认真履行危险废物监管职责，工信、市场监管、规划、住建和消防等部门也不同程度存在违规行为。响水县和生态化工园区招商引资安全环保把关不严，对江苏天嘉宜化工有限公司长期存在的重大风险隐患视而不见，复产把关流于形式。江苏省、盐城市未认真落实地方党政领导干部安全生产责任制，重大安全风险排查管控不全面、不深入、不扎实。

事故调查组在调查中发现的违法违纪违规问题线索移交有关方面查处，对发现的安全生产突出问题移交有关部门和地方处理。

10.7.3 响水化工企业爆炸事故应急管理

2019 年 3 月 21 日下午，接报后，应急管理部立即启动应急响应，主要负责人在部指挥中心调度了解救援情况，与现场视频连线。应急管理部党组成员、总工程师王浩水和消防救援局总工程师周天带领专家组紧急赶赴现场，协助地方做好应急处置工作。应急管理部要求，全力开展抢险救援，确保救援人员安全，同时协调医疗人员全力救治，及时疏散周边群众并妥善安置。

2019 年 3 月 21 日下午，北青报记者从盐城市应急管理局了解到，应急管理局已经得知江苏天嘉宜化工有限公司发生爆炸一事，相关工作人员已经在赶往现场的路上。

2019 年 3 月 21 日 14 时 52 分，盐城市消防救援支队响水县大队接到报警，江苏天嘉宜化工有限公司发生爆炸事故。江苏省消防救援总队指挥中心立即调派南京、泰州、盐城、连云港、淮安、宿迁、南通、常州、扬州、镇江十个城市消防救援支队、培训基地共 35 个中队、86 辆消防车、389 名指战员赶赴现场处置。

2019 年 3 月 21 日 15 时 50 分许，从响水县人民医院了解到，已经有爆炸中的伤者陆续送医，医院领导也接到了相关指令，全力收治伤员。

2019 年 3 月 21 日 22 时，时任江苏省连云港市消防救援支队政委杨华林在现场介绍救援情况称，接到指令后，消防救援人员火速赶往现场，营救被困人员，并对油罐进行冷却灭火；但由于现场情况复杂，救援难度很大。21 日救援人员佩戴防护装置，保证自身安全。

2019 年 3 月 24 日，盐城市召开“3・21”江苏省盐城市响水县陈家港镇江苏天嘉宜化工有限公司爆炸事故第三次新闻发布会。会上通报，抢抓 72 h 黄金救援时间，先后组织 6 轮搜救。搜救范围从 1.1 km^2扩大到近 2 km^2，大部分企业已搜救完成。

截至 2019 年 3 月 25 日零时，响水化工企业爆炸事故现场搜救工作正式结束。经过 82 h的艰苦鏖战，参战指战员成功搜救 164 人，其中幸存 86 人。

10.8 "3·30"四川省凉山州木里县森林火灾

10.8.1 事件概述

2019 年 3 月 30 日 18 时许，四川省凉山州木里县雅砻江镇立尔村发生森林火灾，着火点在海拔 3 800 m 左右，地形复杂、坡陡谷深，交通、通信不便。当地州、县两级立即启动应急预案，投入 689 人实施灭火作业。27 名森林消防队员和 4 名地方扑火人员牺牲。

2019 年 4 月 1 日，为哀悼遇难的扑火人员，应急管理部官网网页的颜色首次变灰。4 月 3 日，西昌市人民政府决定，2019 年 4 月 4 日为哀悼日，全市范围停止一切公共娱乐活动；4 月 4 日，西昌市和木里县降半旗致哀。

2020 年 5 月 17 日，四川木里森林扑火勇士入选"感动中国 2019 年度人物"。

10.8.2 事故分析

2019 年 4 月 5 日，四川省森林公安局和凉山州森林公安局发布消息称，经过森林公安部门侦查后确认，木里森林大火的起火点和雷击树木均已找到，确认为雷击火。着火点是一棵云南松，位于山脊上，树龄约 80 年。

在扑火行动中，受风力风向突变影响，突发林火爆燃，造成 27 名森林消防队员和 4 名地方扑火人员牺牲。

"爆燃"通常指爆炸性燃烧，和森林消防队员平日灭火时所说的"轰燃"意思相近，往往发生很突然，会在短时间内形成巨大火球、蘑菇云等现象，爆燃时产生的温度极高。

森林火灾造成群死群伤的原因主要是林火行为突变。具体表现为：一是燃烧方向突然改变；二是林火蔓延速度突然增大；三是林火强度突然增强，特别是高能量特殊火行为产生，如飞火、火旋风、爆燃等。

10.8.3 应急管理

2019 年 3 月 30 日，火灾发生后，凉山州、木里县两级立即启动应急预案，四川省森林消防总队凉山州支队指战员和地方扑火队员共 689 人在原始森林展开扑救。时任四川省委书记彭清华连夜委派时任四川省委副书记、省长尹力带领省直有关部门负责同志赶赴火灾现场指导救援工作。

2019 年 3 月 31 日下午在扑火行动中，27 名森林消防队员和 4 名地方扑火人员牺牲。

2019 年 4 月 1 日上午，西部战区命第 77 集团军某旅出动两架直升机，紧急飞赴木里县执行山火救援任务。西部战区总医院应急救援队 15 人携带救援物资同机前往。

截至 2019 年 4 月 1 日，前线已设立现场搜救、医疗抢救、现场扑打、后勤保障、安全保卫等工作小组，调集数百名搜救、灭火和医疗救援人员紧张开展工作。

2019 年 4 月 2 日 6 时 30 分，四川省森林消防总队攀枝花支队 100 人、成都大队 150 人共 250 人向火场增援。

2019 年 4 月 7 日上午，四川省应急管理厅报告，四川凉山木里火场出现复燃。四川省森林消防总队紧急派出由凉山州支队支队长带队的先遣组 7 人赶往火场了解情况，先遣组需 6 h 到达火场。当地有 350 名扑火队员在待命扑救。据航拍显示，明火还不太明显，烟雾较大。

2019 年 4 月 7 日 14 时 15 分，越西县大花乡瑞元村发生森林火灾。时任凉山州委常委、常务副州长蒋刚率工作组赶赴现场指挥。越西县组织 350 人进行扑救。

2019 年 4 月 7 日 16 时 28 分，冕宁县腊窝乡腊窝村 1 组发生森林火灾。时任凉山州委书记林书成第一时间率工作组赶赴现场指挥。冕宁县组织 460 人进行扑救。

2019 年 4 月 7 日 19 时，雅砻江镇立尔村森林火灾复燃，目测过火面积约 7 hm^2。出动 3 架直升机飞行 5 架次，洒水 17 桶共 68.6 t，投入 350 余名扑火队员采取开设隔离带、人工扑打等方式扑救。

10.8.4 四川省凉山州木里县森林火灾事故反思

此次事故暴露了救援人员安全保障工作的短板，再次引起社会广泛关注。

和平年代，应急救援就是最危险的职业。有统计显示，和平时期，牺牲人数最多的“兵种”就是消防救援人员。

让应急救援成为最受尊敬的职业，另一面的要求就是，尽最大可能促进应急救援的职业化。随着 2018 年 10 月公安消防部队移交应急管理部，我国消防员的职业化已正式开启。

四川凉山森林火灾造成扑火人员大量伤亡，令人感到悲伤。这也印证了一句常见的网络话语：哪有什么岁月静好，只不过是有人替你负重前行。

参考文献

[1] 陈安,陈樱花.公共危机与应急管理领导干部读本[M].北京:中共中央党校出版社,2020.

[2] 方鸣远.区块链技术在应急物流配送中的应用分析[J].科技与创新,2021(11):178-179,181.

[3] 房荣雅,田思奥,杨亚璞.高校学生公寓火灾影响因素及人员应急疏散模拟研究[J].建筑安全,2020,35(8):54-57.

[4] 付德强,陈子豪,蹇洁,等.应急联动区域下选址分配协同优化模型研究[J].数学的实践与认识,2019,49(6):30-41.

[5] 高曲南.哈尔滨市公共安全应急管理问题研究[D].哈尔滨:黑龙江大学,2015.

[6] 葛馨.城市大型群众性活动公共安全管理研究:以上海外滩踩踏事件为例[D].南京:南京师范大学,2018.

[7] 苟欣文,李国军.试论应对突发事件与提高执政能力[J].探索,2003(4):33-36.

[8] 洪长安.社会冲突理论及其对我国构建和谐社会的启示[J].桂海论丛,2006,22(6):11-13.

[9] 胡天媛,孙梦洁.从2008年南方雪灾看我国政府公共危机管理[J].经济师,2009(5):8-9.

[10] 黄凯旋.当前社会利益群体变化的新特点及调节机制[J].理论学刊,1999(1):46-49.

[11] 黄之东.G市政府公共安全应急能力评估研究[D].广州:华南理工大学,2020.

[12] 李敏.重大传染病疫情强制隔离和控制法律问题探讨[D].北京:中国政法大学,2008.

[13] 李明,曹海峰,董泽宇,等.深入推进应急管理体制改革 全面提高自然灾害防治能力[J].中国应急管理,2019(10):30-33.

[14] 李沐鸿,孙庆峰.多目标参与的应急资源调度模型研究[J].物流工程与管理,2021,43(6):27-29.

[15] 刘东.煤层气开采中煤储层参数动态演化的物理模拟试验与数值模拟分析研究[D].重庆:重庆大学,2014.

[16] 刘红波,赵晔炜.智慧安全:城市公共安全管理的新趋势[J].华南理工大学学报(社会科学版),2015,17(3):62-68.

[17] 刘晓然.城市抗震防灾系统的动态演化特征与模型化研究[D].北京:北京工业大学,2015.

[18] 卢宇平.基于AHP-Vague集的高铁站公共安全评价研究[D].兰州:兰州交通大学,2018.

[19] 全国安全生产标准化技术委员会.生产经营单位生产安全事故应急预案编制导则:

GB/T 29639—2020[S].北京:中国标准出版社,2020.
[20] 全国人民代表大会常务委员会.中华人民共和国突发事件应对法(实用版)[M].北京:中国法制出版社 2010.
[21] 戎贤,张晓巍,孙子正,等.公路隧道智能火灾应急与疏散体系结构[J].隧道与地下工程灾害防治,2020,2(3):23-29.
[22] 宋文吉,韩颖,冯自平,等.新能源技术在华南地区应急科技装备中的应用潜力分析[J].新能源进展,2021,9(3):258-264.
[23] 孙春霞,蓝志勇.新奥尔良飓风灾难应对失当的成因剖析[J].中国行政管理,2008(2):51-54.
[24] 孙粤文.大数据:风险社会公共安全治理的新思维与新技术[J].求实,2016(12):69-77.
[25] 唐钧.论公共安全体系的建构和健全[J].教学与研究,2021(1):81-89.
[26] 王波.基于广义随机 Petri 网的公共安全应急管理流程研究[D].合肥:合肥工业大学,2019.
[27] 王佳佳.风险社会背景下公共安全风险防控问题研究[D].长春:长春工业大学,2020.
[28] 王建军.AI 和 5G 技术在应急广播中的应用[J].广播与电视技术,2021,48(6):104-106.
[29] 徐玖平,胡知能.运筹学[M].4 版.北京:科学出版社,2018.
[30] 薛崇义,薛晔,纪晓东.基于 Choquet-Brusselator 的煤层气开发中社会生态系统风险动态演化研究[J].矿业安全与环保,2020,47(4):116-121.
[31] 杨相海.智利矿难救援经验值得反思[J].科技信息,2010(32):796.
[32] 于越姝.吉林省突发公共事件应急管理研究[D].长春:长春工业大学,2020.
[33] 张海波.新时代国家应急管理体制机制的创新发展[J].人民论坛·学术前沿,2019(5):6-15.
[34] 赵艳艳,李畅,刘婷.突发事件应急预案编制流程及要点分析[J].采矿技术,2020,20(5):82-85,94.
[35] 甄雪燕.近百年中国传染病流行的主要社会因素研究[D].武汉:华中科技大学,2011.
[36] 郑晶晶,徐迎,金丰年."卡特里娜"飓风对防灾预案的启示[J].自然灾害学报,2007,16(1):12-16.
[37] 中共四川省委办公厅,四川省人民政府办公厅.从悲壮走向豪迈:抗击汶川特大地震灾害的四川实践[M].成都:四川人民出版社,2011.
[38] 钟开斌.中国应急管理机构的演进与发展:基于协调视角的观察[J].公共管理与政策评论,2018,7(6):21-36.
[39] 周方越.智慧城市视域下的沈阳市公共安全应急管理存在的问题与对策[D].沈阳:沈阳师范大学,2017.
[40] 周洋.应急通信技术现状及趋势[J].电子世界,2021(6):87-89.
[41] 祝江斌.重大传染病疫情地方政府应对能力研究[D].武汉:武汉理工大学,2011.
[42] 纵孟.液氯泄漏事故动态演化及救援行动决策研究[D].重庆:重庆科技学院,2015.